作者与贺卫方教授、郭世佑教授

作者与张鸣教授

作者与《炎黄春秋》前执行主编洪振快

作者与张千帆教授

变法

LAW REFORM

中国变法历史风云录

陈世和 著

法律出版社 LAW PRESS·CHINA

序　言

郭世佑*

初识陈世和律师，乃客岁3月，在北京《工人日报》的大楼里，在《律师文摘》的年会上。时值《律师文摘》的编者、部分读者和作者自己掏钱自娱自乐的年会几经周折，易店方成。在下遵循会务程序，继张思之先生、江平先生、茅于轼先生诸贤之后，畅所欲言，多吐几句真话，不意晚餐时，引发愚姐章诒和女士与夏霖等敬酒，还有矩州律学之翘楚陈世和先生，他举杯矜持，殆属忧误之士，然一句“我是吴雁南老师的学生”，遽然把时空距离减化为零，让我一口空底，“班荆坐松下”。

吴雁南先生系我本科时代的恩师林增平教授的生前挚友，原贵州师范大学校长，堪称中国近代史研究领域的“黔王”，与贵州社会科学院原副院长冯祖贻先生联袂崛起，声镇一方。吴公敬重林师，爱屋及乌，每著一书，常以赐寄嘉勉林门后学，包括他主编的《中国近代社会思潮》四巨册。《律师文摘》之年会，原本就是法学帝国主义的嘉年华，忽闻世和律师自报史学家门，似如空谷足音，腾升亲切。

看来，世和律师颇知我的本科家底，他还特补一句：他的本科论文当年收入林增平先生参与主编的中华书局版《纪念辛亥革命七十周年青年学术讨论会论文选》，主要因为林先生看在吴老师的面子上，予以照顾所致。此言令我一惊。原来，此君乃《纪念辛亥革命七十周年青年

---

* 郭世佑，中国政法大学原历史研究所所长、学位委员会副主席、博士生导师。现为同济大学特聘教授、历史学科筹备负责人。

学术讨论会论文选》的作者之一；更有甚者，他对自己本科时代的入选论文轻描淡写，重在强调湖南师大老校长林增平先生的“照顾”。当今之世，如此谦逊的同辈毕竟很少，遑论主体意识颇盛的律学人群。

遥想当年，国家高考制度恢复不久，学术的春天姗姗来迟，能在本科时代发表论文者，屈指可数。在下负笈岳麓山时，有幸把个人姓名连同读书札记与专业论文变成铅字，刊登在省报和学术刊物，就曾羡煞同窗。纪念辛亥革命七十周年青年学术讨论会在长沙闭幕之后，吾等本科学子方知此会。世和作为贵州的本科学子，与吴雁南先生的研究生张恒平合撰一文，提交此会，倘若在选题、资料与论证方面没有一定的学术创新，恐难入集。我自量比较了解既和蔼善良，又不无原则的林增平先生，世和的谦逊，委实与众不同也。

1980 年代的真理标准大讨论，法治之声与改革开放的洪流同步，加上“让一部分人先富起来”的蜀音掀动大江南北，社会转型徐徐开启。倘若世和沿着本科时代的勤读多思之路走下去，孤守书斋，亦不难成为云贵高原继吴、冯之后的近世国史研究之中坚，殆无歧义。时代的感召驱使他告别历史叙述者、解释者与评判者的身份，转身攻读民商法硕士学位，嗣而以专职律师的身份，跻入历史创造者之列。

工于中国法律史的东京大学滋贺秀三教授曾经直言：“在世界各主要文明中，中国是距离法治最为遥远的一种，甚至与欧洲形成了两极相对的反差。”惟其如此，当代中国的法治亟需几代法律人的艰辛努力，方可使东方古国的官、吏、民一同生活在法治之网，而不再是仇杀与权柄更替互为因果。中华历史故事固然生动有趣，快书抑或慢板的津津乐道者代代皆有。殊不知，生动有趣的历史无一不是以历代苍生的苦难为代价，何乐之有？欲期文明古国的长治久安，还应尽量防止英国作家O. 哥尔德斯密斯那个鸟瞰大地的预见蔓延：“法律吸吮穷人的膏血，而富人却掌握着权柄。”

今年 8 月，我随友人自川入藏，接受蓝天白云的洗礼，返程时取道云贵，驻足花溪，世和律师两度忍饿候车，把盏切偲。两轮叙谈之后，方知此君自 1986 年执业以还，不惟受理民事、商事与行政诉讼等案甚多，抑且跻身律界视为畏途的刑辩之列。他取证老道，辨析缜密，还通过对证据的爬梳，娴熟地对照法理法条，追问某些为社会舆论普遍关注却又错综复杂的疑难案件，诸如廖×行贿原省委书记刘方仁案、贵阳交通银行为牟其中违法贷款案、深圳市福田区原区长钟××受贿及行贿案、贵州省客运局宋××局长受贿案、贵阳交通警察支队队长汪××受贿案，以及三亚、湛江走私、套汇等影响较大的案件，尤其是成功地为东北大学产业集团冶金分院商业秘密案的辩护，切实维护委托人的合法权益，影响及于省内外。

民商案件与非诉法律事务的代理诸门，亦为世和律师用功颇勤的领域。此君参加过引进沃尔玛百货入主贵阳项目与北京中关村贵阳工业园区开发投资项目的谈判，起草相关法律意见书，还多次办理证券、金融、票据、保险、商标、专利及著作权疑难诉讼等案件，据说胜诉率极高，投入企业兼并以及国企改制的法律事务工作，亦获嘉声，尤在上海市第一中院、上海市高级人民法院开庭审理的网络经济纠纷案的民事代理中，不惟挽回巨额国有资产，抑且获得法官的好评，良非易事，历史的过程原本就比结果更复杂，也更重要。

惟其如此，此君曾入选为贵州省律师协会副会长与贵州省知识产权协会会长，成为贵州律师业的领军人物。他还连续担任三届贵阳市的人大代表，积极参政议政，有破有立。作为贵阳市人大常委会地方立法专家组之组长，他参与起草极具地方特色的《贵阳市社区条例》草案，借助于立法之力，率先推动地方改革，为撤除街道办事处，建立社区服务中心提供法律支撑。鸣凤朝阳，德政可期。

毋庸讳言，史学与律学（或曰次广义之法学），一为人文学科，深广无涯，一为社会科学，纷繁复杂，二者的研究对象与思维方式却隔如参商，转行不易，兼通尤难。然而，古往今来，知难而进既乃勇者所为，亦为智者所取，高下立见。大凡出乎其类的成功之士，不乏多学科的素养支撑，以“1+1>2”的姿态，事半功倍。根据我的粗浅了解，或可断言，世和先生就是一位兼具科学思维与人文素养的出色律师，一位学术型的辩护人。当他驱车送我走贵阳机场时，赠我两册近著：《法律的尴尬——刑事法理论与实践的冲突》与《圣洁之旅——纵横天下，处处是禅》，二者都是我不忍随意转赠的厚礼。刑事法学的探究与践行，显然尚非此君律师职业生涯的全部，以游记的形式透视禅宗的神韵，勾勒多方寺院的千姿百态，亦难囊括其为期三十余年的文史积淀。然而，当律学的规范与缜密同历史的真实与广博交汇贯通，集科学思维与人文素养于一身的法庭景观就不在话下。也许任何整齐不一的掌声只能热烈一时，触动内心的共鸣却不难传之久远。

即将奉献于读者书案的《中国变法历史风云录》一书，乃世和律师忙里偷闲的又一新著，作者欲藉史学与法学的双重视角，书写他的法律史。他从战国时期的《法经》编者李悝，到清朝末年推动朝廷接受变法的康梁师徒，以及身负体制内法律改革之重任的修律大臣沈家本，遴选与变法有关的十位要员，以梳理先秦至晚清的官方变法为主，以纪传体为主干，兼及随笔、札记、议论等文式，纵横六合，指陈因革得失，评点品性才情。我不想先入为主，把全书的价值与特色唠叨给自有鉴赏力的嗜书君子，宁愿把评判的权利交给那些愿意看完和认真审读此书的人。加之作者在书中对拙著多有引用与褒奖，我已不便以礼尚往来的方式，追赶互吹的时髦，轻慢文字的珍贵。但我确切地知道，世和是一位既不乏入世身手、又未泯学理追求的读书之人，既有脚踏实地的执著，也有仰望星空的困惑。

时当举国高呼依法治国之日，前人的变法举措历历如昨。往昔所变之法的实质与认知误区，中华固有的治民之法与外来的民治之法之间的本质区别与永久隔膜，实在均需清理，以便打通历史——现实——未来的时空隧道，看清前行的路。凡此种种，何尝不需要为数更多的务实创业者与冷静思考者携手分卷，借助于一定的学术积累，透过现象直逼本相，避免流于表面，且借丰富的法律实践与社会阅历，寻觅法治之方，摈弃纸上谈兵。民权与法治，原本就是近代启蒙大师梁任公呼号一生的家国诉求，亦属民国奠基人孙逸仙与黄克强功败垂成的未竟之业，虽有自律如蒋中正等后继弥缝，亦难凯旋收功。究其原因，无论是民权法治的阅而思，还是自由平等的起而行，均非“毕其功于一役”的豪情之专利，好事多磨。民之为尊，孟轲有警。若阙民主，法治何由？知也固难，行亦不易。然若无知，行将何处？相比之下，还是罗曼·罗兰说得更实在：“即使通过自己的努力知道一半真理，也比人云亦云地知道全部真理还要好些。”

“任处池塘，水荷清香。郁郁污泥，养我其芳。”是乃佛歌《莲心曲》的开篇之辞；“不为风摇，不为雨藏。任君来去，守我天朗。”此为世和律师留给我的初步印象,或可作为再接再厉的共勉之语。心掌明灯,桁杨发润;一蓑烟雨,进退自如。进可肩扛当事人与劳苦大众之期许,扬公平与正义于法堂;退可胸吸湛寂与清雅之书香,写真诚与快意于华章。

浮世攘攘,浩海泱泱。遥望青岩,谨此忝序。

2014 年 12 月 8 日凌晨 1 时匆稿于镜湖

目　录

沈家本的变法无疑具有开创性意义，杨鸿烈说"中国之法全在他手里承先启后"。作为一位变法修律的践行者，沈氏变法才是真正的"变法"。因而张晋藩先生说，沈氏既瓦解了传统法制，也开启我国近代法制之先河。他所修订的法律，如大清新刑律、大清民律草案以及涉及刑事诉讼与民事诉讼的法律已是脱离中华法系轨迹之新律。沈氏之法，无论从体例到内容、从实体到程序，均毅然与旧法分野。因此，于新法而言，从先秦李悝至清末，以《唐律》为表征的中华法系在沈氏面前戛然中止，中国之法当以沈氏为分水岭……

附 录

前　言

煌煌华夏，浩浩历史，说复杂也复杂，说不复杂也不复杂，何故？原来繁复而沉重的历史竟由两条线索牵引，从古代走到现代：一条是变法改制——改革；另一条则是农民起义——战争。

撇开过往说得较多的农民起义，单单就变法的历史叙事，系统性挖掘似乎不够。其实，中国的历史于国人而言，确有着寻乎异常的关注，加之变法的历史还真有借镜的意义，即使不作纯粹的孔仁、孟义的抽象，也可利用变法者的智性绕道而行。可以预计，历史热还将持续，这是浸入国人骨髓的传统文化偏好，抑或也是谱系传承的意义脉络引导。

说来也可怜，浩瀚历史，在大多数时段，皇权肆虐，乾坤并不朗朗。自商鞅变法以来，特别是大一统帝国之建制，禁言封喉遂成常制，知者不语，智者寒蝉。于是托古改制，规避时弊，沛然而为各代朝野的重大议题。变法的历史真的是说不尽道不完。难道历史就如此智慧，现实就如此愚钝？其实，历史的精彩在于现实的回避，而现实的忌惮又促成历史的循环。可以说，品味变法的历史，则可遮蔽直面人生的无奈。因此，历史的热度将持续发酵……细细回味，细细品尝，原来历史是可以拿来咀嚼的，品味乎，反刍乎；啜噎乎，反噬乎。

变法的历史回味无穷，是黑是白，是美是丑，是智是愚，是善是恶，五味杂陈。研核阴阳，吾道自足。抑或雨中打伞，遮遮掩掩；甚而托古改制，妙尽璇玑，真是沛然莫御。古术寄寓，乃得妙法。

本书"变法"之叙事，并非今人之规范性解读，古人于"法"、"刑"、"律"之间未设楚河汉界，史称"变法"，且涵盖甚广，举凡刑例、法典、律条、诏令、政策、措施、规矩、制度及其设置、改制，甚而囊括新法新规新制之设立、施行乃至建议。如史家所述的商鞅变法、王莽变法、康梁戊戌变法均作如是解。故本书之“法”及“变法”应是广义概念。

然而，笔者论及史上的变法是在现代法治光影的裹挟下，无意间误闯进史学与法学两大场域的，当笔者以法律的视角透视变法的历史时，发现导入本书主体框景中的变法者，正是他们在历史时空上的拳打脚踢，才演绎出中国政坛上异彩纷呈的变法历史。故尔，笔者抖落了故纸堆上的历史烟尘，以跨界的笔触杂糅思想随笔、政论散文与白描式小说三位一体的文风，尝试着用现代法之念想，作变法历史善与恶的价值判断，虽时有力不从心之惑，但换言之，通过本书，读者亦能窥见变法比之农民起义，其文明意义不言自明。

从历史上看，对王朝的统治者而言，知我罪我，我命在我。当变法不成功，或统治者抱残守缺，使王朝濒临历史的悬崖时，如遇天降灾异，帝国风雨飘荡，江山摇摇欲坠，风云激荡中揭竿而起的野心勃勃者，便振臂一呼，喊出诸如“苍天已死，黄天当立”的口号。于是，农民起义风卷残云，一个个王朝轰然塌坍，专制统治被推倒后又重来，打倒皇帝，做皇帝的君主轮番交替，在改朝换代的周期律中粉墨登场，循环往复。

这样的恶梦反反复复，使历朝历代的开国君主和他们“有所作为”的儿孙们保持着高度的警惕，为了使一家一姓的江山传至千秋万代，君主们不得不绞尽脑汁，以封官晋爵许愿为诱饵，招贤纳良寻求治国与变法之策。而一些朝廷重臣，食君之禄，为效忠皇上也殚精竭虑为王朝谋划变法大计；至于别有抱负的在野读书人，更是不甘寂寞，跃跃欲试，提出变法与改制的主张。

于是乎，变法改制在很多王朝的关键时刻，都被提上议事日程。

投射于《二十四史》中诸如本记、世家、列传之类的历史人物影像，笔者发现，筛选出的变法者，大多处于这根逻辑链条上环环相扣的衔接环节点。没有他们，整条牵引变法历史的链条猝然断裂，坠入历史深渊的王朝，庶几成为农民起义野心家的垫脚石。因此，专制王朝的历史链条是否断裂，帝国是否灭亡，大多取决于统治者和他们的大臣及幕僚变法改革的成功与否。

本书在三千多年的历史轮回中，爬梳出先秦商鞅至清末沈家本等十位重量级的变法人物，通过这些变法者的活动，展示鲜活的变法历史。

本来，写变法的历史，应从夏代的“禹刑”，商代的“汤刑”，周代的“九刑”和“吕刑”入手，但这类法似乎与梅因爵士归纳的“习惯法”颇为相似。加之年代久远，难以考证。而郑国子产于公元前536年“铸刑书于鼎”似为“成文法”之雏型，且因文字过于简略尚不系统，故人们仍将魏国李悝所制订的《法经》六篇称为中国历史上的第一部成文法典。李悝的变法，在于立法宣威。然事断于法，以刑代法，使公法遮蔽私法，刑法覆盖民法，公权渗入村舍田间，刑律无孔不入，即法即刑，诸法合体，相演成风，流布广远，成为范式，弊多利少。

鉴于李悝《法经》六篇早已散失，而商鞅入秦，效法李悝，制定《秦律》六篇，几乎照抄照袭。因而研习与评判李悝《法经》，遂以商鞅《秦律》为蓝本。加之商鞅变法影响甚大，故本书撰写变法大事，以商鞅变法开篇。

商鞅变法是中国变法史上最具影响的事件。商鞅变法虽对大秦帝国的耕战有立竿见影之功效，但他影响中国历史的真正危害性不在于当世的残酷性，而在于影响后世的禁言封口令，以及那阴魂不散的株连制与户籍制。

汉武帝作为变法者，乃是因他对“文景之治”另起炉灶。他为征战匈奴获取“得而丧失”的沙漠戈壁，推行算缗法、盐铁专营法、均输法、平准法加重了民众的负担。他严酷的重刑翻开了中国刑罚史上最为残暴的一页。

王莽的悲剧在于因践履匆匆好心办了坏事，事实上，任何惠及小民而损害权贵集团的措施都不可能持续。王莽对儒家大同世界的追捧近乎痴迷，他的失败还在于变法的齐头并进，贪大喜功。军事上的无能使王莽成为“成王败寇”之下的“乱臣贼子”。

至于隋朝开国大帝杨坚的变法，仅从他制定的《开皇律》被《唐律》几乎一字不落地照抄照袭，就可看出他的轻刑思想与商鞅、汉武的重刑主义背道而驰。而杨坚对科举制度的创立，则成就了中国历史上若干晋身进士的天纵之才。

王安石变法的局限性，值得同情。他具有忧国忧民的家国情怀。但，即使在较为开明的大宋王朝，王安石置身于这一家一姓的政体之中,他也在"国"与"民"的利益之间摇摆而难以取舍。当然,最终落脚于君权至上而又未能兼顾二者使他的变法功亏一篑。因而他的变法毁誉参半,但影响深远,不得不说。

张居正的变法,犹如大明帝国晚霞中最后的一抹夕照,他所推行的"一条鞭法"虽然暂时扶住了大厦将倾的大明帝国,但变法之后,堵塞言路,使大明衰老的王朝,凌夷的法度在风雨飘摇中度过最后的黄昏。

张之洞的变法以洋务为切入点,他以区域性变革影响全国。他的"中体西用"的变法理论虽饱受质疑,争议直至今日,但他在"变法三折"中就官员选举制的设计以及倡议仿行英国上议院的通电,已然临近西式选举。他未曾预料,他的"汉阳造"让子弹在飞,而击中他所维护的清廷靶心的,正是他操练的武汉新军的首义枪声。

康有为和梁启超的变法是近代史上不可回避的大事。康有为的保皇并非迂腐透顶,在帝制末年新旧交替的十字路口,他的非暴力主张始终如一。你可以不赞同他的观点,但你得佩服他一根筋地执着追求。他所追逐小康与大同的循序渐进,在今天看来,仍有超前的预见性,暴力之后的糟糕结局应为显证。

当然,梁启超站在古今中外名人的肩上似乎比康氏看得远一些。梁启超变法思想的意义显然理论超过实践。因而,梁氏变法最后聚焦于宪政层面的虚君共和虽然成为幻影,但其间的真知灼见不失为历史的警示。

沈家本作为清末修律大臣入选本书,乃是他所制定的律典法令毅然与中国旧法分野。可以说,从战国李悝制定中国史上第一部成文法到清末沈家本制定新法,以《唐律》为表征的中华法系在沈氏面前戛然而止。因此,沈氏新法无可争议地成为中华法系的收官之作。或者,称之为瓦解中华法系的新法更为妥帖。

可见,变法之于法律,一言以蔽之,乃法律的生命动感。既是法律的经验性显示,也是社会政治、经济、生活模态固化后的反弹。"变也变,不变也变"的思潮在不断地冲击着古老而顽固的祖宗之法堤坝。置身于历史框架内的变法者,很难摆脱甚嚣尘上的功利性诱惑,去追逐现代法治的人文命脉。因而变法在中国历史的周期律中转来转去,无论善法抑或恶法,都很难走出历史逻辑预设的怪圈。

变法之所以绵延不绝,随着中国历史的循环往复,就在于人们难以破译“国”与“民”之间不是“一加一等于二”的哥德巴赫猜想。二者之间的难分难解与切割点的平衡如何格物致知?如果不在法律理性的根脉上非暴力地夺回君王们窃取的权力,那么,人们的变法将永远在历史路径上原地踏步!

第一篇　商鞅变法

商鞅的变法貌似急功近利，实则深沉久远。废井田、开阡陌只是急大秦帝国君王一时的耕战之需，并非真愿惠富于民；商鞅变法的危害性不在于当世的残酷性，而在于影响后世的禁言封口令；商鞅变法影响中国历史的，还有阴魂不散的株连制与户籍制。他所配套的连坐法与户籍法使统治锲入民间，不仅夯实了专制的根基，管治了小民们的生老病死，且控制了百姓的左邻右舍……

一

公元前362年的仲夏，一天，烈日炎炎，在通往秦都栎阳的大道上，走来一位行色匆匆的中年男子，这西风古道上的阳光，对于他来说，简直就是在辉炫着一个充满希望的未来。

这位精力充沛的男子，就是日后在中国历史上赫赫有名的商鞅（卫鞅）。

商鞅的变法影响中国历史，因他的变法而形成的株连制与户籍制阴魂不散，他所配套的户籍法与连坐法使统治锲入民间，不仅夯实了专制的根基，管治了小民的生老病死，且控制了百姓的左邻右舍。

而此时，他还仅仅只是一位寄人篱下的魏国中庶子。他在阳光下行走，他从魏国的都城大梁一路走来，由东向西，千里奔波，兴致盎然。牛车上的书牍竹简，满载着他的勃勃抱负、经世才学与文韬谋略，或许他现在还没有想到要对世间苍生负责，他在自己而立之年划定的人生框景中，其行为方向，可能就是通过研习李悝《法经》的思想，而要谋划一个有秩序有法度的专制帝国，来完成他的人生使命与历史使命。当然，他一展雄才的迫不及待可能有些急功近利了。但是，在这个争权逐利而纷纷扰扰的世界，现实的需要容不得他有丝毫的犹豫，他不可能像今天的商人通过广告宣传自我，他只能自己推销自己。为了获得最高层次的认可而达到人生的使命巅峰，他不可能深藏不露，一进函谷关，他就迫不及待了，一头扎进八百里秦川，他要在这里一匡天下，施展奇才，他甚至顾不得西风渐紧，衣衫飘拂，他因激动而显得有些踉跄了。

他为何行色匆匆，不顾一切地向秦国的都城栎阳奔去？

原来，不久前因操劳成疾的秦国国君秦献公因病辞世，21岁的年轻太子渠梁即位，是为秦孝公。这秦孝公，少年立志，别有抱负。但此时秦国与周围各国关系紧张，秦孝公能否承续献公的事业，实现自己的雄图霸业，人们正拭目以待。

当初，在公元前384年，秦献公废除了实行三百多年的殉葬制度；

在公元前375年又改革户籍制度，将农民按五户为一伍进行编制，这为日后商鞅变法的户籍改革奠定了基础。此外，秦献公推行县制，先后建立了栎阳、蓝田等县，强化了秦国的中央集权。

改革使秦国逐渐强大，开疆拓土自然成为秦国的优先选项，秦献公开始窥视富强的魏国的领土，公元前366年，魏惠王在武都（今陕西省华县）筑城，被秦国派兵破坏，为此，双方兵戎相见，大打出手，秦军在洛阴（今陕西省大荔）大败魏军。这一仗，大大鼓舞了秦国的士气，这是自吴起镇守河西以来，秦军首次在河西的胜利。

继而秦军在公元前364年大举进攻河东，并在石门（今山西省运城）击败魏军。尔后少梁一战，秦军又势如破竹，乘胜攻占了庞城。

如此一来，魏国的河东地区已被秦、赵、韩三国包围，只有上党一线与国内连接。

而魏国的都城，正在河东。

魏惠王审时度势，面对秦国虎视眈眈，他果断将都城从安邑迁往大梁（今河南开封），从此魏国也称为梁国，魏惠王也称为梁惠王。

魏惠王的迁都，使秦军不敢长途奔袭，远离关中，于是，强大的魏国得以喘息。据此，魏惠王痛定思痛，他休养生息，养精蓄锐，使国力很快恢复。

此时，秦魏之间的争霸格局已形成胶着状态，一旦开战，魏军如西出，有可能突破秦军的洛水防线，直逼泾渭地区，不仅新都栎阳难保，旧都雍城也十分危险，因此，秦国的形势依然岌岌可危。

就在此时，秦孝公登基，他环顾四周，他无法掩饰自己的勃勃野心，因而这个强大的生命即发出“求贤令”。他提出：“宾客群臣有能出奇计强秦者，吾且尊官，与之分土。”

秦孝公招徕人才的标准：需要具有身怀富国强兵之策、满腹经天纬地之术的饱学之士，而不需要门第显贵的碌碌无为之辈和吹牛拍马的谄媚之徒。

秦孝公开出的价码极具诱惑。

商鞅要等待的，就是这样的帝王。

所谓历史奇人、旷世奇才，一定目光犀利，瞄准的就是机会，商鞅饱读经书，牛车上拖载的箱笼中满是书经文牍，这之间谁敢说运载承载的不是满腹的经纶、满怀的韬略？

书籍竹简与商鞅相伴而行。

商鞅要的是一展宏图，他献出的是计谋，获得的是利益，不过他的利益太大，既要名又要利，这样的大的题目，仅有文韬武略还不够，还需要有运气。不管怎样，商鞅的题目太大，以致他在世时和身后都争论不休，他影响深远，毁誉参半。

但此时他满怀希望，不顾一切，行色匆匆……

二

魏国的相国公叔痤是两朝元老，他曾亲自带兵与秦国交战，然而少梁一战，公叔痤率兵与秦军对垒，不幸兵败被俘，战后被秦国放回。

公叔痤被放回魏国后郁郁寡欢，闷闷不乐，毕竟年龄不饶人，一病不起。

对于这位两朝重臣，魏惠王一直敬重有加，听说公叔痤患病，便亲往相府探望。

公叔痤病卧在床，魏惠王亲自到府，他也不能起身了，可见病得不轻。魏惠王见公叔痤病状，知他来日不多，便俯下身来，拉住公叔痤的手说："你从辅佐先王至今，为国操劳，数十载夙夜忧国，令我感佩。如今卧病不起，我为爱卿患病深感焦虑哦！"

公叔痤老泪纵横："老臣恐是油灯耗尽，不能为国效劳，为君分忧了。"他感激涕零地说："以魏国强盛计，启用奇才至关重要！"公叔痤此言好像是猜中了魏惠王的心思。其实，魏惠王前来探望也有想听一听他对继任相国人选的看法，魏惠王赶紧接过公叔痤的话头问："爱卿可有人选？"

"老臣的中庶子卫鞅（即商鞅），此人奇才，可堪大任。"

这里,公叔痤所说的中庶子,实际上相当于现在的秘书,即相国的侍从秘书。

“卫鞅?这是何人,寡人怎么从未听说过?”魏惠王一听公叔痤说出卫鞅这样一位名不见经传的小人物,大失所望。

公叔痤一把抓住魏惠王的手:“此人有经天纬地之才,他熟读先相国李悝的《法经》,了解魏国的各类典章规则,名为相国的中庶子,实质是下臣的主心骨,国家的大事,有很多都是他为下臣出谋划策。”

“如是这般博学之士,为何寡人不知?”

“唉!下臣多次都想推荐,只是因一己之私,想留在身边,为下臣谋划,故影响了他的前程。这都是下臣的私心,他才呆在相府默默无闻,没有名气。但下臣可以向您保证,他有盖世的才华,如果重用他,必成霸业。”

魏惠王沉默不语。

魏惠王内心在想,如此一位名不见经传的小人物,怎能堪此大用,如启用卫鞅,岂不让天下耻笑。

公叔痤见魏惠王不语,知他不愿启用无名之人,叹了一口气,叫屋内的人全部退下。此时他压低声音向魏惠王说:“您如果不用他,干脆把他杀了。”

“为什么?”魏惠王大吃一惊。

“下臣的一生,有一大憾事,当年吴起离开魏国时,让他负剑出走,活着离去。以后吴起到楚国,率楚军横断河东,饮马黄河,陷魏国于危亡之秋。而现在的卫鞅,他的能力不在吴起之下,对于这样的人,您要就重用,如果不用,必杀之。否则为他国所用,后患无穷!”

公叔痤扔给了魏惠王一个难题,这题目竟如此决绝,要就用,要不用就杀,二者择一,非此即彼,不符合国人的中庸之道。

魏惠王心想,老相国病重可能是在说胡话了。卫鞅一个小人物,哪能像相国所说的那样有盖世的才华?卫鞅怎堪比吴起?吴起来魏国之前,就在鲁国为将,一战大破齐军,其声名显赫,魏国才不拘一格启用吴起。而这卫鞅，除了今天听说，也仅仅是公叔痤一人之言，并无实际的例证，怎能随意启用。至于不用则杀掉，无缘无故杀掉一位相国中庶子，世人会说滥杀无辜。况且，不用他，他能翻得起大浪？

的确，以身份待人，以名气用人，在我国由来已久。春秋战国时期，因各国竞争空前激烈，一旦形成强势，称王道寡，雄霸天下，俯视群雄；倘风云变换，稍有不测，则王业衰微，国之将破。甚至祖业倾覆，土崩瓦解，陷入万劫不复之悲惨景状。因此招揽人才关乎国家的生死存亡，故在招揽人才礼贤下士方面，各国都在各出奇招，不惜重金相聘，封官许愿，甚至分土加爵。真是无所不用其极。

中国的历史，几经沉浮，撇开大一统不谈，在春秋战国时期，各国争霸，战争频出，兵祸连年，故人才辈出，有可能是存在决定需要，抑或是需要决定存在。更有一奇怪的历史现象，这便是文气与杀气同在，文韬与武略之间，权谋远胜武力，正所谓阴谋诡计催生出国家的雄健与霸业；反之，赳赳武夫护卫之下的国度，多受其累。我在春秋战国的历史中，看到权谋天下的纵横捭阖，可以说这一时期演绎出的权谋大戏，在这个世界的历史上登峰造极，而谋划强权专制的法家代表人物——商鞅的出场，应视为最精彩的篇章。

从出场的时间节点来看，商鞅此人运气不佳，或许是他没有明白出场需要运作、渲染或铺垫，他既没有像后世的诸葛孔明那样，在未出山之前，就在隆中营造声势，自比管仲、乐毅，以卧龙的名气让刘玄德三顾茅庐；他也不敢负气出走，因为他没遇见慧眼识才的萧何，不可能也没有被“月下追韩信”的本钱；他口才虽好，但因急于求成而略显啰嗦，没有日后张仪一见秦惠文王便口吐莲花，一语中的；他更不可能像他的前辈吴起那样“杀妻求将”，一出场就充满血腥。

眼下，商鞅（还叫卫鞅）既无名气，又无地位，且无身份，更无爵位。即令有一位识才的公叔痤，也是二流伯乐，盖因私心太重，将他遮遮掩掩，藏于肘腋，等到临终之际才予以推荐，不仅为时晚矣，差点酿成杀身之祸。当然，人之将死，其言也善，可能是公叔痤感到对不住商鞅，他在魏惠王离开相府后，便差人唤商鞅来府。

实际上追溯血脉，商鞅也有高贵的成分，他是卫国公室的后代，因此，有史书叫他公孙鞅。只不过，落魄到魏国，在公叔痤门下担任中庶子多年，已经养成谨言慎行的品性。

这时的商鞅，大约29岁，个高消瘦，公叔痤一见他便说："国君刚刚来过，问我谁能继任相国。"

他向商鞅看了一眼，见商鞅面无表情，便说："我向他推荐了你。"

商鞅面无喜色，只是拱了拱手表示感谢。

"唉！国君没有采纳我的意见。"

他看了看商鞅，商鞅仍无表情。

公叔痤叹了一口气，他看着商鞅说："我向他推荐你，说你的才能超过吴起，他还是没有同意。"说到这里，公叔痤坐起来，撑着身子说："我说，如果不重用你，干脆把你杀掉。"

商鞅听到这里，眼光闪烁了一下，旋即恢复如常。

公叔痤感慨万端，抬着头望着屋顶叹了一声："你在我府上兢兢业业，为我出谋划策，我人之将死，其言不善哦！没有给你一个锦绣前程，反而将你陷于险境。但是，我这也是处于无奈，因我是魏国两朝相国，国君待我恩重如山，我只能站在魏国的立场上考虑问题，以我观察，你的才能举世无双，如国君不用你，早晚你必为他国所用，对于魏国来说，是个灾难。"

"既如此，大人何必告诉我？"

公叔痤说："从魏国的国家利益考量，我建议国君杀你；于私交而言，你毕竟跟我多年，我不忍心哦，你快走吧！"

商鞅摇了摇头。

"你不走？你难道在这里受死吗？"

"国君不会杀我。"商鞅平静地说："他既然不听你的推荐，必不在意我，怎会杀我？他可能很快就将我忘掉了。"

公叔痤瞪大眼睛，看着商鞅。

这就是二者的区别，魏国在启用公叔痤期间，公叔痤业绩平平，因而，在与秦国的交锋中，丧权失地。而这商鞅平静如水，料事如神，已然超越公叔痤。果然，魏惠王在公叔痤死后，忙于政事，很快就将此事忘掉。

商鞅在魏国的命运，也与后世很多知识分子的命运大抵相同，没有名气，没有身份，没有地位，要想攀上高枝，一展雄姿，难啊！即令是魏惠王这样的君王也难免俗，居然以身份、名气看人，错过了商鞅。实际在战国七雄中，魏惠王不是英主也算雄主，公叔痤死后，他励精图治，通过一系列改革措施，使魏国走出低谷。迁都不久，魏惠王迎来了他事业上的第一个高潮，在他的强势逼临下，鲁、宋、卫、韩四国国君联袂到魏国大梁朝觐魏惠王，承认他的中原霸主地位。

商鞅的不幸在于他没有身份、没有地位，这是国之传统，几千年来亘古不变，以身份和名气待人，看偏了多少英雄好汉，埋没了多少才俊豪杰，商鞅不幸之中的大幸，就在于他所处的时代。在中国的历史上，春秋战国、魏晋南北朝与民国时期，是人才辈出的时代，特别是春秋战国，各国的竞争已经达到白热化程度，为维护王权霸业，谁都愿意招揽英才，这就为商鞅这类奇才提供了机会，真是“此处不留爷，自有留爷处”。商鞅就在魏惠王不知不觉中离开了魏国，魏惠王日后将为此付出沉重代价。但此时，魏惠王毫无知觉，他已经成为中原一霸，他正春风得意……

三

商鞅到了秦国。

商鞅的出场，颇具戏剧性，否则，惜墨如金的司马迁不会渲染商君四次出场的景像。

此刻，竞争者无计其数，各国辩士奇才也纷纷西行，冲着秦孝公的《求贤令》奔来。一时，秦国的都城，豪杰奇才，粉墨登场，各显神通，竞争无比激烈。

商鞅的成功与否,关乎他的政治前途,也可以说千年的道行在此一举,这一次,商鞅可以说是使上吃奶的劲,他费尽心思……

且来看司马迁如何评说。

商鞅第一次得以求见孝公,太史公曰:“因孝公宠臣景监以求见孝公。孝公既见卫鞅,语事良久,孝公时时睡,弗听。罢而孝公怒景监曰:‘子之客妄人耳,安足用邪!’景监以让卫鞅。卫鞅曰:‘吾说公以帝道,其志不开悟矣。’”

从《史记·商君列传》的上述记载,可看出商鞅到秦国后,还是攀上孝公的亲信景监的,至于怎样认识景监不得而知,但有一点可以说明,商鞅与当今一些知识分子恃才傲物不同,他还是懂得打通关节的,他通过关系得以求见孝公,最起码求见孝公的目的是达到了。只不过,商鞅方法不当,他夸夸其淡,大谈帝道之治,秦孝公一边听一边打瞌睡,把商鞅打发走后,孝公对景监大为光火:“你的客人是一个大言欺人的家伙,这种人怎么能使用呢!”话到这份上,从一般情形看,商鞅的政治生命在秦国几乎被判死刑。殊不知,春秋战国与大一统毕竟不同,求贤若渴仍是各国君王的当务之急。经商鞅一再解释,强调自己并没有大言欺人,而是向孝公喋喋不休地讲述尧、舜的治国方法,看来这种帝道之术远水不解近渴,引起孝公反感,如能再给机会,改变讲述的内容,可能孝公会采纳。据此,景监又一次恳求孝公召见商鞅,随之第二次见面,商鞅把治国之道即禹、汤、文武之治说得畅达淋漓,仍然不合孝公之意。

怎么办呢?

景监给他出主意:“什么帝道王道,孝公现在不感兴趣,他要解决当下的棘手问题。你既不要夸大其词,显示你的口才好;也不要故弄玄虚,展示你的谋略权术。你就向对我这样,老老实实、实实在在的说些解决当下问题的方法,就行了。那些信口开河的说教免了,就按我说的办,情真意切地说明问题,这是你最后一次机会了。”

商鞅第三次得见孝公。

太史公这样记录:“鞅复见孝公,孝公善之而未用也。罢而去,孝公谓景监曰:‘汝客善,可与语矣。’鞅曰:‘吾说公以霸道,其意欲用之矣。诚得见我,我知之矣。’卫鞅复见孝公。公与语,不自知膝之前于席也。语数日不厌。”

司马迁寥寥数语,把商鞅与孝公的这一次见面刻画得栩栩如生,商鞅在阐述帝道王道之术失败之后,他在这次会谈中,以霸道点题,切中要害,下药之猛,对于治疗秦国当前之弊,一语中的,击穿了孝公的靶心。孝公急于求成,双方一拍即合。再次见面,商鞅用药无以复加,以霸道之术强势治国之道说中孝公心坎,商鞅与孝公彻夜长谈,孝公完全听迷了。按司马迁所说,这秦孝公听得出神,竟用手肘习惯性地去撑席前的小几,却扑空摔倒在商鞅面前。司马迁只一句“不自知膝之前于席也”,便将孝公倾听商鞅所述的景象活脱脱地展现出来,是那样生动!那样活灵活现!什么与君一席话胜读十年书,什么“宣室求贤访作臣”的诗句都不及这句话的形象比喻让人极富想象,秦孝公听得痴迷的神态,以及扑空摔倒的尴尬都让人忍俊不禁。佩服!太史公用笔之精妙,关键时刻,一句话,一个动作,让读者心领神会。

其实,商鞅表述的,是一位身陷乱世心比天高的扭曲生命对社会的索取,他的这些阴谋权术与霸道之治如罡风阵阵,煽起了秦孝公内心之中雄霸天下的连天烽火。不可否认,商鞅胸中的谋略八卦应是他多年苦学修炼的积淀,但他从帝道之术转向王道之治,旋即掀起霸道之火,完全是察言观色地投其所好。

司马迁对商鞅与秦孝公的四次会面,作了层层铺叙,商鞅由帝道转王道,进而趋霸道,再谈治国。在这里,司马迁并无对帝道、王道、霸道与治国作进一步评估分析,但后世之人则因商鞅的变法催生了大秦帝国的崛起,而对商鞅赞多贬少。

历史上的事有时也说不清楚,有相当多的人也不赞同商鞅的变法,认为商鞅与秦孝公,两个急于求成的男人凑到一起,为了追求权力的最大化,竟然相互激励,甚至不顾一切,管他阴谋与阳谋,管他王道与霸道,只要成功,行贿、欺骗、杀戮、厚黑,一切的一切,都只为成功,哪管权谋还是八卦,兵家还是法家?为了追逐功利,一切为我所用。

思想是人想出来的,国王为了自己的利益,他把这利益称为“国家利益”,而权臣为了讨好君上,谋取自己的利益,便偏离了为社会大众思虑的方向。先秦时期的法家,就讲究为国王谋划的法术势,说直白一点,就是如何获得更多、更大的权力以及如何玩好权力游戏。由于权力乃天下公器,且是撒旦与上帝共舞的游戏,当然具有无穷的诱惑与乐趣!

池田大作说:“权力天然具有反民众的特性,人类必须永远警惕罪恶的权力!”

但是,权力除了使君主与大臣获得摆布他人命运的无穷乐趣外,还有自身享受不尽的利益。因此一念之间,就会走火入魔,误认为将民众呼来唤去,只要让他们吃得饱,就可以让他们为自己做牛做马,并且还幻想让自己的子孙也享受这样的待遇直至千秋万代。事实果真如此吗?尔后承续商鞅之法的秦二世“其亡也忽焉”。

但此时,商鞅为报秦孝公的知遇之恩,他哪管这些,他振振有词:“民弱国强,国强民弱,故有道之国,务在弱民。”有这样一个蛮横的前提,商鞅的结论令人错愕。“民胜其政,国弱;政胜其民,兵强。”“昔之能制天下者,必先制其民者也;能先胜敌者,必先胜其民者也。故胜民之本在制民,若冶于金,陶于土也。”这些赤裸裸的胜民、制民理论在《商君书》中比比皆是,令人不寒而栗!

这也可能是商鞅以后作法自毙的因果,或许也是法家输给儒家的一个缘由吧!

说这话可能有些牵强,商鞅所做的一切也不能说是法家做的一切,何况这时商鞅正大获全胜,他迎来了自己的历史,他粉墨登场了,他要大展雄图,至于法家倡行的严刑峻法是否对孔子的宽厚与仁义有所冲撞,这些,于商鞅而言,他真的顾不了这些,他只要君王高兴,就行了。

四

商鞅一头扑进功利主义的怀抱,他知道以农耕为生的小民要的就是眼前,谁去管万世,谁去过千秋?他大手一挥,一根木柱竖立在城墙下,在栎阳城的南门,一根三丈长的木头靠着城墙,旁边的墙上张贴了一张告示,意思是说有谁能将这根木头搬到北门,赏金十两。一时,围观者甚众,人头涌动。原来商鞅要找一个人,一个搬得动这根木头的人。在围观的数千人中,谁搬不动呢?看来,新来的领导在变着法子消遣百姓,大家都这样想,搬这根木头,从南门到北门,太过容易,十个铜钱都划算,怎么可能赏金十两?

一上午就过去了,围观的人来了一拨走了一拨,又来一拨。

到了下午,有官吏奉商鞅之命,在告示上加了一个"五"字,即赏五十两黄金啊!

有个农民工,看了半天,见众人都不搬动这根木头,他这人,有点二愣子的脾气,于是就鼓起勇气,在大家的嘲笑中扛起了木头。他想,管他的,就算被耍了,也没有亏什么,反正力气在自己的身上。

这真是一支奇怪的队伍,一个人扛着木头在前走,数千围观的人跟着他走,浩浩荡荡。

看来,围观看热闹,是传统,有基因遗传。因此,有人说我们其实是一直活在春秋战国,那些秦汉、魏晋、隋唐、宋明的传统有很多就源起于这里,以致到菜市口看杀人、到广场上看公捕公审大会的热闹都不能说与这传统无关。

这农民工很快就将木头扛到了北门,商鞅在城楼上等候,他在一群官吏的前呼后拥之下来到北门城楼下。

"这根木头,是你搬来的,从南门楼过来的?"商鞅指了指木头问。

农民工小伙子有点不好意思,红着脸,腼腆地点了点头。

围观的人都屏住了呼吸,他们比这农民工二愣子更着急,人们踮着脚,张大嘴,伸长脖子,等着看笑话。

商鞅微笑着看了看大家,他一挥手,立即有卫兵端着盘子过来,到这搬木头的傻小子面前,商鞅将盘子边的红布揭开,金灿灿的五十两黄金元宝就在盘了里,金光灿灿。

这一天史书好像记载是公元前359年的一天,也巧,这天阳光灿烂,五十两黄金在阳光的投射下,光芒刺眼,围观的众人都有点睁不开眼。

搬运这根木头的农民工傻小子差点晕倒。

这是商鞅宣法立威之举,有人说法家的代表人物商鞅不过是战国时代百家争鸣的天空中升起的一颗星,这点光亮正是在周室衰微之际发生的,商鞅带着朝气,凛然而立于历史的舞台,他要由边缘向中心过渡,他的出场充满着文气与杀气,也只有在秦国,在这个阻力最小的空间,为商鞅这位变法者提供了发挥勇气与才智的舞台。

事实上,商鞅的立木赏金,取信于民,也是从吴起那里学来的。

据《韩非子》载,吴起在河西任郡守期间,秦国有一哨所临近魏国边境,该哨所的守军时常袭击魏国的百姓,但还不值得征调部队去攻打该哨所。于是吴起就在北门外放了一根车辕,下令说:"谁把车辕搬到南门,就赏赐他上等田地,上等住宅。"起初没有人相信,也没有去搬运,最终有一人把这车辕搬到南门,吴起立即奖赏。不久,吴起又在东门放一石红豆,并下令说:"谁把红豆搬运到西门,赏赐如前。"百姓们争先恐后,抢着朝前去搬。尔后吴起顺势下令:"明天攻打秦军哨所,冲锋在前者,任命为大夫,赏赐上等田地和住宅。"第二天,百姓们奋勇争先,一拥而上,很快就把小小的哨所攻占了。

吴起的故事,说明了读书的重要性,更说明信息的重要性,商鞅饱读史书,了解的信息自然比一般布衣多。因此,他能出奇招,出奇制胜。这就是说,商鞅博览群籍,环顾四周,审时度势,他能在瞬息万变的战国争霸中抢得先机,形成强势。因此,商鞅能够大显身手,一展奇才。这些都是商鞅窥视高人、学习先贤、借镜前辈、厚积薄发的结果。

商鞅的变法,体现了战国时期累积和爆发的精神力量。这种精神力量形成的强势与极具浓烈军事色彩的大秦帝国相结合,其强大的气场正通过剽悍的秦风席卷群雄,商鞅在波澜起伏的战国争霸浪潮中顺势而上,以变法者的无畏粉墨登场了。

他大刀阔斧地进行变法,他成为大秦帝国崛起的奠基人。

商鞅自幼好刑名之学,又在魏国为官,他受李悝、吴起的影响较大,决心将三晋的变法措施如法炮制于秦,然而,在《史记·商君列传》中,商鞅初入秦都,四次谒见孝公,分别以帝道、王道、霸道、强国之术说服孝公,结果孝公对帝道王道的仁政与长久之计不感兴趣,却对霸道与强国兴致盎然。最终,孝公被商鞅壮怀激烈的雄辩与才气打动,于公元前356年拜商鞅为左庶长,行变法大计。

商鞅踌躇满志,他颁布的第一条法令——《垦草令》就是冲着农户、农业与农田的"三农"而来,看来对"三农"的重视古已有之,绵延千年。现代人并不一定比古人聪明,或许是学习古人的也未可知。有人说,用现代法制的眼光看商鞅的《垦草令》,应属于行政法的范畴,有人说是经济法的内容。实际上《垦草令》除了行政命令外,也有刑法的处罚措施。因此,从法制史层面讲,属于诸法合体、刑民不分的综合性法令。

本来,农民种田,天经地义,无须国王操劳。但商鞅的计谋在于不仅要将农民捆绑在田地,甚至还要绑架他们的思想。在商鞅看来,不让农户们有其他想法,必须断取经商与学文的路径,这样农民们除了努力开荒为国家多纳粮税外,只能埋头劳作了。

商鞅认为,对国家的稳定造成威胁的就是习文与经商。

商鞅从农民的可贵之处看到了愚昧,他深知农人们一旦有了知识,他们也会像他(指商鞅自己)这样游说于各国,必不甘心耕田劳作,"知识越多越反动"说的就是这个道理。因此必须改变秦国重视习文的传统,将做学问的知识分子彻底排除在政权之外,不让他们在秦国讲学,不让他们有活路。这样农民们就不愿意去做有学问的知识分子,习文与做学问就不吃香了。

有鉴于此,商鞅特别警惕秦国受到儒家思想的影响,为消除这些影响，商鞅命令秦地的官吏焚烧儒家的经典如《诗》、《书》等著作竹简。可以说，商鞅虽然没有直接坑儒，但焚书他是秦始皇的先辈，谁又敢说焚书禁言的秦始皇乃至后世的统治者们，不是商鞅的徒子徒孙呢？

非但如此，商鞅还下令取缔了农民们的一切娱乐活动，他要让农民“意一而气不淫”，一心一意、一门心思地将全部身心投入农业之上。

他害怕商业，他认为商人唯利所图，利欲熏心。加之商业需要流通，不易管治。因此，商鞅建立了中国历史上最严格的人口户籍管理制度，他禁止秦国的百姓自由迁徙，甚至连走亲戚、逃荒都要经官府批准。旅客住店，要有当地官吏出具的证明，否则，店主与客人一并处罚。

商鞅可以说是重农抑商的先驱，他对商人、商业的打击与抑制无以复加。在他主政时期，秦国“商无得籴，农无得粜”。粮食与销售完全由官府把持。

当然，商鞅的变法特别是重农抑商的措施，对秦国农业的丰盛还是取到吹糠见米的作用。当时，“秦与东方各国之社会情况所不同者，则东方各国（除楚之外）有地狭人稠之象，秦则为地旷人稀之地。东方之农民，除困于赋役之负担外，兼有耕地不敷分配之苦……商鞅见秦之农户太少，旷地太多，其始则用化大农户为小农户之策。奖励小农户家庭之独立，以图农户之增加”。[1]

商鞅为了增强秦国国力，他在《垦草令》中公布了一些奖励措施。规定，生产粮食布帛多的农户家庭，可以免除徭役。他还推行铁制耕具，有利于小农户独立耕作，“故其毅然将领邑制之农村形式破毁，就一切领邑之封域界线平夷之，辟为多数小农场，分给各独立之小农户”。[2]由于农户不足，在破除封邑制之后，又强力开荒，加之地旷之稀，劳动力严重欠缺，商鞅又诱使三晋之民入秦。人口的增加，不仅劳力大增，也为日后强军增添兵力。

---

〔1〕 李剑农：《中国古代经济史稿》（上），武汉大学出版社 2006 年版，第 144 页。

〔2〕 李剑农：《中国古代经济史稿》（上），武汉大学出版社 2006 年版，第 145 页。

商鞅的这些急功近利的变法措施，与儒家施仁政而安近怀远的长久之策相比，确乎效果明显。

《垦草令》实施几年后，在商鞅的强力推行下，效果已然显现。秦国地大物博，荒地众多，经强制开发，大片的荒地变成农田，农作物产量也大幅提高，国家的粮库里堆满了粮食，农人们也衣食无忧，正所谓“家给人足，乡邑大治”。加之，贵族的封邑制被打破，贵族的权力受到极大抑制；知识分子无用武之地，被强赶离去；商人们无利可图，受到打击。因此，农人们获得平均主义层面的心理平衡，“不患寡而患不均”，相对满足的农户此时感到商鞅的变法带来了看得见的利益，至于那些知识分子夸夸其谈的言论自由与农人们实在没有太过直接的干系。因此农人们忘了人类的本质，即上天所赋给人最重要的就是“吃饭与说话”这两项天赋的权利。但是，人们往往只注意“吃饱”的权利而忘记了“说话”的权利。农户们亦如此，吃饱了，就敲锣打鼓地来给商鞅送万民伞。

商鞅很得意，问他们：“新法怎样？”

“很好，很好！左庶长的新法非常好！”

“真的这样好吗？”商鞅微笑中掠过一丝不易察觉的阴冷。“那当初，你们为何要反对呢？”

众人不好意思，没有回答。

“当初，你们上告、反对我，我没有反驳，是因为新法还需要时间才能见成效，我忍住了。现在新法的成果已经显现，你们又来表扬了，但我要回奖你们的是，让你们去戍边服兵役。”

众人瞪大眼睛，不解地问：“这是为何？”

此时，商鞅脸上的笑容已经消失，他铁青着脸说：“国家大事岂是你等农人议论的，对于国家的法律法令，你等只能执行，怎能随意批评反对。律令法条，好与不好，轮不到你们妄加评说。做得不好，不需要你们指手画脚；做得好，也轮不到你们来歌功颂德。你们只能做自己分内的事，好好地做好农活，不该管的事不要管，不该看的不要看，不该说的不要说，管住你们的嘴，莫谈国事，乖乖地干活，服劳役或服兵役才是你们分内的事。”

从此，农人们谁敢议论官府？谁敢议论官人？谁敢议论官府的法令？谁又敢议论国事？

当然，从古至今，因吹牛拍马、歌功颂德倒霉的大有人在，但商鞅此举，造成国人噤若寒蝉，失去了言论自由、议论国事的权利。商鞅的禁言，为历代统治者仿效，应为中国历史上最为卑劣的恶果范式。奇怪的是，人们并不会因讨好官府被关押被杀头而放弃加快拍马屁的步伐。于国人而言，大唱官府赞歌倒霉的比之批评者毕竟要少；而溜须拍马获利的比之批评者毕竟要多得多！因此，从古至今，歌功颂德，乐此不疲。人们前仆后继，对官吏的赞颂无以复加，对官府的场域趋之若鹜。

五

有人说商鞅变法之后中国没有法，只有律，实际上商鞅的变“法”为“律”还是“法”，只不过中国古代的“法”，怎样与“律”结合，怎样与“刑”区分，确乎困难。按照著名的法制史学家田涛先生说，“所谓商鞅变‘法’为‘律’，其实商鞅是将春秋战国时期分散在各国的法，变成以秦律为统一蓝本的法律而已”。[3] 可见，无论是“法”先还是“律”后，抑或是“律”先“刑”后，在这里，商鞅制定农业、农户与农田的“三农”法令，概属严刑峻法一类，也因此被后人称为变法为律了。更直接一点地说，变法为刑了。

从今天的视角看，商鞅的变法是围绕着怎样使秦国能在与六国的竞争格局中脱颖而出展开的，为了一遂秦孝公雄霸天下的心愿。商鞅变法中即使是奖励农桑，鼓励农作，也是向着军事化国家的目标迈进，而军事化的形成将取决于专制的集权与集中。

如果说《垦草令》还有开荒拓土、劝课农桑、发展农业的功效；那么为了达到实行专制集权的目的，户籍法、连坐法的颁行就是典型的恶法

---

〔3〕 何勤华、贺卫方、田涛：《法律文化三人谈》，北京大学出版社2010年版，第64页。

范例了。

所谓户籍法,就是在秦献公制定的按五户为一伍的制度基础上,进行全国性的统一编制,并在这之间实行相互告发和同罪连坐的株连制度。

所谓连坐法,这是户籍法的配套法。概言之,是指一人犯法,全家同罪,邻居受牵连。对罪行知情不报者,或藏匿罪犯者,处以腰斩之刑,全家财产充公。如有人向官府告发并举报,可以免罪,甚至还能立功重赏。

连坐法公布后,人人自危,连坐法以及以后衍生出的保甲法,都使人不寒而栗!该法株连之广,造成邻里乡亲,相互猜疑,彼此告发,使人人都处于紧张、恐惧的状态,甚至互相为敌。这,大大有利于统治。因此,历朝历代的统治者将户籍法、连坐法奉为圭臬。

商鞅在学习李悝《法经》时,把重点集中到刑法方面,因而他有喜好刑罚之名。他在推行严厉刑罚方面登峰造极,他主张轻罪重刑。商鞅认为,如果对轻罪者处予重刑,那么国人就不敢犯重罪。

商鞅轻罪重刑主要表现在:

如偷盗牛马者,死刑。

又如一步超过六尺者重罚。

而在街巷倒垃圾者,要施于黥刑。

可见,商鞅推行的新法是何等的严厉!

虽然商鞅变法达到了为秦国"富国强兵"的目的,似乎国家财力也充盈了,但民众并没有真正得到多少实惠。站在专制集权的角度看问题,商鞅对秦国有功绩。但是,商鞅通过严厉的酷刑,强化了君王的绝对统治权力,剥夺了民众的言论自由,将秦国的百姓置于奴役的地位,变成只能吃饭会做活的牛马,使全国处于恐惧之中。人们彼此猜忌,相互检举,犯法连坐,人人惊恐。商鞅焚书禁言,使人们敢怒不敢言。其法令之严厉,即不论平民,抑或大臣、将军,只要不从王令者,"死罪不赦,刑及三族"。在商鞅严厉的刑罚中,轻辄鞭鞑、抽筋、割鼻、黥面;重辄砍头、腰斩、剥皮、下油锅、五马分尸，等等，轻罪重罚古今罕见。

一次商鞅为镇压对新法不满的人，在渭水边一天就杀了七百多人，鲜血把整个渭河染红，“号哭之声动于天地，畜怨积仇比于丘山”。

在如此严厉的刑法处罚下，史书上说秦国一度出现“道不拾遗，乡邑大治”的景状，这良好的社会表相的代价之大，是用多少人头、多少鲜血换来的？

由上可知，商鞅对刑法十分重视，可以说他继受了李悝《法经》的大部分内容，并改名为《秦律》，谓之秦律六篇，即盗律、贼律、囚律、捕律、杂律和具律，并在原《法经》的基础上增加了新的内容，《史记·商君列传》中记：“令民为什伍，而相牧司连坐，不告奸者腰斩，告奸者与斩敌首同赏，匿奸者与降敌者同罚。民有二男以上不分异者，倍其赋。有军功者，各以率受上爵；为私斗者，各以轻重被刑大小。”甚至“内刻刀锯之刑，外深鈇钺之诛，步过六尺者而罚，弃灰于道者被刑”。〔4〕可见这些均是商鞅的首创。这里，商鞅不是将《法经》简简单单地改为《秦律》，仅仅只是对法律名称的改变。商鞅的严峻刑法，使“民勇于公战，怯于私斗”，因为凡是“私斗者”，皆被科处刑罚；而公战者，可以军功受爵。经过商鞅大刀阔斧地改革，秦国的国力、军力大振。

于是，商鞅对韩国发动了一次进攻，他小试牛刀，便大败韩军于西山。〔5〕

但，这并不能说明变法之功绩，因为，三晋之中，韩国最为弱小，本来就不堪秦国一击。

秦孝公与商鞅真正需要的是击溃魏国。

秘书出身的人就不同，有忍性，有定力。商鞅能够拿捏时机，寻找机会。

他在等待，气定神闲，静若处子，他在等待关键的一击，他要让魏惠

〔4〕 刘向：《新序》。
〔5〕 今河南省熊耳山。

王追悔莫及。

然而,此长并不一定彼消,魏国也在变,而且变得更强大!魏国从来就不缺青年才俊,一位名叫庞涓的青年将领进入了人们的视线,在魏惠王的慧眼相识下,庞涓得到重用,登台拜将之后,庞涓率魏军南征北战,攻城掠寨,神出鬼没,所向披靡,其势之猛,其劲之强,堪比吴起,远胜公叔痤。

魏惠王志得意满。

他派庞涓率八万大军进攻赵国,而且还号令鲁、宋、卫等小国出兵相助。

庞涓统领八万大军,挟连战连捷之威力,很快便兵临邯郸城下。

静若处子,动若脱兔,商鞅突然出兵,其劲道若迅雷之势,魏军在没有明白是什么一回事的情况下就吃了败仗,商鞅一举歼灭魏军七千多人,并抢占了少梁。

魏惠王大吃一惊,开始对这位公叔痤推荐的名不见经传的中庶子刮目相看。商鞅此战,捷报飞传秦国,举国欢腾,商鞅升任大良造。[6]此时的商鞅,他看过兵书,不会躺在功劳簿上睡觉,他要乘胜前行,他不敢有丝毫的懈怠。

商鞅马不停蹄,他率秦军精锐,席卷河东,在魏军还未回过神来之际,他再度出手,一举攻克了魏国旧都安邑。

于是,秦国迁都咸阳。

商鞅或许比后世的军事家们更明白,战争的真正胜负不在一城一地的得失,而在于经济、政治的实力。因此,三分军事、七分政治仍是商鞅追逐的目标。他深知,他的政治生命乃至政治前途在于变法,秦孝公亦如此,在这一点上,商鞅的运气还在于秦孝公力排众议,给予他坚定支持。

这里,需要补充一下,商鞅偷袭魏国得手,那魏惠王与战将庞涓也

---

〔6〕 相当于国君的副手,一国的第二把交椅。

不是省油的灯,何况魏国的旧都安邑被秦军拿下,面子上也过不去,如何忍得下这口气?

平心而论,如果秦魏两军相峙对阵,庞涓在军事上的才能还是要高出商鞅一筹。商鞅的专长与才华在政治方面,但庞涓运气不佳,他在攻打邯郸时,被兵法家孙膑横插一扛,结果兵败被俘。因此,商鞅乘虚而入,进入河东将魏国旧都安邑收入囊中,使秦国走出关中,雄视天下。

六

迁都咸阳后的秦国,已经有问鼎中原的实力了,但商鞅并没有被胜利冲昏头脑,他还需要从广度到深度对秦国进行一系列的变法,他要大展宏图。

商鞅变法最著名的措施或者叫改革的政策,就是废井田、开阡陌。

所谓井田制,盖因周天子行封建之制,百步为亩,亩的界线便是阡陌;百亩为顷,顷的界线叫作封疆。而井田制是将九顷土地按照“井”字形平均划分为九块,中间一块为公田,周边八块为私田。私田由各家分种,公田由八家共种。

到了春秋时,井田制已开始瓦解,取而代之的是地租制,也就是将土地分给农民,所有者收取一定的租金或租粮。东方诸国如韩、赵、魏、齐、鲁等国都已实行地租制时,秦国的井田制还未废除。

商鞅推行《垦草令》后,秦国的农业发展势头很快,多数荒地被开垦出来,商鞅感到实行井田制使土地分割,不利于农业发展,也不能提高农民的生产积极性,便下决心废除井田制,通过变法,在法律上彻底摧毁井田制。商鞅认为只有如此,才能确认自耕农的土地所有制,释放小农经济,增加国家的地租收入。

根据商鞅的改革措施,他将原来的农田界线及边界统统破除,改百步一亩为二百四十步一亩,重新建立边界,再分给农民,然后国家颁布法令确认农民对土地的私有权,并且允许自由买卖。

换句话说,商鞅在搞“土改”了!

比之真正的土改如何？

其一，商鞅的废井田、开阡陌主要是开荒拓疆，利用开垦的荒地分给农户。虽然也刻意加重贵族的赋税，限制了部分贵族的权力，禁止贵族、官吏雇佣外人，迫使贵族子弟参加农作，但比采取暴力方式没收地主的土地还是要温和得多。

其二，商鞅的废井田、开阡陌，从法律层面看，确认了农民的土地私有权，具有所有权的法律意义，似乎也对“溥天之下，莫非王土”的王权神圣是一次冲击，比后世否认土地私有权要先进一些。

当然，商鞅废井田、开阡陌并不完美，他限制了贵族的权力及其所应获取的地租利益，这为他日后的惨剧埋下伏笔。他强化了中央集权，通过废井田、开阡陌为君王增加了财富，为日益强悍而壮大的秦国军队提供了经济支撑。但他操弄土地即废井田的手段太过于残酷，遭到了贵族们的强烈反弹；农户们虽然分得开垦的土地，提高了劳动积极性，但赋税太重，所谓“国家拿大头，个人拿小头”，一年的劳作，多为官府所得。此外依附在土地之上的农人们因商鞅切断了他们的其他一切财路，除了在土地上因农作得到收获并缴租纳税之外，他们没有任何想法与出路，他们日出而作，日落而息，与土地同呼吸、共命运，他们热爱土地，渴望老婆孩子热炕头。因此，他们对远离土地服兵役是反感的。加之商鞅蔑视知识分子，使沟通“官”与“民”之间的中介——士绅，即乡村知识分子毫无出路，这一恶行的范式影响，使矛盾激化，在历次农民起义中就充分显现，农村的痞气升高，不能说与打击“士绅”无关。

商鞅变法影响巨大的措施还有强化县制、实行集权制的行政治理的改革。

所谓推行县制，是商鞅在秦国境内，将所有的乡邑、村庄整合为41个县，由秦中央政权直接管理。人口满一万户及一万户以上的县，设县令；不满万户的，设县长。县令、县长之下设管理民政的县丞和掌管军队的县尉。

有人说商鞅变法推行的县制改革是改变了原来的人治，实行法治。

其实,法治既与商鞅变法的"法"有别,也与现在倡导的法制不一样。我们认为,法治是指以国之法律为治国的基础,国家即政府的一切均应依法行政,而不是只许小民百姓老老实实、不许乱说乱动的法制。于法而言,政府与民均应守法,而为了制约政府的权力,须由民众选举出议会,且由议员们代议民众的权利,制约行政方面。如果行政力量即公权违法侵犯了公民的利益,公民可诉诸法庭,法庭应行使独立于行政、立法之外的一种司法救济。总之,法治与人治的重大区别是,法是至高无上的;而人治,则由君王或其重臣决定一切,即使法律制定很多,最终是人说了算,不是依法而定。因此,这种法制仍然是人治。就像后世的大唐帝国,不能因为有了庞大体系的《唐律》等较为完备的法制,便将其称为"法治"。商鞅的变法亦如是,无论商鞅怎样制定法律法令,他怎样依靠和运用法律法令,他的变法与法制,仍然是人治。是他决定了他所制定的法律法令怎样运用怎样执行,如果法的某一部分对他不利,甚至他感到不方便,他就可以随心所欲地变通;若是对他有利,他可以选择性执法。因此,说商鞅的变法及所制定的法律制度是法治大谬不然!

透彻一点说,以商鞅为突出代表的法家思想,是无视一切个体意志与个体生命的。概言之,整个法家思想便是先将民众与统治者对立起来,然后站在统治者一边,去帮助统治者战胜敌人。而在这个"敌人"的概念中,虽然表层指向的是国外有威胁性有实力的敌国,但本国的老百姓也会含藏在"敌人"或"潜在的敌人"的概念内涵之中,因而,历代的统治者防民胜于防敌,"攘外必先安内"揭示的就是这个道理。由此可见,这句话不是哪一个朝代的专利,而是统治者制民的"真理"。从《商君书》中也可看到一系列的防民、制民、胜民、辱民、弱民之思想。正是基于防民制民之术,商鞅不仅在户籍制的基础上锲入连坐法,他还推行"行政体制的改革"。

确切地说,商鞅制定并推行县制,且属于行政法范畴,他使秦国分散的乡、村归于一统,形成大县与小县的行政区划,便于中央集权的权力集中。

商鞅推行县制，有利有弊，有利的方面强化了中央集权使秦国的管理高效集中，政令畅通，对于军事色彩浓烈的秦国来说，中央集权使强制管理深入基层，将土地利益与户籍徭役兵役捆绑在一起，既形成了高效而强大的军事战斗力，也因在秦国全境划分41县进行统一管理，强力控制，编户齐民，予取予求，促成了发达的军事组织与高效统一的官僚体系的协调。因而商鞅变法中县制的设立对后世中央集权国家的行政官僚制度的确立具有里程碑意义。

不利的一面，则是因县制的形成奠定了中央集权的牢固基石，使中央政权直至县的垂直管理下沉到乡、村，失去了横向的平衡与制约的拘束力。因而千百年来，中央政权对小民的管束无以复加，抹杀了民众的个性。甚至在商鞅的权力淫威下，消除了小民们的任何娱乐性，剥夺了小民与知识分子的言论自由。这一无制衡的垂直管理体系，使统治权力锲入民间，造成官方公权暴力与管治的无所不在并肆虐泛滥。遍及全国的贪腐贿赂与人为冤狱，让小民们遭受盘剥与灾难。可以说，正是小民百姓的血汗、冤屈、贡税、劳役与兵役映照了商鞅个人的历史光芒与大秦帝国的铁血辉煌。

因此，对商鞅的县制改革与大秦帝国的中央集权的强大，不宜大唱赞歌。事实上，秦国也好，魏国也罢，谁多占谁一寸土地，谁高筑多少城墙，应是国王的事，小民们千万不要把国王家的城墙——国界，看成是自己家的院墙！

商鞅的变法在统一度量衡方面对尔后秦始皇的影响特别重大。

由于秦国地广人稀，各地的度量衡不统一，商鞅为了保障帝国的赋税收入，为了不发生信息误差，以致农户少交粮少纳税，故对长度、面积、体积等制定了统一的标准。

度量衡的统一，促成了秦国境内在经济、社会、生活等方面的有效使用，也为秦始皇横扫六合后，在中国境内统一度量衡奠定了基础。

征收人头税也是商鞅变法的重要内容。

在商鞅看来,贵族拥有土地,不事劳作,仅靠地租便过着富裕而悠闲的生活,家里还闲养着一大堆不从事体力劳动的人,特别是不少文人秀士成为食客,这些食客摇唇鼓舌,说东道西,议论国事,对国家政权的稳定极为不利。因此,必须按人头征收赋税,加重闲人的负担,迫使其从事农业活动或被迫沦落天涯。

于是,在公元前 348 年,商鞅规定,按户按人头数量征收军赋。男子成年后,必须向官府登记,缴纳户赋。

人头税的征收,不仅使贵族们心怀怨恨,也激怒不少知识分子,引起反弹。至于小民百姓,更是因加重赋税不堪忍受。

而真正得利的当然是秦孝公了。

至此,商鞅的变法可以说大功告成,他的变法甚至超过李悝,李悝除了撰写制定《法经》,使之成为中国第一部成文刑法典之外,在严刑峻法的践行方面,是不能与商鞅相提并论的。商鞅变法影响的广度与深度,在当时几乎无人能出其右,特别是其中的户籍法、连坐法、废井田、垦荒地、禁止议论国事等法令深入历朝历代统治者骨髓,让君主帝王深得其利,百姓深受其害。

七

物极必反,就在商鞅达到自己政治生涯、历史使命与理想抱负的巅峰之际,灭顶之灾悄然降临。公元前 338 年,45 岁的秦孝公骤然离世,继位的新君秦惠文王是何等人物,他长袖善舞,狡黠诡诈,野心勃勃。他早年就与商鞅有怨,此时一方面他为当年两位老师因他之故被商鞅割鼻与黥面而耿耿于怀,他要消除贵族们的怨恨和部分草民的不满而寻找替罪羊;另一方面他也要去除商鞅功高震主的隐性威慑,这位双面君王是一条变色龙,他在对商鞅微笑时,已经起了杀心,他要独享变法成果必须杀掉商鞅以确定霸道威权。

于是,秦惠文王车裂了商鞅,用商鞅最津津乐道的严厉刑罚馈赠商鞅。

商鞅的变法，有广度、有深度、在秦国落地生根。秦惠文王车裂商鞅之后，仍然奉行商鞅之法。要评述商鞅之法，因考古发掘的资料有限，加之多年来通过正史等古籍中的零星记载汇辑，难免有碎片化记录的拼图感观；而各朝各代的评述，也因政治利益不同与文化视野的局限，产生截然相反的价值评说，甚至有摸着大象的脚说是柱子，即以偏概全的评论。

从现存的点滴史料来看，《秦律》在我国的法制史上，应占有重要位置，遗憾的是丰富的史料大多没有流传至今。现有史料及古书中的片断记载，只是一鳞半爪，不能窥见全貌。1975 年 12 月在湖北省云梦县城关睡虎地秦墓发掘出大量刻有秦时法律的竹简，经整理收集在《睡虎地秦墓竹简》一书中，是为我们研究《秦律》珍贵的史料。

这套竹简记载了从商鞅变法到秦始皇初期的部分法律与法令，应是《秦律》的一部分，可作为我们透视《秦律》的原始证据。

汇集流传至今的史书与考古发掘的资料，对商鞅变法及商鞅之法的评述可归纳梳理如下：

第一，史书中关于当时秦国名人对商鞅及其新法的评价。

商鞅在欺骗魏国公子卬并大败魏军之后，其事业达到顶点，秦孝公为此封赏给他于商[7] 15 座城邑，号称“商君”。[8]

封赏之后，商鞅志得意满，春风得意。

史书上有一段记述，实际上是通过秦国一位颇有名望的人物对商鞅的作为作出评价。

且看如何评述：

却说秦国的名人赵良在商鞅封邑之后到其府上拜访。商鞅得意洋洋地对赵良说：“想当初，我到秦国时，秦国的社会风

---

〔7〕 今陕西省商洛一带。

〔8〕 至此，历史上才正式称为商鞅，在此之前应为卫鞅，本文为方便读者，一直称之为商鞅。

俗和那些蛮狄一样，十分落后粗俗，父子在一起不分家，男女老少同居一室，是我的变法改变、规范了秦人的生活习俗，使他们男女有别，父子有尊卑，兄与弟应分家。我的变法，使秦国管理有序，户籍与连坐，使民众不敢造次；开荒与分田，使农户有土地可依附；赋税、徭役与兵役的征收，使国家富强；徭役劳力之多，修建的宫殿城阙，十分壮观。我治理秦国，堪比当年的五羖大夫！"

羖即公羊，是秦穆公时的贤臣百里奚，传说是用五张羊皮的价格从楚国买来的，又称五羖大夫。

赵良这人说话直言直语，当时文人说话与官吏不同。官吏高高在上，见人居高临下，一副道貌岸然的神态，而说话也有故作高深莫测的味道，有时模棱两可，让你猜想。文人不同，文人分属不同的德性，写作与说话就看品性。赵良的言词十分犀利，他只顾说得痛快，也不管商鞅是否听得高兴。因为他认为畅达通意，即使话丑理端，也是良药苦口，更何况坦诚直言，是为了朋友，因此他直截了当地批评商鞅："商君你身为秦国的大良造，不为百姓着想，却大肆营造宫室城阙，动用了多少徭役，死了多少劳工。虽然颁行新法，但处处限制农户。打击贵族、士绅，甚至惩治太子的老师。你的新法，用刑太酷，赋税太重，不仅小民难以忍受，且上层反对的大有人在，四处为敌，危险啊！从古至今，德主刑辅，敬天保民，你却一味动用刑罚恐吓平民。须知，教化的作用比你的那些新法效果更大，更得人心。现在，国君封邑给你，你锦衣玉食，香车宝马，出门卫士簇拥，招摇过市。恕我直言，你事业达到巅峰之际就是灾难降临之时。还是把封地还给国君，急流勇退，隐居山野吧。"

从赵良一席坦诚的肺腑之言中，可看出秦人对商鞅及其变法的态度。换言之，与儒家施行仁政、以德治国的方略相比较，商鞅倡行严刑峻法的法家思想并不占优，虽然短期内在秦国一枝独秀，并可超越儒家而攀上高枝，但以集权专制和严厉刑罚治理国家却丧失民心。这或许正是史书古籍借赵良之口对商鞅及其新法的评价。

第二，从成语典故看商鞅变法的危害性。

我们从“作法自毙”的成语典故中发现商鞅变法的弊端。史书记载，商鞅为逃避秦惠文王的追捕，曾逃窜至蓝田附近的小镇。他又饿又累，便到镇上的一家客栈投宿。商鞅报上假名后，客栈老板却向他索要介绍信，这相当于单位、居民委员会或人民公社的证明，商鞅仓皇逃跑，哪里拿得出这些部门开具的介绍信？他苦苦哀求，那客栈老板告诉他，当今大良造商君制定的法律明令没有介绍信一律不得住店，否则，店主与旅客一同坐牢，甚至杀头。

商鞅一听，不觉长叹，没有想到自己的新法如此害人。

成语典故“作法自毙”由此而出。从中可窥知商鞅新法之严厉，也可看出严厉管治民众带来的不利的一面。

第三，司马迁对商鞅及其变法的态度。

司马迁对商鞅及其变法的评价不高，这从《史记·商君列传》中可看出，司马迁在其著述中还直接评述了商鞅及其变法的下场。

让我们来看司马迁怎样直接评价商鞅：

> 《史记·商君列传》载：“太史公曰：商君，其天资刻薄人也。迹其欲干孝公以帝王术，挟持浮说，非其质矣。且所因由嬖臣，及得用，刑公子虔，欺魏将卬，不师赵良之言，亦足发明商君之少恩矣。余尝读商君开塞耕战书，与其人行事相类。卒受恶名于秦，有以也夫！”

翻译司马迁的文章，用白话说，商君即商鞅，天性就是一个刻薄的小人。追溯他的发迹历史，便是他当初用帝王之术游说孝公，凭借着的是虚假的伪饰，这就是他资质与品性。再说他又借助于国君宠臣的推荐，才被孝公任用。一旦重用，便用刑罚处置公子虔，并欺骗魏将公子卬，甚至不听秦国名人赵良的规劝，这些都可以证明商君是残忍少恩而寡性的。我曾经读过商君开塞与垦荒、农耕与战事相结合的书籍，其内容与他本人的作为极为类似。最终还是在秦国获得谋反的恶名。这是有缘故的！

由上记述可看出司马迁对商鞅及其变法的评价,基本上贬多褒少。司马迁在这里贬斥商鞅,先以商鞅的人品入题,继而指出他入仕路径不正,有对秦孝公的宠臣打通关节之嫌,并且用刑过于残酷,以欺骗敌军将领的方式获胜,并不听名人赵良的苦口规劝,其品性刻薄与残暴的形象已跃然竹简之上。司马迁甚至还评述,即使看过商君开塞耕战的书,其开疆拓土和以农养军的思想,也应统统地归结到商鞅本人的刻薄性格之中。司马迁的评价十分偏激,他将商鞅变法的主要内容即涉及农业与军事方面的行为杂糅于商君的寡恩人品之内。从这里可以看出他以民本思想的怀柔反对商鞅变法的残酷,并且通过因果倒置的方式,从商鞅落得悲惨的下场反推其变法之恶是与他本人刻薄残暴有关的。

第四,近代学者对商鞅及其变法的评述。

学者杨鸿烈于 1937 年在商务印书馆出版的《中国法律思想史》为当时颇具影响的著作,该著于 1984 年在上海书店重新刊印,从该书导言中可知,命名为中国法律思想史"尚是一件尝试"。在我看来,杨鸿烈先生的《中国法律思想史》是研究中国几千年以来各时代支配"中国法系"的基本原理的探索。在他的阐释中,中国法系的基本原理在时间上的"变迁"与"发达",乃是在当时和后代法律制度上所产生的影响,即对中国法律思想"静"的和"动"的方面加以的历史考察。

这部蔚为大观的法律思想史著述,史料详尽且精选,著述中关于商鞅的评述,较之司马迁客观,没有使用刻薄寡恩一类的言词贬述商鞅。但是,任何评述商鞅的著述都不可能忽视《史记》的存在。不过,杨氏在论及商鞅时,还是十分公允的,他将商鞅作为法家的代表人物之一,置放在儒墨道法诸家的对立时代背景的框架内,评述商鞅的法律思想为"法者,所以爱民也,礼者,所以便事也;是以圣人苟可以疆国,不法其故;苟可以利民,不循其礼……三代不同礼而王,五霸不同法而霸,故智者作法,贤者更礼……"在这里,著者对"作法"的评价较高,但是,杨氏认为"历史观念为之根据的,大概要数我中国为首屈一指的了"。这种"养成一种牢不可拔的贵古贱今的思想"则又"造端于儒家和道家"。因此,先秦法律思想被“许多一知半解的人开口闭口都咒骂,法律是死的,守旧的极力反对法律”。“而法家不信有万世不变的法则,他们信法律是因时制宜,是据国情时代历史而定”。这也证明了“商君说明法律进化的道理”。因而“商鞅相信法律是随时代变换的,不是永久不变的”。[9]

这里把商鞅的法律思想拔高到“因时制宜”的层面,因而商鞅的变法实质就是反对贵古贱今的思想,也是突破祖宗之法万世不变的道理,故商鞅遭到咒骂也是必然的。此外,在杨氏的赞誉中,我们反而看到书中含藏的商鞅的“变通”思想,即商鞅认为“法是随时代变换的”。因而商鞅对“法”的“功利性变通”,对后世的影响也具有巨大的负面作用。当然,杨氏把“法者”说成是“爱民”则是那个时代的印迹,此说在今天看来,极为不妥,大可商榷。

不独杨氏,在同一时期,如 1937 年商务印书馆复印的《中国税制史》对商鞅及其变法的评论也有肯定的意义。该书指出:“商君以其急刻之心,行苟且之政。”当时,“秦在西陲,改革田制而确定产业之基础,由于井田废止,而农业成为企业化,且增加耕地面积,乃秦之所以强大的一重要原因也”,这是“秦孝公用商鞅以三晋地狭人贫,秦地广人寡,草不尽垦,地利不尽出,于是诱三晋之人,利其田宅……故废井田、制阡陌,任其所耕,不限多少。数年之间,国富兵强天下无敌”。[10] 从《中国法律思想史》、《中国税制史》这些上世纪 30 年代的著述中,可看出著者着眼点在于商鞅变法的时代背景、社会思潮与经济状况方面。诚然,上世纪 30 年代的这些著述受国外思想的影响,能够大处落墨,视野开阔,评述也较客观,但也因受当时掀起的白话文影响和对国外经济论著的借鉴,故出现废井田而使农业形成“企业化”这样较现代的夸张的字样。当然,《中国税制史》还是看到商鞅急功近利的一面,该书说:“商君以其急刻之心,行苟且之政。”不管怎样说,这一时期,概其大要,对商鞅及其

[9] 杨鸿烈:《中国法律思想史》,上海书店 1984 年版,第 100 ~ 102 页。
[10] 吴兆莘:《中国税制史》,上海书店 1984 年版,第 31 ~ 32 页。

变法的评论还是有褒有贬的。

第五,当代部分学者对商鞅及其变法的评价。

从1985年出版的周密所著《中国刑法史》来看,该书认为,《秦律》中的刑法是上层建筑,是在大秦帝国经济基础之上巩固中央集权的专政工具。该书指出:“商鞅变法的内容在经济方面,废除以井田制为基础的奴隶制经济制度,变奴隶主阶级的土地国有制(即所谓‘溥天之下,莫非王土’)为封建地主的土地私有制,在保护‘民田多者以千亩为畔’的地主阶级封建所有制的同时,准许被奴役的人们只要努力耕织给政府粮布,就可以免除奴隶身份获得自由,从而推动了生产力的发展。”[11]

以上对商鞅及其变法意义的评述,应该来说是持肯定态度的,只不过由于该书发表在1985年,彼时离“文革”不远,故在使用语言方面还未脱胎换骨,语境中仍然存在过多的诸如“文革”时期习惯使用的史学术语。当然,著者有权利运用这些观点,也有权使用这些术语。百花齐放,百家争鸣,应为当下学人的共识,学人们应有追逐不同思想见解的文字愿景之权利。

在这部史料较为完备的《中国刑法史》中,作者借用了部分《睡虎地秦墓竹简》的发掘史料,商鞅变法及其赖以存在的经济基础的内容被披露得较为全面。该书对这一时期经济状况与上层建筑——刑法之间的关系也有了较为详尽的介绍,这,又与“文革”时期无原则地歌颂法家、肯定商鞅及其变法成果的做法不尽相同。

在商鞅变“法”为“律”的节点上,《中国刑法史》指出,商鞅变法,不是单纯地将李悝《法经》更换名称为《秦律》,而是在制定《秦律》的盗律、贼律、囚律、捕律、杂律和具律时,商鞅增加了更为严厉的刑罚措施。因此,在对商鞅及其变法进行评述时,较之以前丰满得多。

此外,除《中国刑法史》较为客观地评述商鞅的变法,还有不少赞颂商鞅的论述,其中朱永嘉所著《商鞅变法与王莽改制》(中国长安出版

[11] 周密:《中国刑法史》,群众出版社1985年版,第187页。

社）一书，详细地记叙了“文革”时期，作者受高层的指派，注释《商君书》的经过，讲述了商鞅是如何施行改革及变法的。作者对商鞅的评价，基本上还是赞多贬少，他对商鞅变法符合时代潮流的赞誉以及对商鞅个人悲剧性的历史遭遇的同情，也道明了商鞅悲剧命运的历史必然性。

在当代评述商鞅的著述中，达到“文革”时赞誉商鞅登封造极地步的，非程步所著《真商鞅》一书莫属。程氏赞颂商鞅是“希望用法律来调节社会生活的所有作为，无疑是远远超越了他所处的那个时代”。他认为“商鞅变法为律，其《秦律》是大民法，比《罗马法》早了800年”。[12]因而程氏认为：“无论是接受禅位、废除太子、暴力夺位、杀死政敌、还是逃亡，所有这些行为……对秦国这个已经走上法治道路的国家，都是毁灭性的。”[13]因此，程步使用了“商鞅慷慨赴死”和“敢向理想献身”这样既现代又时尚的词句歌颂商鞅。

八

可见，无论是当世之人诸如赵良等名人，还是古代的史学大家司马迁，抑或是近代现代的学者，对商鞅及其变法的评述，皆有很深的时代印迹。至于褒多贬少，还是贬斥过多，应为各人立场视角的不同。但有一点是必须要强调的，这便是商鞅及其变法在中国历史上的重要性或者影响性是不能被忽视的，特别是写中国古代法制史，商鞅变法这道坎是必须要过的；至于怎样评价那是另一回事，你说好也罢，说坏也罢，反正他就在哪里，孑然于中国法制的历史山头，迎风伫立，仰天长叹！

在我看来，从法制史层面看，商鞅变法，有几点可以梳理归纳：

其一，商鞅变法的广度与纵深程度在当时堪称空前。

商鞅的变法从颁布《垦草令》到改《法经》为《秦律》，其涉及面之广

---

〔12〕 程步：《真商鞅》，青岛出版社2013年版，第165页。

〔13〕 同上。

令人惊叹!

商鞅变法的内容:既有拓荒垦地、废除井田、开设阡陌、分配田土、奖励农作、制作铁具等发展农业经济的法律法令;也有五户一伍、编户齐民、予取予求、犯罪同坐、邻里株连的户籍法与连坐法;还有重农抑商、限制流通、焚书禁言、抑制特权的法令律条;甚至还有加重赋税、增加徭役、扩大兵役等涉及税制法、劳役法与兵役法的内容。至于实行军功授爵、驱民为战的《军爵律》,则是彻头彻尾的国防动员令与军事法;而《秦律》之中的盗律、贼律、囚律、捕律、杂律和具律,已涵盖部分实体内容的刑法,似有部分强制程序的原始诉讼法雏形的味道。此外,商鞅所设立的县制改革应为原始的行政法模态。

由上可知,商鞅变法的内容既多且杂,从现代法的观点来看,涉及农业法、房地产法、土地管理法、林业法、户籍法、居民法、劳工法、兵役法、税法、民法、商法、文化管理法、社会治安管理法、监狱法、看守所法(条例)、刑法、刑事诉讼法、国防法、中央与地方政府组织法。

可见,商鞅的变法,其广度是空前的。

其二,商鞅变法的内容体现诸法合体、民刑不分的古代法特点。

在商鞅颁行的法令中,其内容多数属于民刑诸法,是谓诸法合体。如《垦草令》中就有分配田地等属于"土地管理法"特性的内容,又有奖励农耕与垦荒,可免除徭役赋税的"赋税法"的规定,还有没收财产、课以重税、科处刑律的处罚。在"户籍法"中,又增加相互告发、同罪连坐、邻里株连的"连坐法"与"保甲制"的刑法内容,这是将刑罚锲入户籍制度之中,采取十分严厉管治的罪与罚。

总之,在商鞅颁布的新法中,诸如土地、赋税、开垦、徭役、兵役、户籍、连坐、县制、军功、爵位、度量、军事等涉及民法、商法、经济法、税法、国防法、行政法的法令均含有刑法的内容,商鞅新法之严厉,可见一斑!总的来说,商鞅新法管治得太宽,涉及面太广,诸法合体、刑民不分的特点十分突出!

除了商鞅变法的涉及面之广及刑民不分的古代法特点十分突出

外,商鞅变法影响之深远就不是一般语言文字所能涵盖的了。有人说,商鞅通过变法托举了大秦帝国。在我看来,这也不算夸张之词,事实上,渗入大秦帝国君王乃至平民血脉的商鞅之法已绵延千年。我读商鞅,一股冰冷的寒气浸透肌肤,寒气刺骨,如果仅仅是在法制史上论及商鞅之法,无论怎样残酷,怎样阴险,似乎可以就此打住。然而商鞅之法没有死亡,它活在当下,它以一种深入国人骨髓的阴气寒气,裹挟着同态复仇、禁言焚书、阴招毒计、残忍暴虐、变通功利席卷而来,围缠着我们。看商鞅之法,越看越冰冷,周身寒彻,杀气袭人。阴气与杀气岂止在法的本身,它穿越秦律的语境,在封闭的农耕文明的基石上锲入了政权的欺骗与权力的肆虐,奠基着这个日益牢固的中央帝国,为它增砖添石。

这是一个怎样的帝国,又是一个怎样的文明?

在这个封闭的系统,存在着一个自我围合的庞大而自成体系的农耕文明:它的北面,是秦帝国无与伦比的发明与创举——长城,这条蜿蜒的长龙似乎想隔离来自大漠草原的滚滚烟尘和游牧民族的金戈铁马;它的西面,连接八百里秦川的秦时明月只能映照狭窄的河西走廊,漫天的黄沙阻塞了西出阳关的故人们的通道;西南面巍峨峥嵘的唐古拉山的冰峰应视为天然的屏障;东南沿岸的海浪波诡云谲,在海岸边修筑城墙,可以将大海的风浪拒之门外。

于是,在黄河与长江的调节、喂养下,辽阔大地上的农耕文明在此发迹、生存、繁衍。在这里,只须埋头耕作、开垦造田、自给自足,这就够了。其实,善良而十分勤劳的农民并不需要国王,他们在华夏这块丰腴的大地上完全可以自己养活自己。但是,他们追求稳定的心态却成了国王要求一统与维稳的借口;他们对于和平的企求却成了国王能够保卫他们的理由。本来,韩赵魏秦齐燕楚诸国的争霸角力,与农人们无关。但国王们有种种的借口与理由,扩充国土,扬我国威,皆与民同乐乎!于是,收税征兵就成为子民们的义务与必须。

可恶的是,农人们辛勤耕作,本来就脸朝黄土背朝天,这商鞅,竟出阴招恶招，不仅将农人们捆绑在土地之上，不准其流动，不准其旅行，不准经商，不准娱乐。这也罢了，还要绑架农人们的思想，使农人们除了吃饭必须闭嘴，可怜的人们只能劳作吃饭并上交赋税，或者去保卫他们并不需要保卫的庄稼，因为，即使换了国王，也仍然需要农民耕作，新的国王也仍然要为自己的赋税而去保卫农民们的庄稼。商鞅律法之恶真正的可怕不在于它残酷性，而在于它的欺骗性与禁言封口令。商鞅废井田后，鼓励人们开阡陌，实际这是人们自己垦荒而获取的成果，却变成商鞅与秦王分配给人们的土地的功绩。此外用五户为一伍的户籍法捆绑小民还不善罢甘休，还须动用连坐法让邻里乡亲相互告发，挑拨离间，使之成为互相监控的工具。真是举报有功，包庇同罪。如此阴险恶毒，堪称世界一流。再看那秦律，刑罚之残酷，不禁寒从脚下起！

商鞅之法，这是怎样的一种心计？它通过法、律、刑的外在形式，以阴毒、算计、暗招、威胁、禁言、恐吓、欺骗、残忍、厚黑围缠着这些善良而老实巴交的小民百姓。它使依附在土地之上的人们迈不开双腿，连颠沛流离、迁徙流浪、离乱逃逸，这些每一句足以伤筋动骨或万方磨难的言词都不能关联与适用。到了这份上，依附在土地之上的人们除了“热爱”依附的法律并“自愿”受其奴役外，还能有什么办法呢？可见渗透着军事扩张欺压百姓的商鞅之法是恶法！它周密的算计与自以为是的万全安排，使秦帝国的领土获得了从国王到小民们的痴心守护。

商鞅之法以及商鞅的殚精竭虑，使大秦帝国的后辈君王们拥有了巨大的政治权力和军事权力的“合法性”，确立了皇权专制的唯一路径。最终由秦始皇继承这一切且横扫六合，并在前述的庞大而封闭的场域内构筑举世无双的专制帝国，而中央集权的逐渐牢固，废封建，行郡县，中央集权专制的形成，这，不能说与商鞅的奠基无关。

九

大约与商鞅同一时期，在世界的西端，有一个强大的文明，即古希腊文明，这个西方的海洋文明与我们伟大的东方农耕文明互不关联。

这个文明以半岛的形式伸入地中海，它的半岛地理形态以及河汊港湾，还有星罗密布的若干岛屿，都将在爱琴海的风浪中展示出海洋文明的扩张、进取与勃勃野心。商鞅的时代，应是马其顿大王亚历山大父亲——腓力二世征战希腊的时代。但是，这古希腊文明辉煌的时代与大秦帝国崛起的时代，在地理位置上相隔万里，二者风马牛不相及，为何要提及并进行比较呢？

这便是世界上两大文明映照出绵延千年的文化、政治与法律的不同路径，给当下遗留两种截然不同的历史遗产。可见，要真正评述商鞅，还得横向比较。从事实上看，我们无法回避，如果仅仅是纵向比附，商鞅与其前辈李悝，半斤八两，商鞅站在李悝的肩上，自然高出一筹，但这也是一百步与五十步的关系。因此，就影响力而言，与同时代的古希腊文明对应，是迈不开的一道坎。

这真是一场时空遥隔的对话，古希腊海洋文明中的法律与先秦农耕文明中的律法，在这里将被剥去其客套的外衣，进行超越语言隔阂的坦诚直白。

毋庸讳言，古希腊文明是欧洲历史的巅峰，甚至也是英国乃至美国海洋法系的源头，扫描如此重要的古希腊文明的法律思想，目光必然停留在与商鞅几乎同时存在的亚里士多德身上。朋友们会说，用商鞅去比附亚里士多德，恐抬高商鞅，二者的学术地位不在一个档次，这样的比较合适吗？

的确，亚里士多德何许人也！他对当世与后世的影响几乎无法企及。他在哲学、逻辑学、伦理学、历史学、政治学、法学、经济学、美学以及自然科学的许多领域，都有精深的研究。连恩格斯都说他是“最博学的人物”。但是，我们要交集的是他的法学，我们从他在《政治学》一书中所展现的西方法学的重要思想看出他对“法治”的追求。他与商鞅属于同时代的人物，不是远亲，也不是近邻，没有利害关系。大漠山川、江河湖海的阻隔，分殊出两种截然不同的法律思想，这样的对比，君子与小人，善法与恶刑，阳谋与阴招，西风夕照与东山晓月，法治与人治，一目了然。双方的交集对应,反差太大,反而容易看出黑白。

亚里士多德的修养,不完全来自他的博学。在这个世界上,最大的一块欧亚大陆的西端,是几大半岛形成的西欧的地理形态,巴尔干半岛上的希腊,这片奇异土地之上诞生的希腊神话,易在爱琴海上空掀起冥冥的玄想,恣肆张扬的波涛摇曳着亚里士多德思绪的动荡,风生水起的渔业生态因海洋的变幻莫测反而追求风平浪静的半岛秩序,古希腊文明的法律秩序在此萌芽。我们在阿里斯托芬的喜剧里,看到天使飞过雅典上空,因为没有听到法庭的雄辩之声,而不相信这里就是雅典城邦。可见在这一片法律的沃土上,诡辩学派的兴起,陪审团遍布雅典的各个角落,生活在这之上的亚里士多德哪里耐得住寂寞,他在雅典的街头广场一站,手指伸向天空,他说,这世界的法律,应分为自然法与人定法。自然法是自然存在的秩序的法律,是正义的体现,是不以人的意志而存在的,应是普遍适用,永恒存在,高于人定法;而人定法则是依据自然法原则由城邦制定的,它的内容可以变化,效力低于自然法。亚里士多德所说的自然法,因其神圣性,被后世的神学家托马斯·阿奎那演绎为神定法、永恒法。

在雅典的议事厅,也能看到亚里士多德的身影,他认为最好的政体应由议事、行政、审判三要素构成。其中议事机能是立法机构,具有最高权力。他的三要素分权制衡的理论应视为孟德斯鸠三权分立学说之渊源。

亚里士多德对"法治"的看法有前瞻性。在他看来,法治包含两重意义:一是要制定良法,合乎正义与善德,适宜国家的具体情况,稳定性与适时修改相结合;二是法律要见成效,必须依靠民众的服从,不在于残酷的刑罚后果。因此,遵守法律的习性要长期培养。亚里士多德的这些经典性论述,在今天看来不失普世价值。因此,他在古希腊法律路径上的一段助跑,且将护卫后辈儿孙们的善法相携而入当下。

可以说,亚里士多德单手托举"三权制衡"与"法治胜人治"的两座丰碑,他坐拥奥林匹亚山峰,俯视后世,理所当然。

反观商鞅,却在追名遂利中以好刑之名让历史偏离了方向。

有人说,商鞅是体制内的官吏,秘书出身,他必然为上司为国王处心积虑,周密安排,万方算计;而亚里士多德则是体制外的学者,他与雅典城邦的大王、将军没有上下级关系,因而他超然物外,高瞻远瞩。

这里,文明之间的政治生态不同,导致了不同方向的法制路径,如果是相向而行,趋一一统,世界反而不精彩。正是商鞅与亚里士多德法律思想的背反,才反衬出二者不同的经典范式与流传后世的历史投影。

折射出两大文明投影的两大法律体系,从古希腊文明衍生而蔓延西欧各国之法:议会的争吵、法庭的雄辩、高层权力运作的相对透明,竟守护了西欧各个小国的富裕与宁静;反观商鞅遗留的法律遗产:上层暗箱操作的宫廷秘密、噤若寒蝉的封口令、刑罚的严酷性、两面三刀的阴谋诡计,这些,都在这个伟大的农耕文明的肌体上传染着专制的毒素。奇怪的是,语言文字的发达多在演绎象形与表意的博大,而让雄辩滔滔付之东流,使口才退居其次,让位于书写锲刻。甚至谨言慎行、韬光养晦、阴谋权术才是城府极深的智慧。可怕的是,伟大农耕文明的小民们实际只是历朝历代君主们的贱民,但却有着君王般博大的念想,将辽阔悠远的君王国土看成是自家篱笆内的一亩三分自留地了,这或许是商鞅禁锢了农人们的思想,让人们在逼仄的地块与宅第上沾沾自喜,仿佛"天下"真的是我们的了!

殊不知,历朝历代的统治者换了一拨又一拨,于小民而言,除了上交赋税与服劳役、服兵役不变外,还有商鞅的那句话不变:"国家大事,法典律令,岂是尔等议论的。"不该说的不要说,不该问的不要问。商鞅的禁言亘古至今,莫谈国事穿越千年成为真理。于是小民们在既不能说又不得知的情况下,逐渐地,其思想与国王大臣们高度的一致了,国王想要的城池,想占的土地,小民们竟比国王还要迫切,还要渴望!

农耕民族对土地的热恋与追逐,如果没有游牧民族的扩张,可能只能停留在修筑长城一匡天下的场域之中。

古希腊海洋文明的张扬,即使在狭窄的巴尔干半岛,也会酝酿亚里士多德恣意纵横的联想。那些惠及子孙关注平民而不停留在君王身上的法治思想,或许正源于半岛的地理形态及渔业生态的因素。这就是说,需要有交换的场域规则、透明与秩序的预期,如果没有一套固定而透明的法律,在此岸到彼岸之间,又没有任何的歇脚点,面对迷蒙的风浪,人们会丧失到达彼岸的信心和渴求交换的勇气。因此有规则有秩序的法律在古希腊的出现不会只停留在想象,也不会只缠绕在宫廷秘室的"暗箱"。

看了半天两大文明的法制,原来投射出这样一个简单而直白的结果:古希腊文明的法治光影,庇佑的是小国小民们的言论自由与衣食无忧;大秦帝国强悍法制流传后世的则是:王道乐土与帝国的威仪!

大国耶,小国乎!

大国是君主的王道,小国则是小民的热土,最为反复折腾的,乃是君主的乐土与帝王的威权!

因此,两大文明在法律上的分殊,并没有因近现代科技的进步与借鉴而获得实质意义的交融。近现代人们所要求融会贯通的,都被伟大的统治者们以"水土不服"为由拒之门外或束之高阁。

本来,法律这玩艺,在商鞅看来,就应玩弄于股掌之中,它不能成为透明的、秩序性的规则,它只能为商鞅——即统治利益所用,而不能为被统治者所执有。对于这一点,马克思一针见血地说,在法治的国度,法律就是国王;在专制的国度,国王就是法律。

十

在春秋战国时期,虽然我们也称道这一时期诸子百家有百家争鸣的景象!但遗憾的是,所谓百家争鸣,争来争去,大多为讨好君主帝王而争。孔子的仁政,也是分等级而施行。即使仁爱,也是有等级有礼仪的不平等的爱。孔子随口吐出的都是金玉良言,但是,君君、臣臣、父父、子子以及三纲五常无不维护一个有秩序、有礼乐制度的专制世界,一切的一切仍然是站在统治者的视角,为统治者而想,即使爱民,也是居高临下的。虽然老子留有道德经,也说大道自然,只要深藏不露,就可避免骄矜淫欲。然而老子之说,不仅商鞅做不到,老子的徒子徒孙们也不能超然世外,他们把老子的黄老之术演绎为治国的无为之道,仍然变换为谋划君主治国的用意。在这个文人为君主谋划的时代,连智慧而又冷峻的老子也有意或无意地指出:“是以圣人之治,虚其心,实其腹,弱其志,强其骨。常使民无知无欲。”韩非子更露骨:“民智之不可用也,犹婴儿之心也。”老子愚民思想的偶尔流露与韩非子的愚民之术的观点惊人一致,难怪司马迁要将老子和韩非子的传写在一起。这之间,或许只有墨子要另类一些。太虚大师曾撰文说,墨子穿透佛教,更像婆罗门教。但不管怎样,墨子的“兼爱”让人看到那个时期一点另类的光照。据说,墨子听到楚国要攻打宋国的消息,正在请鲁班为他们制造攻城的云梯。墨子便长途跋涉,赶到楚国,找到老乡鲁班,对着鲁班说,楚国地盘本来就如此广大,而人口又稀少,你帮助楚国打造云梯去攻打宋国,无异于打造刀剑杀人。一打仗,必然要死伤楚国本来就稀缺的人丁,去争夺完全不需要的土地。楚国自己的土地都用不完,去争夺更多的土地,这明智吗?(余秋雨语)

鲁班无语。

以上事例,足以说明墨子阻止战争、捍卫和平的“非攻”与“兼爱”理想是非功利性的,因为,他没有据此而得到任何好处。反之,在他解救宋国的返回途中,在宋国的楼门下躲雨,却被宋国的看门人驱离。因此,余秋雨先生调侃说,运用大智慧救苦救难的,谁也不认。而我遥想,释迦牟尼反对婆罗门教的种姓不平等制度,也同样没有得到印度下层种姓民众的理解。这就是说,你帮助他,还要承受他对你的反对。

冷漠源于无知,墨子的兼爱没有得到人们的理喻。

历史的辩证法往往揭示出反向的道理。墨子毅然而立于社会底层大众的立场,必然对上层统治有所背反,这是王权思想之下的必然隔阂,排斥墨子,应为统治者包括法家、儒家在内的思想者必须共同应对的,即无论是法家的严酷,还是儒家的仁政,都必须反对墨子的理论。

至于社会底层的小民们,他们因丧失了话语权,自然不明事理,你欺压了他们,他们反而还要追捧你,因为你控制了信息,控制了他们的思想。比如你是法家人物,你是商鞅,你是韩非子,你们已老谋深算地营造出一个权、术、势的世界,从上到下,用谎言、恐吓、阴招、算计与权力渗透到这个世界——从朝廷到乡邑的一切,在这个恣肆汪洋的权谋世界里,小老百姓怎能知道真实的你,他们只知道在你得势时歌颂你,当你——商鞅被五花大绑、五马分尸时,他们才认识真实的你,但在这个权、术、势的世界,在你临死时认识你有什么用?批评不允许,赞美毫无意义!鞭挞你可以,但唾弃你的法与思想不行!因为你的思想只为君王思想,这,从处死商鞅的秦惠文王仍然承续商鞅之法便可明白这个道理。

历史的魔咒再次应验,在商鞅当政时,只须禁言即可,随历史推演,秦始皇在商鞅的基础上,禁言焚书还要坑儒,连维护专制集权统治的儒生说一些仁政的话也要被灭掉,这就有些过分了。到了明清时期,特别是康、雍、乾三朝,不仅要禁言,还要制造文字狱,因为除了语言的传播外,汉字因印刷术的发展,其所表达的民意,比之口口相传又有了较大的影响,这些,均是统治者绝不允许的。

但是,世界文明的潮流,浩浩荡荡,又岂是那些高大的城墙、围合的国界所能阻隔得了的?

所谓普世价值,源起于亚里士多德乃至孟德斯鸠的法治思想,似水一般,无孔不入。以至近现代接受西方哲学思潮的人们,将民主与法奉为圭臬。

然而商鞅之法毕竟已渗入骨髓,有的人,即使不敢言之凿凿,明言继承,但在行为执事中,仍不免时时流露,处处彰显。

商鞅死了,但在有的人心目中,他并没有死,商鞅之法是有多重功效的:残酷、恐吓、欺骗与禁言。残酷性不用多说,仅仅将太子的老师割鼻与黥面就够残忍的了,当然,比一比刑罚的残酷,欧洲中世纪的刑罚也够酷,但商鞅之法在残酷之上还要加上羞辱,他把人家鼻子割了,别人如何正常生活,他不管这些,只要达到恐吓的目的就行了。至于五马分尸的残忍，商鞅本人就以身试法，这是作法自毙，也只有他在临死时才有可能悔之莫及。

诚然，近现代社会的文明程度及公开化程度使商鞅之法传承的肉刑与酷刑失去了存在的土壤，因而商鞅之法的真正危害性不在于它的残酷性，而在于它的欺骗性及禁言封口令。

所谓欺骗性与禁言封口令，前面已经表述，历史上关于欺骗民众、禁止平民议论朝政的事例，从商鞅变法乃至后世效法商鞅其人其事的史实数不胜数，统治者对欺骗民众、禁言焚书的行为趋之若鹜，一代胜过一代。可以说，在大清帝国时达到高潮。

因此，评述商鞅变法，在历史的不同时期，存在各取所需的不同。对于商鞅变法的利与弊，在法制史层面，可以进行正能量或负能量的表述。不过，通观古今各种版本的评价，除了“文革”时赞誉商鞅评价最高达到极致外，“文革”之后也有一些客观的评述。

窃以为，对历史人物，面面俱到地客观性评价，好像写年终总结或其他官样文章，以“表彰”开头，以“但是”煞尾，四平八稳，谁也不得罪谁，这样的八股文章有时让人恶心！

就笔者粗浅的看法，司马迁所处的时代距商鞅比我们要贴近得多，观察也细致得多。司马迁惜墨如金，他身受酷刑危害，受到的痛苦与屈辱使他的文风为之一振，那些精当的文字，在受到高压之后，反而形成巨大的张力，极具冲击力。况且，司马迁与商鞅毫无纠葛，二者之间，也无利害关系，但商鞅之法的影响不同凡响，商鞅改法为律，其《秦律》影响汉初《九章律》，虽然文帝废止了部分肉刑，文景二帝推崇黄老无为的政策，但武帝改律，又增加了不少残酷的刑罚，这些均能在商鞅之法中找到出处。商鞅之法的残酷性，不仅司马迁看得清楚，刘向在《新序》中也有详尽叙述。可怜的司马迁，他亲眼目睹一幕幕人为制造的冤狱，一出出骇人听闻的惨剧，一道道令人发指的酷刑。他的痛苦思考，冲出了他文弱的躯体，贲张而充满血性。他手中的刀笔，分量之重，能把血淋淋的史实锲刻出来！他的血性又源于人性，因而他以人性观察世界，观察历史，他有他独特的视角，他不会讨好君王，他没有商鞅的本事投其所好。可他的目光如炬，能透过社会经济的发展看穿人的内心。他不稀罕经济上的富庶与军事上的强大，他只需要小民们的平静与安逸。然而，这些都不可能。但商鞅之法的欺骗性与残酷性瞒不过他的双眼，因此，他一针见血，拨开商鞅变法带来农业发展与军事强大的双重功绩的重重迷雾。司马迁指出，商鞅之法之刻薄如同商鞅这位刻薄的小人。见法如见人，见文知其人！司马迁用如此刻薄的语言评述商鞅有其深意，他将商鞅的人品与其变法的内容相类，进而通过商鞅的悲惨性后果，倒推其品质之恶乃是其律法之恶的因果。

司马迁的伟大在于他的纯粹，他不加伪饰，他直接评价商鞅，使用语言之刻薄，在他的文章中并不多见。就个人恩怨而言，他对汉武帝有恨，但他在这方面的评述却不刻薄。他之所以贬斥商鞅，乃是知其遗留于世的危险性后患无穷，他不得不撇开商鞅对大秦帝国崛起的功绩。因为，他深知大秦帝国的崛起与疆域的拓展，本质上与小民们无关，而商鞅之法的残酷性、欺骗性、侮辱人格性与禁言封口令将祸害千年！为此，他不得不抛弃所谓中立客观评述历史的传统写法，而采取直接鞭挞商鞅的笔法，指出商鞅之法如同商鞅这位刻薄的小人一样，是寡恩残忍之法！

事实也如此，商鞅的法令——威权、残酷、恐吓、羞辱；而司马迁的笔力——雄健、直白、智慧、透明。

历史亦如此，商鞅死了，死得那样难看，但他的法却遗留于世；司马迁死了，死得那样迷蒙那样神圣，但他的《史记》却也遗留于世，名垂千古！

司马迁对商鞅始终保持着高度的警惕！

这，并非司马迁过度的警觉，因为商鞅之法将祸害千年……

第二篇　汉武帝变法

把汉武帝列为变法者颇为罕见,或许他的盖世武略遮蔽了他的变法改制。事实上,他对“文景之治”的另起炉灶,已证实他是当之无愧的变法者。在“罢黜百家、独尊儒术”之后,他直接诉之于西域版图的空间想象,在于他的“穷兵黩武”。他推行的算缗法、告缗法、均输法、平准法、盐铁专营法以及统一货币等一系列变法,让人眼花缭乱。他的酷刑堪称中国刑法史上重刑主义的模本。不过,谁能知道他至高无上权力包裹着的阿喀琉斯之踵,其隐忧却是暗暗忌怕太史公民间修史的刀笔!

未央宫位于长安城的西面,据说其规模之大约占长安城总面积的七分之一。这是汉武帝理政的地方。有史书说未央宫建筑高大巍峨,我看使用“高大”二字形容中国汉代建筑可能言过其实,但说宽大宽敞应毋庸置疑。在未央宫内有“后宫八区”,其中鸳鸯殿便是汉武帝与卫子夫共度良辰美宵的内殿……

这夜,卫子夫用一根黑色丝绳轻扎银发,她黑鞋白袜,换上了入宫时带来的粗布衣裙,她在即将自尽前,想起第一次在平阳公主的府上看见汉武帝的那一瞬间,当时的卫子夫,黑发盘成蛇髻,红丝长裙翩然坠地,她且歌且舞,顾盼生辉,武帝被她的光艳迷得发呆。

武帝用手托她起的下颌,轻声说:“不要动,让朕仔细看看。”

子夫一双俏眼怯怯地瞅着武帝。

于是,卫子夫被送进鸳鸯宫。

绝色丽人卫子夫为武帝生儿育女,其弟卫青做大将军,整个家族何等的荣耀!

如今,她与武帝的亲生儿子被人密报巫蛊而逃亡,武帝追杀亲子殃及了她。子夫此刻悲悲戚戚、凄凄惶惶,她回想起武帝的恩爱以及皇宫的奢华,她悲从心来,这汉家的江山,原来只是武帝一个人的。所谓皇帝的恩恩爱爱,都被武帝的自私贪婪、残暴冷酷一笔勾销。她不过是武帝的一个玩物,一切的一切,爱妃也好,皇后也罢,都是过眼的浮云。她好惨啊!她没有想到会是这样悲惨的结局。俗话说虎毒不食子,可武帝的暴戾非比寻常,他对自己的亲生儿女都恣意杀戮,更何况对她外家的亲人。子夫好后悔,她的女儿死了,她的儿子和孙子逃亡也难免一死。罪过呀罪过!她想,如果自己不是皇后,而是一个普普通通的良家妇女,还会出现这样惨的结局吗?

她不愿再想,她一声叹息,香消玉殒。

汉武帝的残暴数不胜数,仅此一例,足矣!

一

本来汉承秦制，萧何奉汉高祖之命在商鞅《秦律》六篇的基础上，制定《九章律》，即在盗律、贼律、囚律、捕律、杂律、具律之外增加户律、兴律、厩律，共为九章，称《九章律》。

到汉文帝时，推行与民休息的政策，文帝废除收孥相坐之法和肉刑，并准递减刑罚。据说文帝废除肉刑的原因，是齐大仓令淳于公有罪当刑，其小女缇萦上书愿以身为官婢，以赎父亲之罪。文帝见一小女子有如此孝心，怜悯之心顿生，感念之下，一时废除肉刑。景帝时，基本遵循文帝的轻刑思想。

可这位号称雄才大略的汉武帝横空出世，却一改"文景之治"的轻刑原则。武帝在刑律上的改制也可称为变法，但武帝的变法在刑法上的施行却是倒行逆施，逆天而行。

武帝在刑律上的变法堪称繁苛严密，残酷暴戾。其六亲不认，株连三族的残酷杀戮令人不寒而栗！上述卫子夫的自杀及武帝自己的亲生儿子的悲惨景状即可见一斑。更令人发指的是，冤杀李陵的"夷三族"案例。对李陵的父族、母族、妻族数百口人的诛杀之残忍，即先用小刀在脸上刻刺，然后逐一割掉鼻子，再切下脚指，最后活活打死，把头挂在旗杆上，尸身剁成肉酱。可怜李陵三族大多是妇人小孩，遭此横祸。汉武帝任用张汤等酷吏滥杀无辜，焉能不下地狱乎？

汉武帝在刑律上的变动，其变法内容之多、处刑之严，在中国法制史上留下残暴的一笔。为以后明清的文字狱与酷刑留下范式效应。其特点主要如下：

其一，武帝修订的律典，内容繁密。

武帝命人修订律典，以张汤订《越宫律》27 篇；以赵禹修订《朝律》6 篇；汇同萧何《九章律》与叔孙通《傍章》18 篇，共 60 篇。

史书说"西汉律令凡三百五十九章"，篇幅之多，内容之详，帛书竹简装满几座阁楼。

其二，武帝修订的律典，处刑残酷。

武帝命张汤、赵禹等制定的《律典》，处刑极其残忍，其中死刑一项就有409条，不仅恢复肉刑，且在株连问题上滥施杀戮，用夷三族的残酷刑罚诛杀无辜。

其三，武帝修订的刑律，涉及面广。

在武帝命张汤等人修订的律令中，廷尉张汤以颜异"微反唇"为据，定为"腹诽"之罪，判处其死刑。这种无声的"微反唇"之罪，超过《秦律》的言论治罪的范畴，其禁锢思想之严之广，堪为后世残暴的专制统治者效法。

其四，武帝时，刑名及行刑方式且多且严。

（一）死刑：主要有枭首、腰斩、弃市三种；

（二）肉刑：主要有宫、刖右趾、刖左趾、劓、黥五种；

（三）髡刑：剃头发，戴上项钳；

（四）完刑：完城旦舂（剃去颊毛和鬓等）；

（五）作刑：鬼薪（打柴）、白粲（择米）、司寇作（男备守，女为如司寇）、罚作（男苦役）、复作（女在宫服苦役）；

（六）赎刑；

（七）罚金；

（八）夺爵；

（九）除名（开除公职即官职）；

（十）夷三族（父族、母族、妻族）；

（十一）徙边（迁往边远地方）；

（十二）督（决罚督笞）；

（十三）鞭杖；

（十四）顾山（女犯放归，雇人打柴）；

（十五）禁锢。

以上简述，即可窥见汉武帝变法修订之律典刑名，应为集商鞅、李斯、萧何之大成，其律令繁杂，罪名之广，死刑之多，刑罚之残酷，实为中国法制史上重刑主义之模本,在历史上产生极为恶劣的影响。

二

汉武帝是一个暴君,但他不是昏君。之所以称他为变法者,乃是他雄心勃勃,不愿因循守成。本来,“文景之治”已给他充盈的府钱库粮,他只须坐享其成,耽于安乐就可以了。可是,汉武帝好大喜功,他立图雄霸天下。除司马迁外,历代涉及他的史官辑录都蕴含着“文治武功”、“雄才大略”之类的溢美之意。

先来看一看汉武帝的武功。

他与唐太宗李世民、宋太祖赵匡胤不同,唐太宗李世民在隋末农民起义的厮杀中跃马横枪,率唐军攻城掠寨,身先士卒,入将为帅,战功赫赫;宋太祖赵匡胤行伍出身,在战乱中随柴荣征战四方,一条棍棒打天下,武功盖世为赵宋王朝的建立奠定基石。汉武帝与上述二帝完全不同,他没有马背上打天下的亲身经历,没有血战沙场九死一生的感同身受,也没有遭遇战场失败与死亡擦肩而过的惊惧,更没有面对战友、战士尸骨累累的哀痛悲情。因而他与唐太宗、宋太祖相比,唐太宗李世民、宋太祖赵匡胤在征战杀伐之后,从内心深处对战争是有逆反心态的。故有人说,只有真正的“武士”、“勇士”,才最爱和平。历史上通过战争,也会改变人性。如印度孔雀王朝的阿育王与中国南朝的梁武帝,他们都是在战争厮杀中脱颖而出的一代枭雄,但血债累累,灵魂受到震动,便也放下屠刀,皈依佛法。

汉武帝与上述诸位马背上打天下的雄主不同,他泡温泉、拥美人,坐御床、祭鬼神,他自己没有也不可能一刀一枪地去战场上厮杀。他看地图听汇报,指点江山,颐指气使,气派之大,豪气冲天。那“勇气”,那“胆量”,岂是阿育王、梁武帝、唐太宗、宋太祖这些亲身经历血腥厮杀的君王能够比拟?无知者无畏,汉武帝的胆量超过他的先祖刘邦,恐怕就在于这位“高干子弟”——“五陵年少”没有经历和感受沙场征战的残酷与血腥!因而他一味派兵持续不断地征战匈奴,对于汉家士兵的死亡伤残再多也毫不在乎。

同样都是帝王,马背上与马背下就是不一样,不甘寂寞,超然于战争死亡后果的汉武帝与匈奴的反复较劲,端在于此。

也许有人会说,只要能扩大疆域,无论马上与马下,只要能在他的指挥下或者在他的意志下打了胜仗,占了地盘,就是武功显赫,武略盖世。

此话不无道理,但汉武帝的武功锋芒指向,多为漠北与西域的匈奴,灭掉匈奴为他平生所愿。但是,匈奴既没有为他所灭,西域与漠北的疆土也非他所控。从这个层面来看,他的武功盖世应打折扣。关于这一点,我们从相关的版图上可以得到印证。有人将西汉的疆土扩大至西域,便受到质疑。如易中天先生的《汉武的帝国》一书第 168 页的“西汉郡国图”,该图与台湾著名历史学家陈致平先生《中华通史》(第 2 册,秦汉三国史)的“西汉盛时中国疆域本部图”不同。陈致平先生之图没有囊括西域,即便如此,他也十分谨慎地写上“盛时”二字,这可能是考虑到汉与匈奴之间,双方你来我往,你占我夺,你胜我败,在版图上互有增减的缘故。而易中天先生所引之图,则包括西域即整个新疆及前苏联中亚诸国的一部分。该图称为“西汉郡国图”亦有深意,即可以应对严加考证者,如有疑义,制图者或引图者则可解释为“郡国”乃“西域三十六国”之郡国;之所以称为“郡国”,既可以说是西汉的版图,因郡国受西汉节制,也可以说不是西汉的疆域,因郡国毕竟是“国”,是“别国”。就像朝鲜一样,作为中国的“郡国”历史久矣。由此对“郡国”可作多样的解释。

实际上,汉武帝大战匈奴,主要是依靠卫青、霍去病、李广利三大将领率三大军事主力分别出击匈奴,时间之长,历时三四十年。有关史书辑录中说,“公元前 127 年大将军卫青伐匈奴,收复河南;公元前 121 年,骠骑将军霍去病伐匈奴,匈奴浑邪王降,汉得河西地;公元前 119 年,漠北之战,李广自杀,卫青、霍去病兵分两路伐匈奴,卫青至窦颜山,霍去病封狼居胥,从此沙漠以南无匈奴王廷;公元前 99 年,李广利伐匈奴,兵败;公元前90年,李广利伐匈奴兵败投降"。[1] 从记录汉武帝的年表中可看出,战功显赫的卫青、霍去病征战匈奴,在牺牲名将李广以及在广大汉军将士尸骨之上,所获取的疆土,无非就是收复了"河南"与"河西地"。这些地盘本不属于西域,只能算是"收复"。而李广利之出击匈奴,则让人疑惑,既然已经打败匈奴,何须一再征战?面对的是败军之敌,几万汉军埋骨沙丘换回几十匹良马也算是得胜归朝?李广利本是凭借其妹——汉武的爱妃而爬上将军宝座的小人,他不仅虚报战功,甚而兵败降敌。真不知那些制定"汉武帝西域版图"的人,为何在所谓史籍上发现只言片语的一两次胜仗,就如此自吹自唱而不加以严肃考证?退一步讲,就算打下来,占领一下,但,怎样维持?怎样管辖?怎样通婚?驻军的婚丧嫁娶、生老病死、物资粮草、后勤保障,又如何?这些涉及真正融入汉代社会的问题,才是控制与否的关键!然而,身为贱民之命、操帝王之心的帮凶文人自古不缺,为了吹捧皇上的武功,只管书写占领或打胜仗,不记录被人驱逐出境,不关心士兵的实际生存,当然,更不会关注平民与士兵的命运。很少有人像后世杜甫那样写出"车辚辚,马萧萧,行人弓箭各在腰……牵衣顿足拦道哭"的景象,同情士兵的诗人确乎太少,个别边塞诗人对士兵及其家属的生离死别的悲悯情怀已被武帝扩充地盘的壮怀激烈所遮蔽。可惜的是,士兵的鲜血、白骨没有换回武帝对西域的实际控制。这一时期,从出土文物及考古中很难发掘出汉武帝时期的实物。因此,汉武帝打匈奴,三战两胜(卫青、霍去病)一败(李广利),谈不上有多大的武功,所占的地盘只能是"收复"而已,况今日"收复",明日又"失去",史书只记"收复",不记"失去"。事实上,"武帝晚年,妻死子亡,求神仙不得,伐匈奴又失利"。[2] 武帝死后,西汉、东汉仍然与匈奴征战不休,霍光主持的盐铁会议,就是在汉武帝死后不久,为与匈奴开战增收盐铁税款而召开的会议。汉与匈奴的

---

〔1〕 易中天:《汉武的帝国》,浙江文艺出版社2014年版,第195~196页。
〔2〕 陈致平:《中国通史》(秦汉之国),贵州教育出版社2013年版,第141页。

关系,哪里像有的史书写得那样“你死我活”;称匈奴在汉武帝的打击下,已经灭亡。甚至还说其中一部降汉;另一部逃亡欧洲建立了匈牙利(匈牙利与匈奴无关系)国。因此,在“欺负”匈奴人不会写诗丧失话语权的情况下,把“单于夜遁逃”直接转化为匈奴已经灰飞烟灭的同义词。殊不知,“匈奴草黄马正肥”,“胡儿十岁能骑马”,要灭匈奴,谈何容易?“大漠孤烟直,长河落日圆”,“欲将轻骑逐,大雪满弓刀”,与匈奴开战,铁马冰河入梦来。古代诗句记载的刀光血影,没有那样轻松。在冷兵器时代,游牧民族的马队来无影去无踪,将他们赶跑,既是事实,也是一个伪命题。“敌进我退,敌驻我扰,敌退我进”的战术,匈奴人也懂,不会等两千年时间才听后人的教导。之所以征战千里的汉军将领频频传送“捷报”,无非是虚报战功满足汉武帝的一厢情愿。因此,灭掉匈奴,非汉武帝力所能及。事实上在汉武帝死后多年,西汉政权仍然遭到匈奴的骚扰,否则,汉元帝(公元前33年)不会让昭君出塞,远嫁匈奴。西汉与匈奴的纠葛,直到王莽、东汉乃至曹操都没有消停。

必须承认,汉武帝的武力扩张,其势力渗到两广、越南北部以及辽东、朝鲜北部,使西汉的版图与同时期的罗马帝国相差无几,比秦始皇的大秦帝国大多了。不过,云贵地区对西汉政权的不了解,也说明汉武帝对云贵的控制力有限,否则,滇王、夜郎王不会问:汉孰与我大?史书也不会说,直到明朝朱元璋“改土归流”,中央政权才控制云贵。

对汉武帝的武略韬谋应从历史的另一维度作宏观考量,即从知识分子、农人、士兵的视角叙事,评述这一历时三四十年旷日持久的汉匈之战,甚至用人文的历史光谱映照交战的双方,这样,方能获得民间层面的理喻与解读,切不可将其穷兵黩武任意拔高。

的确,汉武帝的武力扩张,使大汉帝国疆域辽阔,站在汉武帝的立场,武力扩张兴许是对的。扩大疆域就是扩大他“家”的地盘,毕竟他就是“国家”,也只有他才是“国家”,其他的帮凶文人都是“自作多情”。但是,站在小民的视角看历史,武力扩张获得的国土大多“得而失去”,路途偏远,交通阻碍,不要说用平民士兵的鲜血去夺取,就是人家把土地送给你,也难以生存。这样的情形,在大漠边塞征战是很尴尬的。换言之,不是你被人家同化,就是你自己走人。因此,很难获得实际控制力。于小民而言,破财丧命,有何实际意义?因此,历史学者评述汉武帝的功过是非,应该实事求是,有战功有武力扩张,就真实记录;有虚报战功,虚拟版图之事,就予以考证纠正。不能只记占领不记丢失!当然,汉武帝既然是一国的法定代表人,他所做的一切正如他所认为的那样,都是为了"国家"。

什么是国家?

回溯历史,答案在时空遥隔的两大古典文明中不尽相同。

中国古代的说法,"大同、小康、乱世",这是儒家的历史三段论。易中天解析说:"希腊、罗马的黄金时代和白银时代,在儒家那里就叫'大同'。大同之世的特点,是'天下为公',财产是公产,权力是公器。首领是选举出来的公务员,族民也都一心为公,因此夜不闭户,路不拾遗,各得其所,天下太平。希腊、罗马的青铜时代,儒家叫'小康'。小康之世的特点,是'天下为家',财产私有,权力世袭,战争不可避免,道德礼仪和圣人英主应运而生。至于黑铁时代,在儒家那里只能叫'乱世'。尧舜是大同,夏商周是小康,春秋战国是乱世。大同讲帝道,小康讲王道,乱世讲霸道。"易中天提出疑问:"国家的逻辑,究竟在哪里?"他自问自答,他认为按荀子所说,国家的逻辑在人,既要肯定国家,又要肯定君王。这就是说,一要有道德,二要有君王,三要有国家。易中天分析后指出:"君主是核心,道德是力量,国家是归宿。"但是,西方人与中国人的认识大相径庭,虽然二者都要国家,但在西方人看来,要国家,"却未必一定要君主,古希腊城邦是没有君主的……罗马的君主奥古斯都屋大维……还自称是'第一公民'。独立战争后的美利坚人,不但不要国王,就连统一的国家都不想要,实在拖不下去,才磨磨蹭蹭地选出第一届联邦政府和总统。"[3]

---

〔3〕 易中天:《国家》,浙江文艺出版社2013年版,第8~12页。

西方人有国不要君主，以致英国设置一个没有实权的虚君，演绎出极为智慧的虚君立宪制。对于这一点，大多数中国人大惑不解。受三纲五常的君臣之道教育、被长期洗脑的儒生更感到不可接受，他们认为没有君王，国将不国。因此在陆秀夫抱着南宋小皇帝跳崖的那一刹那，中国人惊呼，崖山之后无中国！同理，当崇祯皇帝在煤山自尽后，吴三桂与众多明朝旧将因找不到主子而六神无主。可见君王的重要性在多数中国人看来，比国家还要重要。因此，历代文人都不去指责汉武帝穷兵黩武，大多对士兵的生命熟视无睹。用士兵的鲜血换回"得而失、失而复"的疆土，实际上是一种被统治者与帮凶文人绑架的理念，是站在专制统治者的视角看待的利益。

易中天先生说得好："人类一旦建立了国家，每况愈下，等于踏上了不归之路。当然，也没有后悔药可吃。问题是，为什么只有建立了国家，才算进入文明时代？国家究竟对人有什么意义？人，真的是必须发明国家并生活在其中的动物吗？如果是，又为什么会有那么多人感叹今不如昔，怀念氏族和部落时代？"〔4〕

对此，易中天仰天长啸："国家的逻辑，究竟在哪里？"

这，似乎接近屈原的天问。屈原披头散发，站在楚国即将灭亡的历史悬崖，他双手伸向苍天，他的发问哀痛而凄美，散发着死亡气息并飘散着唯美的朦胧诗意。

可对于汉武帝来说，国家逻辑，就是皇室的一切，士兵、大臣、农人、儒生、皇后、妃子、妻儿，以及生命、钱财、土地、盐铁、税收乃至鲜血，一切的一切，都是皇帝一人的，这是皇后卫子夫临死时才明白的道理。于汉武帝而言，朕就是国家，一言九鼎，斩钉截铁，板上钉钉。

三

既然汉武帝雄才大略，文治武功，那么，文治方面，汉武帝有何

〔4〕 易中天：《国家》，浙江文艺出版社 2013 年版，第 9～10 页。

举措？

首先要改制，要集权，要征讨匈奴，要变法，就得统一思想。关于统一思想的洗脑的智慧，不独今人，古人很高明。汉武帝作出了一个非常重要的决定，这个决定影响中国两千年，这，就是“罢黜百家，独尊儒术”。

为什么要独尊儒术？

汉武帝这人从骨子里就不是一位喜欢儒生的人。他和他的先祖刘邦一样，都认为儒生酸酸的，一股酸腐之气。刘邦甚至一看见儒生，就要摘下他们的帽子往里撒尿。

汉武帝的父亲汉景帝推崇的是黄老哲学，因此，“文景之治”与民休息，社会和谐而繁荣了。中国这个社会有一个奇怪的现象，从历史上看，有时皇上勤勉尽责，兢兢业业地上朝理政，反而民众的生活、生产水平下降；皇上不管了，实行与民休息的政策，农人们自在地耕种，自由了，丰衣足食，连六畜都兴旺了。例如，文景二帝，实行无为之治，与民休息，整个经济社会发展了。换句话说，中国的改革与变法，最要紧的就是“放权”，只要皇帝和大臣们不管了，让小民们“三自一包”、“四大自由”，生产就发展了，日子也好过了。人们有时间了，一些文人便要针砭时弊，这言论自由，也能兴风作浪，如是春秋战国时期，你奈他何？此处不留爷，自有留爷处。弄不好，知识分子走人，到他国去了，人才的流失，有时对国家威胁甚大。如商鞅离开魏国，韩信离开楚国。但是，现在的情况大不相同，九州社稷，天下归汉，你往哪里跑？胡言乱语，威胁君王的统治，杀你没商量。当然，汉武帝毕竟是汉武帝，他绝顶聪明，打与杀只是硬币的一面，硬币的另一面需要洗脑，要统一思想。“汉武帝明白，仅仅靠法家官僚们用严刑峻法治理国家是不够的，暴力威慑得了百姓，却无法征服人心。儒家有民本主义的王道政治，以儒补法，可以为王朝的统治获得长久的合法性。”[5]

---

[5] 许纪霖：《儒家孤魂·肉身何在?》，载《南方周末》2014年9月4日版。

事实上，在诸子百家中，儒家的君君、臣臣、父父、子子等三纲五常的道统最符合统治。不是吗，君为臣纲，父为子纲，夫为妻纲，这多好，特别是，君要臣死，臣不得不死。至于父要子亡，子不得不亡并不重要，关键的是把家与国合二为一，君王不仅统领"国"，还渗入"家"，君王的权力无处不在。从李悝变法将君王的政治权力渗透到农人的生活与农业的生产之中，政治便无孔不入了；而商鞅、李斯等人将酷严的刑法覆盖社会，虽然用法术势封住人们的口，但寒蝉效应使人们普遍将不满甚至仇恨深埋心底。因此，仅仅靠打、杀、压，还不够，还需要"狠斗私字一闪念"，统一思想。于是，选择儒家思想最适合统治。因为，儒家的道是王道，儒家的制是礼制，儒家的政是仁政（理论与实践不一定结合），反正，儒家维护君主专制是有一整套理论的，关键是冠冕堂皇，拿得出手。因此，汉武帝选择独尊儒术，既能统一万民的思想，又能通过罢黜百家，让知识分子噤若寒蝉。

这样，小农经济、宗法社会与礼乐制度，形成了支撑儒家的三足鼎立。当然，于汉武帝而言，表面尊崇儒家，内部执行法家的势、术、法三策，即以阴谋诡计结合严刑峻法，来高唱儒家的仁政与礼制，真是"挂羊头卖狗肉"的开山"交响乐"！

于是，儒学即今文经学的代表人物董仲舒登上历史舞台了。

董仲舒这人运气一直不好，可以说是一位一直不得志的知识分子。这天，公元前 134 年 5 月的一天，长安城已是春意盎然，青青的河边草，绿绿的一片，透出春的生机。汉武帝发出的求贤令，似乎也让知识分子们有了一线生机，前来应试的，人满为患。董仲舒从满街张贴的告示看到了希望，这是汉武帝仰慕三王时代及夏商周时代的繁荣盛世，想复兴这一梦境，因苦无治国良策，遂求贤若渴发出召贤榜。董仲舒回到驿馆，捉刀弄笔，冥思苦想，终于写出一篇绝代名作——《天人三策》。

当汉武帝读完这篇文字晦涩，但思想性极强且有践履施行之可能的文章后，他决定面见董仲舒。

董仲舒以《天人三策》一文，从此名闻天下。

汉武帝派人把他迎进宫来，董仲舒欣喜若狂，他在宽敞华丽的大殿见到了这位英武气盛的皇上。汉武帝一挥手，传谕赐坐，对他格外礼仪。于是，历史上一场影响后世千年的君臣对话开始了。

中国读书人从古至今，梦寐以求的就是通过面见今上，以自己毕生所学，施展勃勃抱负。运气好，能入相晋爵，为国君分忧，为国效力，扬名立万。因此，这类君臣之间的对话，是史书上津津乐道的话题，读书人趋之若鹜的就是需要这个境界这个际遇。像商鞅，他通过与秦孝公的四次对话，最终获取显赫的官位，实施他的变法。而后世的王安石与宋神宗的对话、康有为与光绪皇帝的对话都在激励着一代又一代的读书人。(有的书说这次见面还有其他儒生在场)

且说汉武帝见到董仲舒的场景。

汉武帝一边翻着董仲舒的《天人三策》的竹简，一边就文章内容，向董仲舒提出自己非常关注的问题。

汉武帝问："朕一直仰慕三王盛世，但始终不明白，他们怎能做到风调雨顺、五谷丰登、国泰民安的？难道没有天灾？这是上天的旨意？"

董仲舒显得有些拘谨，他站起身来，施礼后回答武帝："是的，所谓天子，是有天命。灾异就是天与人之间的对话，当天下人有悖伦理，上天就要惩罚，而皇帝没有管好天下人，上天也会降临灾难。王者得天下，应是有征兆的。当初周武王伐纣，就有人看见白鱼跃入其船舱。"说到这里，董仲舒略一停顿，他看武帝正聚精会神听他说，便继续说道："世事有因果啊！善恶有轮回，如天子重德教，上天就会高兴，不会降灾异；如天子轻德教，上天则会为难天下人，君王的日子也不好过。"

汉武帝不置可否，他示意董仲舒坐下。

第二个问题，涉及国家是采取"无为而治"还是应该"励精图治"？

董仲舒的解释十分精彩。

董仲舒说，三王时代，国家实施"重拱无为而天下太平"，到了周文王和周武王时，只能日夜操劳，励精图治，国家方才国泰民安；而汉承秦制，国家秩序不稳，思想混乱。因此，大汉必须"力行有为不可"。

第三个问题,涉及国家的人才选拔,董仲舒越说越畅达,他直接针对朝廷的政治及人事组织制度,在他看来,大汉一朝,实施“郎选”(皇帝近身侍卫任期届满后即可升迁的制度)、“任子”(两千石以上高官可以选送其子为官的机制)和“资选”(花钱买官的制度)非常不合理,必须改革。

汉武帝频频点头,董子之言引起他的深思,按董仲舒的说法,只有尊崇儒术,才能统一思想。董子曰:“《春秋》大一统者,天地之常经,古今之通谊也。今师异道,人异论,百家殊方,指意不同。是以上无以持一统,法制数变,下不知所守。臣愚以为诸不在六艺之科、孔子之术者,皆绝其道,勿使并进。邪辟之说灭息,然后统记可一,而法度可明,民知从矣。”汉武帝的聪明在于他对董仲舒思想的整体接受,在具体问题上仍然我行我素,即在局部的问题上另搞一套。换句话说,有人评述汉武帝,在思想层面尊崇儒家,在管理国家的操作层面上仍执行法家的势、术、法那一套。这是典型的“挂羊头卖狗肉”。

汉武帝据此提出“罢黜百家,独尊儒术”。

虽然董仲舒的主张在中国社会引起很大的思想震荡,但董仲舒面见皇上后的命运与机运,似乎没有商鞅、王安石那样好,甚至不如康有为。汉武帝只用他的思想,用他主张,并不重用他本人,他没有得到重用。他失望至极,正逢汉高祖陵庙失火,董仲舒拟文称皇上不修德而被主父偃告发,董仲舒被拿下入狱,身陷囹圄,险遭死刑。董仲舒此刻才知因言获罪的厉害。原来他所说的“重德轻刑”,汉武只是表面上赞同,在实际的国家管理中,却是“轻德重刑”。

董仲舒虽然入狱,但儒生取得了合法性的地位。董仲舒的“天人感应”之说,让汉武帝从内心里产生隐隐的不快,上天惩罚的阴影无时不在侵袭着他,重德为民的主张也不时有意无意地成为汉武帝执政的另一种措施,以致在执行刑罚时,汉武帝每遇疑难与分歧的争论,便付诸《春秋决狱》。

何为《春秋决狱》呢?

该书的作者就是董仲舒,董仲舒攻读儒家经典,学富五车,他被“去位归居”后，在家著书立说；而朝廷中每遇重大刑案，如有疑难和分歧之处，汉武帝多派张汤到董仲舒家中求教。董仲舒则以《春秋》为据，引经据典，解析案例，判明是非。朝廷派员请教的次数多了，董仲舒据此把这些评判的案例与讲授的语句结合起来，加以整理，用《春秋》中的儒家伦理作为指导思想，确立以儒家经典判案的原则。董仲舒写成的这本书，便取名为《春秋决狱》。

历史也很奇怪，在同一时期，出现两个庞大的帝国，大汉帝国与罗马帝国。在这两大帝国中，董仲舒的《春秋决狱》衬托起大汉王朝酷严刑法的另一张人伦面孔。董仲舒的《春秋决狱》一书，与同时期罗马帝国的五大法学家，特别是盖尤斯的《法学阶梯》有功能相同的一面，其内容虽然迥异，但法律效力，却相当于今天的法律解释，不仅成为可供执行的“法律解释范本”，也同时属于具有官方理论指导意义的“学理解释”与经典教材。这真是奇妙，在古代社会，国与国之间横亘千山万水，因绵延万里的山川河海的阻隔，人们不能互传信息，沟通思想。但是，在冥冥之中似有上天的启示，同一时段的两大帝国都有解释法律的权威。西方的法律思想，源于古希腊与古罗马，大约一千多年后，神学家托马斯·阿奎那脱颖而出，他的法律思想与法律解释渊源于基督教的《圣经》，他把亚里士多德的自然法学与基督教教义杂糅，形成了自成体系的法律神学。他在《神学大全》中直接提出教权高于皇权，神法高于人法。因此，他主张“经教判案”；而董仲舒则主张“经义决狱”。无论主张“经教判案”还是主张“经义决狱”，二者都是以经典的要义“决狱”与“判案”。因此，将二者进行比较，不仅有历史意义，也有法律意义。二者的异同点何在？

其一，阿奎那用《神学大全》指导教会法，用基督教“经教判案”，使中世纪的欧洲法律充满了浓郁的宗教化神圣性色彩。

而董仲舒倡导以《春秋》伦理仁义指导断案，用儒家经典来“经义决狱”，虽有独尊儒教的情节，但伦理色彩过于浓烈使宗教神圣化明显不足。

董仲舒的《春秋决狱》与阿奎那的《神学大全》之异，乃是中国古代社会皇权至上使然。“经义决狱”也好，尊崇儒教也罢，儒生士大夫不敢也不可能提出儒教教主高于皇帝的倡议；而矮于皇权的儒教，本身作为一严格的宗教尚存争议。因而在皇权独大的中国，儒教的宗教性与神圣性不能像欧洲那样登峰造极。故中国古代社会的“以礼入刑”、“经义决狱”更加使中国古代法律趋向伦理化。如怜老恤幼、宽恕孕妇、秋冬行刑、亲亲相隐、死刑复奏等，这些典型的儒家伦理法律化的表现，虽然在董仲舒时形成《春秋决狱》的判例，并以此为指导，但真正落实董仲舒思想于刑法层面的非杨坚与李世民莫属。可见，中国古代刑法思想绵延千年，没有像欧洲法律那样走向神圣。

由于欧洲中世纪存在教权与皇权此消彼长的因素，很多时候，教权与皇权分庭抗礼，甚至有时高于皇权。因此，阿奎那敢于在《神学大全》中提出教皇高于国王，神法大于人法。可见，同样采用“经典要义”决狱或判案，但二者指导思想各异，引述经典有别，加之思想者的地位与身份不同，故欧洲的法律在神学的指导下，伦理部分逐渐脱离法体，形成另外独立的结构，而法律则渐渐地与神权结合，走向极端，趋向神圣。

其二，同样都是引用“经典”决狱或判案，二者虽有法律严酷性的一面，但中国古代刑法，特别是汉武帝时，运用极其残酷的刑律统治社会，当此酷烈之际，能引用董仲舒的《春秋决狱》，还是显露出少许的人伦温情的光环。换句话说，在汉武帝皇权强势的挤压下，董仲舒的智慧也即儒家的选项，打出的这张“伦理、血缘、亲情”的人伦道德牌，多少能抑制汉武帝法律的严酷，虽然汉武帝确立《春秋决狱》，在他的统治下没有很好地执行，但发轫于武帝时期的“独尊儒术”的指导思想还是将儒家的仁义、礼制，以及恻隐、善恶、是非、辞让之情渗入法律乃至实际的办案操作之中，特别是对唐朝与宋朝及后世的影响，董仲舒的“经义决狱”善莫大焉！

当然，由于皇权的至高无上，使中国古代文化缺少宗教意义的宙斯主神和耶稣基督，“引经决狱”虽然亦有法律宗教性的因子，但受到皇权的挤压,神圣性不足也给世俗法律的功利性、威慑性与残酷性放开决口。没有神权抗衡皇权,帛书竹简上的《春秋》在皇权面前,也只能甘拜下风,沦为世俗皇权招之即来、挥之即去的选择性工具。

于汉武帝而言,独尊儒术,既是他统一万民思想的意图,也是他安邦治国的指导思想。

思想统一了,汉武帝开始讨伐匈奴,他武力扩张,连年征战……

四

终于,他发现“文景之治”留下的府银库粮不多了,怎么办呢?

汉武帝在经济方面实施变法,推行新经济政策:

其一,增加赋税。

武帝时的赋税,超过文景二帝。

1. 在口赋方面:汉初成年人一年交纳 120 钱,这叫算赋或丁税;未成年人(3 岁至 15 岁)一年交纳 20 钱,这叫口赋,武帝时增加为 23 钱。

2. 在舟车税方面:武帝增收舟车税,民有轺车(即一马小车),每辆每年要交纳 120 钱(一算),商人加倍。如大船在 5 丈以上者,每船每年亦纳 120 钱。

其二,发行新货币。

秦时使用的是半两钱,汉文帝改革,铸 4 铢钱(仍为半两,而重则为秦钱 1/3)。汉武帝即位后,先改铸 3 铢钱,因钱小不方便,便再改铸 5 铢钱,并严令禁止民间私铸,5 铢钱统统由官府铸造。除铜钱外,还发行两种货币,一是白金币,用银、锡合金铸为龙、马、龟三品;二是皮币,用一尺平方白鹿皮制作,缘边绣上花纹,规定每张皮币值钱 40 万,限于王侯用礼,但官府收其兑价,实际是政府变相征敛。皮币是酷吏张汤发明,因大司农颜异反对,被张汤以“微反唇”定“腹诽罪”,竟处死刑。

其三,算缗法。

武帝连年征战,加之修建皇宫,生活奢华。因此,急需用钱。所谓算缗，缗，就是1000钱；算，易中天先生说是200文钱，[6]而陈致平先生则说一算即120钱。不管怎样，政府采取的方式是二缗抽一算，正好是10%的高税。但是，不管怎样讲，还是极大地加重了老百姓的负担，即使是小手工业者也要交半算，即百分之五。这称为"算缗法"。

其四，告缗法。

算缗法颁布后，富人财主纷纷隐瞒财产，申报财产者寥寥无几。汉武帝见算缗法难以执行，恼羞成怒，在算缗法颁布约两年后，武帝又颁布告缗法。所谓告缗，就是动员人们举报，既然富人财主不愿公开申报财产，那么，发动群众，告发隐瞒财产者，这便是告缗。告缗的法令，就是对举报者的奖励条例，如举报隐瞒的财产，可获得被举报者财产或资产税的一半。

告缗法公布后，起到立竿见影的效果，人们纷纷举报，几乎所有的有产者都被举报。一时，商人破产，小手工业作坊倒闭，地主富农卖田交税，社会大众的储蓄锐减，社会经济凋疲。而汉武帝的国库，暂时盆满钵满。

其五，均输法、平准法。

所谓均输，是指政府用平价收购各地土特产，然后运往各地高价卖出，赚取差价。所谓平准，则是由政府掌握并控制全国的物价，低价买进，高价卖出，利归政府。这是官府把手伸向流通领域、与民争利的举措，换句话说，商业贸易也要由"国营"——官营垄断。民营商业哪里招架得住，纷纷倒闭破产，整个社会流通除官方垄断操作外，商业贸易，死气沉沉。

其六，盐铁专营法。

在颁行上述诸法之前，汉武帝就瞄准了利润最高的炼铁、煮盐、酿酒。当然铸钱利更大，汉武帝通过改革货币，推行货币新法，以官铸5铢钱，将铸钱业纳入国营—官营手中；而炼铁、煮盐、酿酒也不例外。首

〔6〕 易中天：《汉武的帝国》，浙江文艺出版社2014年版，第86页。

先，颁布法令，由官府垄断了炼铁，对胆敢私自炼铁者，处以重刑。其次，采取措施，将盐业的经营放开一半，即煮盐由民间劳作，卖盐则由官府垄断，生产成本由民间负担，成品盐由官府收购专卖。盐铁专营至此产生，在中国实行两千多年，至今盐的统购统销仍由政府把控。最后，酒类也由官府派人专酿专卖，民间不得私自酿酒卖出。

其七，卖官鬻爵。

汉武帝想要钱，想疯了。除了横征暴敛，增加赋税，颁布盐铁酒专营法、均输法、平准法与民争利外，还推行算缗法、告缗法巧取豪夺民间财产，甚至公开卖官鬻爵。“元朔六年，下令民可以入物补官，纳粟赎罪，以钱买爵。其爵位分若干级，每级钱十七万，谓之‘武功爵’（因爵皆武职）。买武功爵到第五级就可以补官，向国家捐献物产的可以做郎官，捐献奴婢的，可以免除服役。”〔7〕

如果说汉武帝的这一系列变法措施也算其文治武功中的“文治”，那么，这样的变法，这样的“文治”，实际是对“文景之治”的一种背反。

有人说，增加赋税，颁布算缗法、告缗法剥夺富人的部分财产，实行盐铁酒专营，推行均输法、平准法，采取国营垄断的方式及相应的法令予以施行，对于增加国家的收入和对国家的稳定均大有裨益。

事实也如此，在专制社会，国家实际是一家一姓的私有。因此，维稳是一切的重中之重。只有保住江山社稷，皇帝的私有才能延续，千秋功业才能万古传颂。专制统治者不会让民间的资本形成规模，除了运用法律的形式抽你的税，加你的赋，纳你的粮外，还可以通过银行或直接由官府铸钱——造币，稀释你的资产，贬值你的货币。民间资本不可能与拥有铸币机的国营资本相抗衡。如民间资本形成一定规模，统治者可以运用法律轻而易举地将你的公司、作坊列入黑名单，因此，在专制体制下，民间的地主、商人及所谓的富豪多是待宰的羔羊。即使另一部分解甲归田的退休官员，也不能形成力量，皇帝对这些退休富豪大都

〔7〕 陈致平：《中国通史》（秦汉三国部分），贵州教育出版社 2013 年版，第 138 页。

特别警惕，因为他们熟悉宫廷内幕，又有一定经济实力，因此，只要一举报，大多被拿下，晚节不保，命运凄惨。

其实，皇上并不在意豪强、富人、巨商、退休官员是否真正的贪腐或作恶，专制政体的逻辑是：普天之下，莫非王土。汉武帝不断折腾的深层次原因，除了钱少急需要钱外，还在于折腾之下，让社会民众自顾不暇，哪里有休闲的时间来议论朝政？君王并不需要民众“关心”国家大事。汉武帝治国，他独尊儒术，罢黜百家，他哪里是真正地尊崇儒教？他要的是百官万民尊崇儒教，遵循君臣之道，做一个“螺丝钉”。

因而汉武帝手忙脚乱、拳打脚踢地制定一系列的法令律条，主要还是为了维系刘氏江山的万年长。当然帮凶文人出了不少主意。于是按易中天先生所述：“对付的办法不一样，对巨商，是断其财路，或只准小本经营；对豪强，是断其根基，让他们自生自灭；对武侠，是血腥镇压，绝不手软；对文士，则是给其出路。”[8] 由此来看，汉武帝的治国之术即“文治”的确厉害。对付社会各界几乎是招招见血，只有一条，比后世的统治者要明智，即对文士，采取给出路的政策。其实，在汉武帝看来，“国家只需要两种人：农民和战士，农民为君主种田，战士为君主打仗”（易中天语）。这就是史书歌颂的“富国强兵”。

五

对于汉武帝的评价，最为智慧的是所谓客观辩证法，说他如何文治武功，雄才大略，最后书写一句，但是，小心谨慎地说几句他站在封建统治的立场，剥削农民，压迫民众，抑制社会经济的发展，如此而已。

但是，当你透过史官辑录，你看到的开疆拓土，你从后辈儒生对“独尊儒术”的赞誉颂词中，你突然发现，你陷入一个历史的迷宫之中，你在这些新词包裹的老调重弹的语言迷宫里，可能会感到多年以来，你一直被以班固《汉书》为代表的断代史即二十三史（除司马迁《史记》）所蒙

---

〔8〕 易中天：《汉武的帝国》，浙江文艺出版社 2014 年版，第 96 页。

蔽。当班固《汉书》告诉你,汉武帝开疆拓土是如何的武功盖世时,你竟然忘记了司马迁在唠唠叨叨地叙述汉武帝祭鬼神拜山神的一生。《汉书》记述那些在沙漠上追逐游牧民族开拓疆土的行为,虽然只有只言片语,却被后辈的文人毫不怀疑地纵情放大。对于农耕民族的文化人来说,开疆拓土的地主情结还是深入骨髓的。西域地区包括前苏联中亚诸国的一部分,都统统成为汉武帝的地盘;而遮蔽后人质疑眼光的,就是大一统国家的神圣性。扩大地盘是天大的好事,也不管是姓刘还是姓李,退一步来讲,即使你汉武帝不承认西域为你所控制,你在与匈奴的战争中失利也不少,但对于我们而言,也绝不会否认你盖世的武功。因为,你的胜利,就是大一统国家的胜利,也就是“我们”的胜利!因此我们只管书写你盖世的武功、雄才的大略。更何况史书中还有只言片语的记载,即只要曾经打进去,占领过就行了,哪管你的士兵水土不服,无法生存,即使像李广利一样虚报战功也可以,因为我们需要这样的宣传。海涅说:“骗人真是快乐,受骗者更是乐不可支。”刘瑜在刀尔登的《旧山河》序言中说,“国史读得越多,脑子坏得越快。因为,历史叙事里既缺少‘限制权力’的意识,也没有‘个体权利’的位置”。正如刀尔登所说:“自秦以来,凡为帝王者,皆贼也。”

同样汉武帝在“文治”方面的神来之笔,就是“罢黜百家,独尊儒术”。这似乎可以同他“占领”西域的盖世武功一样伟大。独尊儒术后,“孔子像一堵墙,把历史真相挡在墙外”(李劼语),洗脑过后的人们,都感到“仿佛中国文化与生俱来就是从孔子开始,当人们强调中国的国情时,其言下之意,无非就是专制在中国天经地义”。之所以新儒家理直气壮,就在于此。因而汉武帝的“独尊儒术”,虽然没有他在经济领域所推行一系列的变法那么糟糕,但其负面影响还是不可低估的。

诚然,今天的人们用经济全球化的视角挑开历史的面纱,会对所谓的开疆拓土和“得而丢失”的武力扩张产生疑问,也会对“罢黜百家”禁锢思想产生反感。事实上,两千年前,有关史书所描写的汉武帝的文治武功是否真实,后人应该享有怀疑的权利。想当初,生活在汉武同一时期，且了解大汉朝廷很多真相的司马迁，就没有像班固这样拿东汉王朝的工资，为西汉王朝消灾。汉武帝的一生，大多数时间，除了玩女人，就是祭鬼神，他对自己征战匈奴的不利，对滥施刑罚的残忍，对推行新法横征暴敛的恶行还是心存忌惮的。特别是“人之将死，其言也善”，他在临死前下发的悔罪诏，说明他是个明白人，他对自己的罪孽是心知肚明的。他建皇宫，上泰山，封禅敬神，就是为汉家江山千秋万代和自己青史留名树碑立传。没有想到，在宫中做过太史令的司马迁掌握了第一手资料，他在自己家中著史立传。据说，司马迁为防不测，他刻有两套竹简，司马迁没有骂汉武帝，他也不会骂他。司马迁的刀笔锋利，他用刻薄语言贬斥商鞅，但他有时也峰回路转，对于当今圣上，他使用不同的笔法，他唠唠叨叨地叙述，把一位祭山封神、装神弄鬼的汉武帝的形象活脱脱地刻画出来……

因此，民间修史，于帝王而言，是最忌讳的。这些具有至高无上权力的君主，最需要的就是留名青史，最看重也最害怕的，就是自己的恶行大白于天下！这是中国帝王的软肋，也是他们的阿喀琉斯之踵。

第三篇　王莽变法

病入膏肓的西汉末期政权摇摇欲坠，岂是王莽的新法能够支撑？与其修补千疮百孔的西汉皇权幕布，不如撕下面纱掀翻重来。王莽新法的意气用事，因践履匆匆而好心办了坏事。王莽既戳破了儒家君臣之道的效忠之制，又何必追逐周礼的仁义使情胜于理变得聊胜于无。军事上的师出无名与将领们的无能提升了王莽多愁善感的败亡之气。王莽变法的悲剧还在于正史的谤誉，班固《汉书》以对刘氏江山的忠贞归罪于王莽怎能比肩太史公的《史记》。

西汉官场上的生存向度,多指向外戚,王莽的仕途,也与外戚有关。他出身于显赫的外戚世家,因外戚因素使他入仕进而执掌权柄。他摄政夺汉,使历代的专制统治者和忠贞刘氏江山的人恨得牙痒。关键的是他穿上皇帝的新衣过早地覆亡,因而在成王败寇的阴影下被中伤谤誉为篡权的奸臣。

可能受家天下影响至深的缘故,后世忠贞刘氏江山的文人竭尽所能诋毁王莽,王莽也因此成为变法失败者在历史上惨遭舆论最大不公的受害者。

从古至今,无论正史抑或野史,都对王莽极尽谩骂之能事,甚至传言,因汉高祖刘邦斩白蛇起事,夺得江山,是为天意。而王莽之"莽"实为蟒蛇之"蟒",即王莽篡权,如蟒蛇再世,以乱汉室。但腾蛇乘雾,终为土灰,不成气候。当然这些野史不足为凭。不过从中也可看出,刘氏江山,时间久矣,而王莽夺汉,优柔寡断,当断不断,既更名新朝,又怀抱汉室,反而名不正言不顺。

其实刘邦夺得江山,也有阴谋诈术、隐忍狡黠的一面,虽然当初刘邦先入秦都咸阳,但这是项羽破釜沉舟,钜鹿之战消灭秦军主力,才使刘邦乘虚而入。楚汉相争,屡战屡败的刘邦因项羽的傲慢与失误夺得江山。可见,这也不是什么天意所授。刘邦的好酒贪色、杀戮功臣,为汉家江山的开启涂抹上一层背信弃义的流氓草根痞气。刘氏江山虽然也有"文景之治"的太平盛世,但到了西汉末年,已荒淫昏聩,腐朽犹如秦之二世。此种悖逆民意的王朝,无论长寿还是短命,到了此时,掀翻也属合理,正所谓"王侯将相宁有种乎!"天下者,天下人的天下,而非刘氏汉室独占。只是王莽受儒家原教旨影响太深,推行新法剑走偏锋,因急于求成脱离实际而败亡。

二

中国的历史,丛林理论一直占据上风,在历史上,胜者王侯败者寇。只要失败,便被恶意中伤,一无是处。没有欧洲战场上胜利者的雅量。

在比利时的滑铁卢，我们看到的是胜利者为失败者——拿破仑启建的青铜塑像和战争纪念碑。在中国，只要失败，王莽也好，杨广也罢，均被骂得狗血淋头。实际上西汉末年，元成哀平几帝碌碌无为，王莽博学多才，勤政严谨，朴素检点，他摄政后夺汉本是温水煮青蛙，水开自然成。在这一点上，他的经历与隋文帝杨坚颇为相似。他们都是权倾朝野的外戚，长期执政，大权在握，二者荣登皇位后，都感念苍生，都实施变法，但执政之后，路径不同，方略有别，后果大相径庭。令人唏嘘不已。

王莽比之杨坚，有两大短板：

其一，西汉末年，皇室衰微，中央政权摇摇欲坠，但仍处于非战争状态。王莽从政，多在和平时期，因而没有军事斗争的经验及战争的历练，一旦流民起义，豪强兴兵，便自乱阵脚。杨坚则不同，他作为外戚家族从政，对魏晋南北朝数百年战争风云的所见所闻以及亲历战争乱世的磨炼，使他极具军事战略眼光，因而杨坚在夺权后主动举兵，横马立刀，荡平了大江南北的各路豪强，一统中国。

其二，王莽是一位儒家原教旨主义者，他对儒家大同世界云牵梦萦，他追求儒家理想不遗余力，近乎痴迷！他夺权后没有专注军事，预防流变。他的变法齐头并进，毫无策略而急功近利。加之他的变法损害了统治集团和豪强的利益，并连带殃及他想惠及的百姓，于是好心办了坏事。反观杨坚，杨坚的变法循序渐进，张弛有度，他对中国文人的开科取士与文官制度的构建，影响深远。特别是变革魏晋以来的九品中正制为科举制，使文化人可以不依身份、地位与家族的人脉关系，只要勤奋努力，十年寒窗也有入仕为官报效家国的机会。因而杨坚的科举制，是古代社会的一大创举，是古代历史及古代世界绝无仅有的。

但是，杨坚在历史上也未能得到应有的评价，他的光芒被尔后“篡”夺大隋江山的李唐王朝所遮蔽。不过，由于他在离开人世之际，大隋皇位仍在他怀中，因此，史书没有说他是篡夺皇位的乱臣奸贼。

由上可知，王莽与杨坚，二者的夺权及荣登皇位的经历，几乎如出一辙。

但是，史书为何说王莽因外戚因素夺汉是篡权，是奸臣；而不说杨坚因外戚因素夺权是篡权，是奸臣呢？进一步推衍，中国人最为津津乐道的大唐王朝的开国皇帝李渊，不也是大隋王朝的外戚家族吗？他趁乱兴兵，反叛大隋，一举夺下表亲杨广的政权，难道就不是篡权？为什么不说他是奸臣呢？

可见，将王莽说成是篡权，说成是奸臣，并不是站在历史事实的视角说话。说王莽变法造成民怨沸腾，都是忠于刘氏江山的文人们的一面之词，难道绿林军的起义，不扰乱百姓的生活？难道刘秀趁机作乱兴兵，不蹂躏百姓？难道王莽的变法比战乱带给老百姓的苦难更严重？

由此可知，无论正史与野史，均是以家天下为指向，以成者为王败者为寇的丛林理论贬斥失败者。我说此话，有人不赞同，举出著名学者钱穆先生的《如何研究中国历史人物》一文为证，钱穆先生说“历史乃是成功者的舞台，失败者只能在历史中作陪衬。但就中国以往历史看，则有时失败不得志的，反而会比得志而成功的更伟大。此处所说伟大，即指其对历史将会发生大作用与大影响而言。而得志与成功的，在其身后反而会比较差”。那么，哪些历史人物是钱穆先生认为失败不得志反而比得志的更伟大的呢？钱穆先生说：“且看中国古代历史上两大圣人周公与孔子，周公得志在上，孔子不得志，自叹其不如周公。但孔子对此后历史的作用与影响，反而比周公大。”在钱穆先生看来：“中国人又多是爱崇拜历史上失败的英雄，对于在历史上成大功立大业的英雄，如汉代的卫青、霍去病，唐代的李靖、李勣等诸名将，反而比较不重视。而岳飞、文天祥、袁崇焕、史可法等，虽然他们在事业上失败了，反而更受后人敬仰崇拜。”因此，“中国历史上有许多失败人物为当时及后世史家所推尊颂扬”。

钱穆先生的上述说法，有史实为证，也为大家所公认，但与本文论及的观点并无矛盾。本文所说历史上的失败者在成王败寇理论的阴影下,不得翻身,是基于对统治立场的背反看待这一问题。以钱穆先生所举的例子为证,之所以岳飞、文天祥、袁崇焕、史可法等人失败后受到后人敬仰崇拜,乃是他们均不遗余力地维护皇权,虽然失败,却在维护家国天下的集权时,死而后已。从中国的历史看,你只要维护家天下,维护皇权,你为所谓的“国”而捐躯,官方当然要宣扬你是英雄,是“烈士”。因此,上述的人物是为宋明王朝而立功并捐躯或被害身亡的,故他们的成功与失败是与皇权捆绑在一起的,因而官方要宣传他们。以袁崇焕为例,袁崇焕本是大明王朝的忠臣,一旦被诬陷通敌,凌迟处死,同样是袁崇焕,同样被害失败,老百姓要吃他的肉,喝他的血。以后历史真相披露后,同样是已经失败的袁崇焕,老百姓也随即歌颂他。也就是说,同样失败,你可以歌颂宋江,但你不能歌颂方腊。你只能随着官方的舆论站在皇权的立场上褒或贬。如果大清江山没有崩塌,对于秋瑾而言,同样是失败,老百姓照样喝秋瑾的血,用她的人肉填充自己的馒头,照样骂她是乱贼。

在这里,我们并不是要否定岳飞、文天祥、袁崇焕、史可法等人的气节、品质与相应的历史功绩。这里需要强调的是,背离了皇权的历史名人的失败也应得到应有的历史评价,而不宜跟着官府的宣传人云亦云地一味贬斥失败者。

辩证一点说,成功者的作为并不一定都值得赞赏,否则依此立论未免也太动物性了。当然追随皇权的无论是成功抑或是失败,都应辩证看待。反之,夺取皇权或背离皇权的失败者也有悲悯情怀和值得人们同情的一面。

窃以为,对王莽及新朝的失败不宜过分贬责与谩骂,对西汉末年的刘氏江山也不要过于热衷与留恋!

历史所要证明的,不是王莽以外戚之名破君臣之义而遭致他的覆亡。

王莽的失败,不是他倒行逆施,而是他追捧《周礼》追逐虚无的大同世界食古不化,以致他多愁善感而贻误时机;他的恋古之情,对儒家大同世界追求的痴迷，使他不合时宜而过于迂腐。

王莽的失败是历史的悲剧。

二

王莽是怎样失败的呢？

有几种说法。

其一，先来看蔡东藩先生的《后汉通俗演义》怎样评价王莽。

蔡东藩认为，汉朝四百年来，中经王莽篡国，居然僭位十八年，所以王莽以前，叫作前汉；王莽以后，叫作后汉。故此，东藩先生讲后汉，以王莽篡国开篇。

在蔡东藩的叙事中，王莽是不折不扣的篡国奸臣，蔡氏在《后汉通俗演义》的第一回就开宗明义地指责"王莽毒死汉平帝，又废孺子婴，把一座汉室江山，平白地占据了去，自称新朝"。

东藩先生写史，行云流水，他摘取史料，语不求深，十分有趣，嬉笑怒骂，雅俗相宜，脍炙人口。虽然蔡氏力求事必纪实，去伪存真，但因其思想受儒家君臣之礼制所束缚，即令有超凡脱俗的笔力穷原尽委，也难以挣脱刘氏江山家与国合二为一的历史定律及其框定。因而，蔡氏一起笔，便在框定的历史先验架构里给王莽戴上一顶篡国的帽子，落墨之处，虽有细节不乏真实，但将不利于王莽的历史情节串连在一起，加之蔡氏文笔甚好，巧为烘染，演成俚语，在民间俗世造成巨大影响，那王莽不是"贼"也是"贼"了。

于是，在蔡氏笔下，王莽以外戚身份入仕，大权在握后，竟毒死汉平帝，废除孺子婴，摄政后直接篡位，穿上皇帝的新衣，篡汉施政，倒行逆施。

对于王莽篡国之初的行为，蔡东藩怒斥为"毁故庙感伤故后，挑外衅激怒外夷"。在东藩先生看来，因王莽变法，剿袭古制，粉饰太平。而"更作金银龟贝钱布诸品，号为宝货，种类错杂，名目纷繁"，"所有汉朝五铢钱，概令销毁，如百姓尚敢私藏，罪当投荒。官吏借端搜索，闹得鸡犬不宁。偶被搜出，即将全家充戍，如有私铸铜钱，责令五家连坐，一并充军”。[1]

非但如此，蔡氏认为，王莽挑衅匈奴激起外夷，他募兵三十万众，却进退失据。三十万将士驻扎边关消耗大量粮草，国力日衰。岂料，匈奴未平，西夷生乱，钩町攻杀牂牁，扰乱西陲。而高句骊国，也拒绝王莽使者，不与新朝配合，沦为寇盗。至于国中诸民，受祸最烈，王莽不问民生疾苦，使百姓外遭胡寇，内受兵灾。加之，天不如意，荆州岁饥，民无谷可食，你抢我夺，盗贼四起，绿林起义，流民越聚越多，而“莽又大赦天下，饬令四方盗贼，一律解散，不咎既往”。地主豪强趁乱兴兵，一时义兵烽起，王莽最终落得乱刃分尸。

对于王莽，蔡东藩写诗盖棺定论：“粉身碎骨有谁怜，死后还教臭万年。用尽心机翻迷祸，才知翘首有苍天。”

东藩先生对王莽的评价，虽然按他所述，不论编年纪事，史册浩繁，均能搜集成书，苦费抉择，依次编纂，合正裨为一贯。但毕竟已演绎为通俗话本，亦有夸张的成分。他对王莽的否定，先入为主，加之使用过多的谤词形容，故造成后世对王莽及其新朝的鄙夷。最为搞笑的是，东藩先生在《后汉通俗演义》的自序中，批评罗贯中的《三国演义》，指出罗氏所著《三国演义》与陈寿《三国志》相勘证，粉饰者十居五六。罗氏悦人耳目，俗之欢迎之，但以伪乱真，愈传愈讹，其误人亦不少也。可见东藩先生在指责罗贯中扬汉抑曹之际，不自觉地在评述王莽及新朝时坠入忠贞刘氏汉室的泥沼，其所使用的谤语，比之罗贯中有过之而无不及，而赞誉与留恋刘氏汉家江山亦有谄媚之嫌。

至于王莽的变法，东藩先生着笔不多，他只讲货币改革的危害。他大量的描述均在后宫，将王莽的宫中闺事披露已使其遗臭万年，只要达到坊间俗世共骂之，也就在谈笑间忘记了甄别史料并认真评述历史人物的传统了。

其二，且来看班固及《汉书》对王莽的评述。

---

〔1〕 蔡东藩：《后汉通俗演义》，三秦出版社 2006 年版，第 10 页。

班固应是司马迁作《史记》之后,具有重大影响的史家。当初,《史记》传世之后,先后有刘向、杨雄等十多位学者续写历史,而班固之父班彪认为这些均不足以继承司马迁,便采集前朝遗事,作《史记后传》数十篇。班彪死后,班固继续父志,倾力修史。但他处于东汉初期,也可能受汉室家天下影响,他不满意司马迁将西汉皇帝编于百王之末,置于秦始皇与项羽之后。但司马迁的编排符合历史时间的顺序,对此,班固决定在体例上创新,他放弃了纪传体通史的体例,采取断代史的记叙方式,专写西汉二百三十年(公元前206年~公元23年)历史,以便将刘邦列为篇首。

班固《汉书》的叙事,在煞尾阶段明显排除了王莽的新朝,然而王莽新朝15年的存在毕竟是历史事实,《汉书》将其否定并列入西汉的历史违背了历史的真实。

班固否定王莽新朝的存在,而又无法填补这一历史的真空,在历史上开了不好的先例。如后世的史家在撰写此段历史时,在王莽的"新"朝上打上引号,或写上"伪"字,或加上"所谓"二字以表示否定。此风一开,此例一出,影响后世。比如,我们在写民国历史时,也喜欢使用"伪"的字眼,或使用"所谓"二字表示蔑视及否认,实际上,你不承认,并不等于那段历史不存在。

平心而论,班固《汉书》作为中国第一部纪传体断代史,在继承《史记》的基础上,其断代历史的记事基本为后世正史所承续。因而,后世评价《汉书》是与《史记》比肩的伟大历史著作。

在我看来,《汉书》的完成颇为艰辛,父亲班彪发愤续史,作《史记后传》,其子班固在班彪死后秉承父志,作《汉书》,开纪传体断代史之先河。后班固因事入狱,死于狱中。此时《汉书》八表、《天文志》尚未完成,汉和帝遂命班固之妹班昭入东观藏书阁补作,最终完成《汉书》。可见《汉书》凝集了班氏一门两代三人的心血。

《汉书》不仅在体例上有所创新,其博洽内容,结构庞大,语言生动,不失为"二十四史"中名列前茅的史书。但与《史记》相比,还是略输一筹，特别是在否定王莽新朝的问题上，亦有忠于刘氏汉室而鄙夷王莽为奸臣篡汉的谤语。只不过，班固对王莽前期历史的评述还是有客观的一面。

据班固所记，王莽虽出身外戚世家，但因其父早亡，堂兄堂弟们有钱有势，只有“莽独孤贫，因折节为恭俭”。

王莽学习《礼》，尊沛郡人陈参为师，“勤身博学”，“事母及寡嫂，养孤兄子”，“又外交英俊，内事诸父，曲有礼意”。这里，班固所说，王莽广泛读书学习，在家中照顾母亲和守寡的嫂子，抚养无父亲的侄儿，甚而广交英俊的朋友，在家族中照顾伯父叔文，委婉周全，注意礼节。他的伯父大将军王凤病倒，王莽伺候在旁，亲自尝药，照顾周到。王凤临死时，把他托付给王太后和汉成帝。

从《汉书》所记录的这一段王莽经历可看出，王莽年轻时，是一位知书达理、勤学多才且恭敬俭朴之人。

班固还说，王莽谨慎小心，官阶职位攀高后，态度作风更加谦恭，他施舍接济宾客，家中不留多余的财产，口碑之好，超过他家族中的任何一位显赫的长辈。即使在书写王莽对付政敌淳于长时，班固此时也未贬责王莽，而是说他秘密地搜集淳于长的罪证，通过大司马曲阳侯王根报告淳于长的情况，使之伏法受诛。这里可看出，王莽并未制造罪证嫁祸于人。此外，《汉书》还记述王母病重，三公、九卿和列侯派遣夫人们来探望病情，王莽的妻子出去迎接她们，系着布围裙，简直让人认为她是奴婢，得知是王莽的夫人时，众位夫人大吃一惊。在《汉书》中，还讲述了这样一件事，即王莽的次子王获杀死了奴仆，王莽深切责备，令他自杀。

由此可知，《汉书》评述早期的王莽还是比较客观的。

但班固毕竟是生活在东汉初年，且作为东汉史官，为汉室政权思虑是他的必然选项。因此，在评述王莽后期历史即王莽执掌大权之后，班固的笔锋一转，他认为，王莽的谦恭谨慎，并非真实的为人品格。而是以外戚身份，小心慎行，博取名誉，使家族称赞其孝顺，师友们赞扬其仁义。一旦大权在握，在成帝、哀帝辅政期间，所谓秉公办事，为国操劳，他的这些被人们称道的行为，实属虚情假意，并不是孔子在《论语》中所描述的君子的风度及品性。

在《汉书》中，班固指责王莽摄政后篡夺皇位，南面称帝，平白地占据了大汉刘氏江山，比夏桀、商纣还要险恶。在班固看来，王莽表面坦然，内心险恶。他自以为是禹舜再世，极力施逞权术与威势，欺瞒上天，虐待生民，祸乱边境。

至于王莽的变法，班固认为是打出《周礼》的旗号，实行逆历史潮流而为的改制。

第一，王莽改革官制，将传说的上古官制拿来与汉朝官制相结合，中央设四辅、四将、三公、九卿和六监；地方上将全国分为九州，一百二十五郡。州设州牧，郡的长官按爵位不同分为卒正、连率和大尹。县则设县宰。

第二，王莽改革土地制度，颁布“王田令”，禁止土地买卖。虽对没有土地的家庭依照一夫一妻一百亩的标准分给，但实际上是在恢复“井田制”，

第三，改革奴婢制度，王莽颁布“私属令”，将奴婢改为“私属”，禁止买卖，防止奴婢增多。

第四，王莽在改革中，颁布了“五均”、“赊货”、“六筦”，作为评定物价、改革币制的变法措施。由于币制改革名目繁多，造成金融混乱，货币贬值。

在班固看来，王莽的变法乃至改制，是为了维系其新朝统治，特别是币制改革，实际是对百姓的盘剥与搜刮。

班固还特别提醒，王莽背诵儒家经典“六艺”是为掩饰其篡权，他的奸诈谎言，危害性超过了史书上记载的任何乱臣贼子与无道昏君。因而，王莽的众叛亲离，导致他的灭亡，是必然的气数。

班固撰史，在《史记》基础上，增补了汉武帝之后大量的文献资料，使《汉书》内容详实，仅《王莽传》就达四万多字，曲折详尽。但《汉书》

与《史记》不同的一大特色，就是具有明显的宣汉目的，有讨好刘氏政权的谄媚成分。在气节上，与司马迁《史记》不在一个档次，怎堪比司马迁的风骨！当然，也不能依此苛求班固。班固编撰《汉书》，实有颂扬刘氏江山威德的意图，具有鲜明的官方立场，这在他对王莽执政的评述中多使用贬义词即可窥知。《汉书》刻意提高西汉皇统的历史地位和大肆宣扬东汉皇帝所倡导的官方思想，与当时东汉的强盛皇权极为吻合，也对后世影响极大。因而，可以说《汉书》是适应东汉统治者的要求与愿望而产生的。故班氏对王莽的贬责乃至斥骂也是可以想象的。

行文至此，似乎可以重新评估一下君臣关系，否则沿着班固的思路走下去，班固高扬刘氏“君主”至上，贬低王莽“奸臣”的篡权，也并非毫无正统根据。若不对已经固化的君臣关系作深层次地剖析，王莽恐怕是永远翻不了身了！

所谓君臣关系，在中国历史上确乎重要，从孔子提出君君、臣臣之后，二者的关系，就被君王们着力打造，用心维护。当然，臣子们为了效忠君王，也不遗余力地倾心营造与渲染，其用心程度甚至超过主子。

易中天先生说：“西周到春秋，理论上是家臣效忠家君，国臣效忠国君，天下之臣效忠天下共主，即士效忠大夫，大夫效忠诸侯，诸侯效忠天子，逐级效忠。到了战国，天子没有了，三级效忠变成两级效忠。但，逐级效忠不变，君臣关系也不变。秦汉以后，诸侯没有了，逐级效忠变成直接效忠，皇帝是唯一的君，其他人从官员到百姓，都是臣。”说到这里，易中天虽然指出“君臣关系是社会稳定的基础”，但，易氏口气一变，他说：“先天不足。”他强调道：“不足在于不平等，君父，毋庸置疑地高于臣子，这可是违背人之天性的。”在易中天的笔下，“弥补的办法，是用对等来替代平等，比如‘君仁臣忠’或‘君使臣以礼、臣事君以忠’。也就是说，君臣父子都有道德上的义务，也都要遵守游戏规则，一旦失礼，很可能代价惨重”。换句话说：“国君，是祭祀的主持人，也是人民的希望，如果人民失望，那又何必要他？老天爷是爱民如子的。上天为人民立君，难道是让他在民众头上作威作福?”。[2] 既然君主不仁与无德,可不必要他,那么,王莽才能德行超过汉末几帝,他可以不要汉家皇帝。然而,王莽却未举起“敬天保民”的旗号,也未贬责刘氏政权。反而,在夺取刘氏江山后羞羞答答,使王氏新朝在犹抱琵琶半遮面中显得不那么理直气壮了。

两千年的风云变换,历朝历代的统治者换了一拨又一拨,即使已被“三国演义”定性为“奸臣”的曹操,也有大文豪郭沫若跳出来翻案。但,对于王莽,却始终作为乱臣贼子而盖棺定论。

两千年来,王莽屈辱地被掩埋在历史的烟尘之中,被历朝历代的统治者和史官们任意地诅咒辱骂,他被打翻在十八层地狱之下,无法辩驳,永世不得翻身!

幸而到了资讯发达的今天,互联网的出现,使人们可以从不同的信息渠道了解历史真相。

实际上,除了现代信息的多元之外,退一步来讲,仅凭对他咬牙切齿的班固及其所撰的《汉书》就可分析,王莽并非奸臣鼠辈。

撩开历史遮蔽在王莽身上受辱蒙垢的面纱……

三

浮出水面的王莽真身,应是一位施行仁爱的道德范儿:他朴素检点,与奢靡之风毫不沾边。就是根正苗红的官员在生活的简朴方面也不能与他相提并论。他的夫人穿着简陋犹如奴婢,他的家财不留多余,真可谓拒腐蚀,清正廉明啊!这在中国历史上,不说绝无仅有,至少罕见。

如果说王莽的朴实节俭是《汉书》所述的虚情假意的伪饰,那么,几十年如一日,这种“伪饰”的朴素节俭似乎可以“以假成真”了!

至于将王莽责备其子王获杀死家奴并逼其自杀说成是一种欺骗,

---

〔2〕 易中天:《中华史·青春志》,浙江文艺出版社2013年版,第106~107页。

恐怕这种欺骗之词应该从词典里抹去。

无独有偶,王莽的优点很多,王莽的严谨检点、艰苦朴素是与他师从大儒、博学多思分不开的。他关注民生,在京城建设若干廉租房,为穷人寻觅安身立命之住所;他尊师重教,通过太学扩招(没有像现在这样收取昂高的学费),使太学生的数量超过一万多人;他尊重人才,在长安为学者盖了一万多间房屋,安得广厦千万间,这是后世的杜甫望眼欲守的期盼啊!王莽新朝学者如此享受,是后世学人不可遇也不可求的!因此,当时朝野都称王莽"周公再世"。但,白居易却站在皇权——家天下的视角,对此提出疑问,白氏说:"周公恐惧流言日,王莽谦恭未篡时;向使当初身便死,一生真伪复谁知?"白乐天对王莽被誉之为"周公再世"的疑问,应考虑白乐天的身份,他也是在皇帝的领导下"领工资"的干部,因后世的皇帝都痛恨王莽篡权夺权,故白氏此说是可以理解的。

最近,《共识网》上有纪史发表《儒家的歧途》一文,该文说:"王莽上台时的民意支持率,没有99%,也有98%,与萨达姆、卡扎菲有得一拼。""就个人因素,王莽是历史上第一个通过夺取政权当上皇帝的知识分子,和先儒们一样,出发点是好的,有远大抱负,有悲天悯人的伟大情怀。他们都希望死后,高尚的人们会在他们的墓前流下热泪。但,播下龙种,收获的却是跳蚤。"

以上纪史之文,说明王莽的悲剧在于他是一个彻头彻尾的书呆子。王莽食古不化,他追求的大同世界实际上是儒家描绘的一个虚无缥缈的乌托邦世界。所谓"大同"乃是儒家的理想,据《礼记·礼运》:"大道之行也,天下为公,选贤与能,讲信修睦。故人不独亲其亲,不独子其子,使老有所终,壮有所用,幼有所长,矜寡孤独废疾者,皆有所养……是谓大同。"

可见,"大同"是一种倡导生而平等、按需分配、没有剥削、互助友爱的不切实际的理想,这种"老吾老以及人之老,幼吾幼以及人之幼"的状态只是一种乌托邦的念想。王莽坠如书中,必然走火如魔。可以想象,王莽对其次子杀死奴仆的深切责备应与此"大同"理想学说的影响有关。

天下为公的大同世界是王莽追逐而梦牵魂绕的理想世界。

正是这权力公有、财物公有、土地公有的指引,使王莽夺取汉室江山有了底气。然而,有趣的是,儒家的大同理想并不能让王莽夺汉后摆脱篡汉的尴尬,他陷入二律背反的痛苦之中,儒家君君臣臣之义又使他放不下对汉室的那一份曾经拥有的效忠。他的“禅让”把戏,隆重而热烈,瞒得过人们的眼睛,却瞒不过他自己的内心。人生如戏,王莽还不是圣人,他作伪登基皇位,既得意,又心虚。他事必据《周礼》,言必称三代。可他却没有打着“敬天保民”的旗号,指责刘氏是无道昏君,背离了民意。王莽没有强调,这天下,应是爱民如子的天下,不是刘氏孤家寡人的天下。如果王莽重视宣传的力量,可以使他获得夺汉的合法性。由于王莽没有高扬天意的旗帜夺取汉家江山,因此他十分心虚,心虚之余,他急促变法,意图通过变法让民众直接进入大同世界而忘掉刘氏的汉室江山。

追溯王莽的心路历程,窥见王莽变法的思绪源头,必须剖析与了解王莽从学为政的经历与生活生存的状态,这对于研究王莽变法大有裨益。

王莽为摆脱内在的尴尬与纠结,他的变法有些迫不及待了。

于是,王莽推行了中国历史上堪比商鞅变法之规模的改革,但他在策略上显然不如商鞅,他的改革与变法齐头并进、多管齐下:

第一,来看王莽对土地制度的变革。

王莽对土地制度的变革,可通过他调整土地关系的告示看出他的变法意图,《汉书·王莽传》记载其言云:“古者,设庐井八家,一夫一妇百亩,什一而税,则国给民富而颂声作。此唐、虞之道,三代所遵行也。秦为无道,厚赋税以自供奉,罢民力以极欲,坏圣制,废井田,是以兼并起,贪鄙生,强者规田以千数,弱者曾无立锥之居。又置奴婢之市,与牛马同栏,制于民臣,颛断其命。奸虐之人因缘为利,至略卖人妻子,逆天心,悖人伦……”缪于“天地之性人为贵”之义。

从王莽所述中可看出当时的社会矛盾已日益激化，土地兼并现象十分严重，彼时，富者田连阡陌，贫者无立锥之地。换句话说，土地兼并使农人失去土地，贫富悬殊日渐扩大，富者骄而横，贪得无厌，贫者糟糠难厌，穷而为奸。两极分化的恶果，便是社会治安的恶化，穷的被迫沦为奸、盗；富的犬马声色，斗鸡走狗，奢靡享乐。而奴婢制度的普及，贩卖妇女、儿童的情形比比皆是。王莽痛心疾首，他指斥这种贩卖人口的现象是“逆天心，悖人伦”。

基于西汉末年社会动荡的实际情状，王莽推行了他的“王田令”。

所谓王田，按王莽所说：“今更名天下田曰王田，奴婢曰私属，皆不得买卖。其男口不盈八，而田过一井者，分余田与九族邻里乡党；故无田，今当受者如制度。敢有非井田圣制，无法惑众者，投诸四裔，以御魑魅，如皇始祖考虞帝故事。”〔3〕

由此看来，王莽的王田令与废奴政策是同时颁行的，此令发布后，“坐卖买田宅奴婢铸钱自诸侯卿大夫至于庶民抵罪者，不可胜数”。〔4〕可见王莽颁布王田令初期的执行相当严厉。但王莽真正关注的不是这些违背了他的变法而受到严厉刑罚的诸多案例，王莽内心所思考的，仍然是怎样解决西汉末年土地兼并严重的问题。

王莽认为，远古三代是盛平之世，因而他处事必据《周礼》，在王莽看来，“古之圣田莫不设井田，然后治乃可平”。于是，王莽采取复古式的改制变法措施，恢复了商鞅变法之前被废除的井田制，把全国的土地改称“王田”。有的学者说王莽这是废除了土地私有，不准买卖，实行了土地国有。

土地制度在中国历来是一个重之中重的大问题，当初，商鞅废井田，以大秦帝国丰腴的土地吸引三晋之人流入垦荒。于是乎，开阡陌以奖励农桑，使秦国的农业得以发达。中国的农人天生就有热爱土地的

---

〔3〕《汉书·王莽传》。

〔4〕李剑农：《中国古代经济史稿》，武汉大学出版社2006年版，第340页。

习性，恐怕在这个世界上不是第一也是第二。农人们一旦获得土地确权后，冲天的干劲不知要比人民公社的社员强多少倍。因此，商鞅废井田、开阡陌发展了农业经济，增加了赋税，强化了大秦的国力；而王莽复古，颁行“王田令”，打击了豪强地主。当时，西汉末年的土地多为有钱有势的豪强地主所拥有，王莽变私田为王田，其实质主要针对豪强显贵。但是，一旦土地变为“王田”，土地的主人不成其为主人，失去利益动力，佃农的积极性堪比人民公社的社员，收入减少，不仅豪强士绅因失去土地而愤恨王莽，农民们也因收成减少而身受其害。

当然，王莽的“王田令”并非对土地全部实行公有，其中也留有“私有”的成分，如一夫一妻一户无田地的分给一百亩；多出一“井”者，多余的土地要分给邻里乡亲九族。可见王莽在土地问题上确有悲悯情怀，他对穷人的关怀并不比后世的统治者差。只不过，“王田令”形成的公有制犹如做大做强的国有经济，却害苦了那些靠勤俭持家、辛劳发财的乡村地主们。

王莽对土地所有制的调整与变革，导致以下矛盾：

其一，皇亲贵胄、官商豪强的利益受损。

西汉末期，占有大量土地的除皇帝之外，便是皇帝之家族、封君、公主、异姓封君，以及官吏、豪强等。在自然经济时代，富的基础为土地，所谓“有土即有财”。故计算财力富裕程度，离不开拥有的土地。一切士农工商的活动，最后以取得土地而成富之目的。[5] 司马迁《史记》撰写货殖，也充分显示以土地为富的现象。司马迁对于以农工商致富之人，也有相应的称许，即“本富”，就是指农田致富；“末富”即以工商致富。由于以农田为本，而皇室亲贵、官商富绅又多占有土地，因此，王莽颁行“王田令”打击的便是大量占有土地的利益集团。皇亲显贵、官绅豪强的利益首当其冲受损，必恨王莽入骨。矛盾激化，最终在流民暴动之际，顺势起义兴兵，反叛王莽新朝。

---

〔5〕 李剑农：《中国古代经济史稿》（上），武汉大学出版社2006年版，第271页。

其二,农民们也未因土地“公有”而受益。

王莽颁行“王田令”后,将显贵士绅、豪强官员大量的土地改为“王田”,失去了业主的土地犹如孤儿无人细心维护与营造,佃农的耕作在无业主监控的情形下,其劳动积极性可想而知。如遇水灾、虫灾、旱灾等灾难,没有所有权的农人们在无业主督促的情况下,不可能齐心竭力地防灾救灾。因而,王莽新朝遭遇天灾,分散的农户无法也无力防范救助,一时荆州灾民首先叛乱,最终酿成新朝崩塌之势。

其三,少数穷人分得田土,不足以支撑新朝农业经济。

在王莽的关怀下,少数无田无土的穷人也分得土地。但,这些穷人不构成王莽新朝农业经济的主力军。王莽新朝农业的支柱经济——地主经济遭受王莽变法的沉重打击后,新朝农业经济一蹶不振。一旦天灾降临,穷人们的小农经济更是不堪一击。加之穷人们没有文化知识,话语权被豪强士绅、官人地主所掌握,豪强们振臂一呼,士绅知识分子摇旗呐喊,农户穷人望风云集,很快便汇集为反对王莽新朝的滚滚洪流。

其实,王莽的土地改革并非毫无道理,本来天下为公,是一个美好的理想境界,王莽打着这个旗号,是可以占领道德高地的。殊不知,王莽在实际操作中,忘记了发动群众,也就是说,他土地改革的对象,本来只是那些豪强显贵、官商地主,但王莽没有剥离依附在土地之上的农人们,使之成为自己的基层力量,反而让广大农户跟着豪强一起加入到反对自己的联合阵营中去了。

透过“王田令”那些冰冷的文字,王莽在严厉打击豪强士绅、皇亲显贵的背后,对民众尚留有脉脉的温情,并非完全“公有”。按王莽所说,“其男口不盈八,而田过一井者,分余田予九族邻里乡党。故无田,今当受田者,如制度”。换言之,一个男劳动力不能超过一井,占地超过一井的,把土地分配给乡邻九族。这是重新分配土地的事,可见王莽在搞土改,把土地从多占者手中夺过来重新分配给农人,因此,还不能说王莽的“王田令”完全是搞国有化,其中仍有耕者有其田的意思,这也是王莽想抑制土地兼并严重的措施。只不过，王莽是书呆子，他想凭一纸空文，就可完全改变现有的土地关系与土地状况，他在没有发动群众的情况下，必然遭到皇亲显贵、地主豪强的反对。而王莽想关照惠及的农人们一时半载也没有得到好处和及时兑现，农人们便在豪强的教导下引诱下加入了反对王莽的队伍，一起来反对王莽了。

第二，来看王莽对管理制度的变革。

元始五年（公元5年），平帝驾崩，王莽居摄，立刘婴为孺子即皇太子位。王莽在朝见太后时，提出自己称假皇帝，过了3年，王莽直接荣登皇位，定国号为新。

于是，王莽实施变法，他对原有的管理制度乃至官僚机构的建置、名称都予以变革。

有关官制的改革，《汉书·王莽传》云："置大司马司允，大司徒司直，大司空若，位皆孤卿。更名大司农曰羲和，后更为纳言，大理曰作士，太常曰秩宗，大鸿胪曰典乐，少府曰共工，水衡都尉曰予虞，与三公司卿凡九卿，分属三公。每一卿置大夫三人，一大夫置元士三人，凡二十七大夫，八十一元士，分主中都官诸职。"

这一系列职官名称的变更，使人们在短时间内很难适应。因为很多官职的名称长期以来已经使用习惯，一下子完全变更为新的名称，必然出现很多问题，这些新变更的新的官职，实际上并没有改变官僚机构的性质，没有实际的意义。而王莽有时也别出心裁，增加一些官职新名，如"莽以《周官》、《王制》之文，置卒正、连率、大尹，职如太守；属令、属长，职如都尉"。可见，王莽在官职与名称上的变动，没有过渡的适应过程，也没有宣传到位，而是将新的官职的名称单独使用，这样的变更让人不知所云，易产生新的矛盾。

此外，在地名的改易上更显突出，有时采取新名与旧名同时使用，并列称呼。对此，王莽下书曰："常安西都曰六乡，众县曰六尉。义阳东都曰六州，众县曰六队。粟米之内曰内郡，其外曰近郡。有鄣徼者曰边郡。合百二十有五郡。九州之内，县二千二百有三。公作甸服，是为惟城;诸在侯服,是为惟宁;在采、任诸侯,是为惟翰;在宾服,是为惟屏;在揆文教,奋武卫,是为惟垣;在九州之外,是为惟;各以其方为称,总为万国焉。”

这样复杂的地名变更,又是以官职名称的变动而发生的变异,人们如何能够记忆并适应。所以王莽在下公文时只能新旧名并列使用。这,更增加了人们记忆的难度。其实,一个行政区划乃至地名的形成,有其历史沿革、当地风俗习惯和社会经济的诸多因素,是长时间的习惯,有着社会与自然、历史与现实的成因,这种联系不是一纸公文可以随意更改的,这种任意更改地名和官职名称的做法在我国历史上也曾多次出现,但同时更改地名与官职造成混乱的,王莽是典型的失败范例。

非但如此,王莽在管理制度上还随意改制,《汉书·王莽传》记:“(王莽)好变改制度,政令烦多,当奉行者,辄质问乃以从事,前后相乘,愦眊不渫。莽常御灯火至明,犹不能胜。”

王莽为了符合《六经》,任意改变制度和名称,将本来极为简单之事,弄得复杂,别人难以理解,只有自己事必躬亲,凡事都需要仔细察问才能处理。国家之大,政令繁杂,事情的办理尚需前后衔接,才能了然结案。结果王莽把自己累苦了,常常挑灯夜战,直至天明,批不完的公文,积压了许多事。下面的官吏便利用这机会作奸肇事,有些上报的问题累年得不到及时处理,使上报的人呆在京城连年不得回去,激化了矛盾。如果说,随意变更官职、地名与典章制度只是引起内部矛盾,产生工作脱节的混乱,那么,改名涉及匈奴,则引起更大的麻烦,最终引发战争。

据史书记载,王莽改制,将原来的“匈奴单于玺”改为“新匈奴单于章”。这一称谓的变化引起匈奴单于的疑义,他们虽接受新单于印章,但却要求归还旧印,而旧印已被王莽收缴,被使节砸毁。王莽拿不出旧印,匈奴便趁机骚扰边境,矛盾激增,王莽增兵30万,无端进兵,导致给养无法保证,财力持久消耗。这也是王莽败亡的一大因素。

可见,王莽在管理制度上的一系列变革,多是形式主义的条条框框,这些有名无实质内容的改革造成了社会的动荡,也加速了王莽覆亡的进程。

第三,且来看王莽货币制度的改革。

对于任何一位统治者来说,垄断货币发行权,无休止地发行货币,通过发行货币增加自己的财富,这些都是统治者趋之若鹜的事。增发货币,不独王莽,汉武帝有前车之鉴。

在汉文帝时,实行四铢钱,称为半两,号称法钱。到了汉武帝统治,由于恶钱泛滥,出现过三铢钱、四铢钱,元狩五年(公元前1~公元前8年),开始发行五铢钱,重量和文字都是五铢。民间使用的有轻钱与重钱二种,造成混乱,故贾谊说:“法钱不立,吏急而壹之虖,则大为烦苛,而力不能胜;纵而弗呵虖,则市肆异用,钱文大乱。”[6]为了改变钱币使用的混乱,加之武帝北伐匈奴,在财政上捉襟见肘,便发行钱币,导致钱多而轻,物少而贵。换句话说,就是货币的发行量超过民众所创造的价值,超出了商品流通的需要,物少而币多,必然物价飞涨,通货膨胀。于是,汉武帝遂采取措施改革币制。

首先,汉武帝采取的措施是用白银来发行大额货币,即“造银锡白金”,强迫民间使用,并且执行严厉的刑罚打击私铸者,“盗铸诸金钱罪皆死,而吏民之犯者不可胜数”。[7]这一币制的变革结果使吏民因此犯罪而被处死刑。由于犯罪触法者甚多,法不责众,武帝这一改革之路不通,反而因商贾利用货币的变动而将货物囤积居奇,最终还是恢复了原来使用的五铢钱。

此外,武帝采取另外的措施,他搞赤仄钱。这就是用金坐圆钱的外部,做工要求精致,与五铢钱的比例是1:5。在汉武帝看来,把赤仄钱做得精致一些,使民间无法盗铸,地方上便不能自行铸钱了。当然铸币权

---

〔6〕《汉书·食货志下》。

〔7〕《汉书·食货志下》。

力的集中,也使武帝搜刮财富的方式发生变化,因穷兵黩武,“文景之治”的积蓄已被武帝大量消耗,故武帝将搜刮民财改为增加财产税——即收缗钱。可见,汉武帝的币制改革是失败的。

王莽为何不吸取汉武帝的历史教训,而要推行币制改革呢?

中国古代的重量单位,是二十四铢为一两,十六两为一斤,三十斤为一钧,四钧为一石。使用的货币是铜钱。秦始皇灭六国后,用秦国的半两钱为统一后的全国货币。半两法定的重量是十二铢,比较厚重,钱的形制是内方外圆,所以称为孔方钱。

王莽在币制上的改革,说来也直白。王莽是一位追捧《周礼》的痴迷的儒家原教旨主义者,在周景王时的周钱,是大泉。泉与钱相通,原来是一品,大泉,即大值之钱,故彼时钱有二品,子母相权。王莽食古不化,据此铸大钱——即周时大泉,以一当小钱五十。《汉书·食货志》云:“王莽居摄,变汉制,以周钱有子母相权,于是更造大钱,径十二分,重十二铢,文曰‘大钱五十’。”

此外,王莽“又造契刀、错刀。契刀,其环如大钱,身形如刀,长二寸,文曰‘契刀五百;’错刀,以黄金错其文,曰‘一刀直五千’。与五铢钱凡四品,并行”。[8]

可见,王莽改变币制,大钱、契刀、错刀与五铢钱并用,分别为1:50、1:500、1:500四种,四种大面额的货币并用,的确很不方便。王莽的货币改革是变汉制,而趋周制。史书说王莽即真——指正式即皇位,更作金、银、龟贝、钱、布之品,名曰“宝货”。可见王莽新朝发行的货币品种之多,涉及金、银、龟、贝、钱、布之类。所谓金,即黄金一斤为十六两,值一万铜钱;所谓银,以朱提之地最好的白银为例,一个银锭值一千五百八十铜钱。其他地区的白银,一个银锭其值一千铜钱。所谓龟,是指古代占卜用的,即现在看见甲骨文便可知。这是指龟甲边缘的“冉”,给献龟者的赏赐,并非将龟作为流通货币,而是珍藏或备作占卜之用,但亦

[8]《汉书·食货志》。

有价值。所谓贝，海贝，即在夏、商、周三代，曾作为交换使用的货币。最初是一种装饰品，因贝耐用，作为单位计量也方便，本身也有价值，故古代作为货币流通。所谓布，也是货币的名称，是铜铸的货币，它的形状像一把铲子，是模仿先秦农具的外形铸造的，其时称为“镈”，与“布”同音，久而久之，便习惯念为“布币”。

王莽追求古制，他的货币改革把历史上曾经流通或使用过的货币都复制出来，作为新朝发行的货币。由于王莽满脑子的礼纪与大同思想，他所依据的古典设计十分复杂，这种复古变革的币制发行品种杂乱，让人们无所适从。加之，汉武帝初铸五铢钱，到汉平帝年间，铸成的钱币在民间流通的数量多不胜数，不可能通过一纸改革公文废置不用。老百姓根本不可能放弃自己使用旧币的习惯。故王莽的币制改革颁布后也没有改变原有的一切。

其实，货币的发行必须简单明了，像王莽这样发行种类繁多的货币，不可能被市场接受。虽然，王莽曾强令惩治违反币制改革的人，但新币的发行与流通仍被市场与民间否定，结果是“农商失业，食货俱废”。

王莽的复古愿望，可以说是走火入魔。他的每一项改革，都必引经据典，他在变法中提出五均，所谓五均，是指通过市场管理来平抑物价的波动，出自于《乐语》。所谓管理，是谓各种对经典的解释并涉及市场的行政管理问题，这里还有开设赊货业务的意思，出自于《周礼·泉府》：“泉府掌以市之征布，敛市之不售，货之滞于民用者，以其价买之物楬而书之，以待不时而买者，买者各从其抵。”据此，王莽下诏书说，周礼有赊货（指泉府有赊货的职能），百姓在祭祀与办丧事时，政府可以给他们赊货，期限在 10 天或者 3 个月，月息为 5 厘。

可见，王莽的改革，有托古复古的愿景，也有聚拢人气、为民理财、整肃庶民贸易活动之谋划。

王莽据此在长安、洛阳、邯郸、临淄、宛（南阳）、成都六大都市设置五均司市场，实际是通过政府物价管理来控制金融信贷业务。为强化这一管理，王莽还下令实行“五均六斡”，即明确“五均”是负责市场管理和赊货的官员及机构；“六斡”是负责盐、铁、酒及征收山泽之税的官员及机构。

王莽的“六筦之令”直接针对豪强显贵、富商大贾，于是，“上有政策，下有对策”，官商勾结，账册不符，弄虚作假，害苦百姓。对此，王莽采取严厉措施，予以打击。但王莽的货币改革品种繁杂，使人无所适从。“五均六筦”的行政管理反而阻碍市场流通，改制的法令条例因托古复制，文字晦涩典例过细过密，不仅让人难以理解甚而也无法践行。因此，王莽的币制改革造成社会动荡，最终促成王莽败亡的一大因素。

写到这里，不免长叹！

历史上的冤案之多，数不胜数，王莽之冤，乃是自作自受。

实际上对于王莽而言，从正史到野史，无数的谩骂与诅咒，已使王莽不是“贼”而是“贼”了，何以息谤？百口莫辩啊！

四

现在看来，王莽虽是复古，但也并非史书所谤，班固说他比历史上任何一位乱臣贼子还坏，蔡东藩说他遗臭万年。其实，王莽的“王田令”就有送田土百亩给穷人的举措，还有将超过一井土地的，应将多余部分分配给邻里乡亲九族的内容，怎么成为班固所说的“欺瞒上天，虐待生民”呢？王莽的“五均六筦”措施中，还有赊货贷款给小民急用的金融信贷政策，这些，又怎么成为蔡东藩指责“王莽不问民生疾苦”的事实呢？

可见，传播大于价值，舆论胜于史实！

一位学者说：“自从有了传记以来，传记开始逐渐偏离了史实。史书的编撰不可能一字一句实话实说，撰写传记的史官们永远是当时统治者的工具。于是，一些重要的历史事件与人物偏离了真正的历史轨迹，出现了真假、善恶、美丑的变形甚至是大逆转，造成传记和史实的错位。这样，人们对历史的误读就此开始。明明是荒谬不堪，却被当作经典权威，流传千古，进而贻误后人。那么，究竟有多少历史真相被隐藏？

那些沉睡千年的真相,应该浮出水面。”[9]

无疑,王莽是一位应该浮出水面的历史人物。

他披头散发在兵临城下的皇宫东躲西藏……最后被乱刃分尸,“军人分裂莽身,支节肌骨脔分,争相杀者数十人”。后将王莽首级“悬宛市,百姓提击之,或切食其舌”。

对此,史书说他干坏事太多,结怨太深,最终落得一个可耻而又可悲的下场。

他干的坏事太多,他没有干过好事吗?

历史真相老百姓知道几何?

在中国历史上可举出被杀之人被老百姓食其肉的实例,比比皆是。最为有名的,除王莽外,还有袁崇焕、秋瑾,这真是极为悲哀的事件。王莽、袁崇焕、秋瑾在世之时,多为百姓与“国家”着想,王莽为百姓办好事不胜枚举,袁崇焕效忠大明王朝无以复加,秋瑾立志驱除鞑虏,然而,他们死后被老百姓争相食其肉,喝其血,其死之惨,惨不忍睹。

民众无意识的惊人偏见,实际上源于官府的诱因,挡在历史真相墙外的冤屈,庶几成为一本非好即坏的少年读物。揭秘历史档案真实,还在于统治者的良心,袁崇焕因大清帝国披露其被反间计暗算的真相后获得平反;秋瑾则因大清江山被民国取代,且因反清同志们的“革命成功”也获得平反。至于食其肉的小民百姓,也忘了当年争先恐后食其肉的场景,而跟着官府舆论人云亦云地大唱平反的赞歌。

反观王莽,谁来为他平反?趁乱起义的刘秀夺得江山后,为了寻找合法性合理性的依据,以刘氏血统的一脉相承便是最大的理由;而王莽篡夺刘氏江山,刘秀政权岂能容他?那班固在刘氏东汉政权混一口饭吃,自然要讨好刘氏而贬毁王莽。加之王莽人头落地,这自然是因果倒置的有力证据。这就是说,王莽如果不是乱臣贼子,不是违反天意篡夺刘氏江山,结怨太深,怎会落得乱刃分身的地步?但是,王莽干的好事

[9] 罗文兴主编:《被误解的中国历史》,海鸽文化出版社 2007 年版,第 7 页。

超过秦汉若干贤臣，怎么解释呢？完全隐瞒，因历史近在眼前，故班固大家手笔，用“欺骗”二字点明王莽所作所为，全是虚情假意。于是，“欺骗”二字呼之欲出，足以抵销王莽所干的一切好事善事！

不是吗？

你王莽勤俭节点，家中不留多余财产，清正廉明，那是你为了篡夺人家刘氏江山而欺骗众人。

你王莽艰苦朴素，让你老婆系着布围裙穿着简陋，也是为了让众人交口称赞而采取的欺骗之术。

你王莽的次子王获杀死了奴仆，你责备并命其自杀，这也是欺骗啊，为了唤起民心！

你王莽颁布“王田令”，夺取有产者多余的田土分给邻里九族，分配王田给无田之夫妇百亩产业，也是为了欺骗民众，让人们对你王莽感激涕零！

你王莽实行“五均六筦”，抑制兼并，为小民们贷款也是一种欺骗，这会造成阻碍流通、通货膨胀的呀！

你王莽“挑灯夜战”，夙夜办公，勤政爱民，这是表面坦然，内心险恶，同样是一种欺骗！

由此可知，“群众的眼睛是雪亮”的这句话并不靠谱。

谁掌握了话语权，谁就是王者！

因此，在中国历史上，除了秉执“刀把子里出政权”的丛林真理外，历代统治者都对控制笔杆子、掌握话语权看得比命还重！

更有甚者，除了掌握刀把子施行封口令外，还须运用所掌握的话语权进行真正的欺骗，因而权谋天下的纵横捭阖，必然形成谎言帝国；既然谎言的传播完全可以遮蔽历史的真相，那么，就让谎言持续发生，谎言三遍就成为真理。说你王莽是乱臣贼子，祸及民生，结怨太深，老百姓自然一哄而上，形成围啄，食你的肉，喝你的血，口水唾沫也要淹死你。

当然，如果统治者要为王莽翻案也是具有这本事的，只不过你王莽追求的大同思想对于统治者有何益处？没有益处他们为何要为你翻案？

同样是儒家思想，在王莽身上十分纠结，王莽追求儒家的大同世界，使“老有所终，壮有所有，幼有所长”，这对于统治者来说，无疑是一巨大的负担，特别是“矜寡孤独废疾者，皆有所养”。哪一位现实的统治者愿意如此仁慈？反之，儒家君君臣臣父父子子等三纲五常的礼制，都是统治者所热衷而乐意接受的，因为这对于统治的维护有直接的好处啊！

可见，王莽追求的儒家大同思想，并不符合统治者的现实需要，故历朝历代的统治者抛弃王莽是完全可以理解的。而王莽夺取刘氏江山的行为，则又违背了统治者需要的儒家三纲五常的君臣礼制，故历朝历代的统治者，为维护自己一家一姓即所谓一国的统治，对王莽恨之入骨。因此，没有哪一位统治者会为王莽翻案。

话说到这里，可以得出结论，王莽追求儒家大同乃至采取惠民的措施不能成为真实的存在，更不能痴迷。用现在的话讲，这种事，这种思想，是只说不做；而对君君臣臣父父子子的儒家三纲五常之制，则是必须要真心维护的，用现代的话讲，必须天天讲，日日讲，又做又说，知行合一啊！

可见，儒家理论，并非铁板一块，各取所需，是可以分割使用的。在专制集权社会，运用维护君臣之道的儒家理论，对统治者有益，对被统治者无益；在民主社会，如能倡导儒家大同思想，则能作为法治之辅助，“讲信修睦”，“皆有所养”，更增添脉脉的人文温情！

食古不化的书呆子王莽倒下了，他的死证明了他的荒唐。他想申诉，恐怕没有任何一位统治者会受理，就连倡行公有制的政权也不会接受。因为“大道之行，天下为公”，天下怎么可能为公呢？恢复井田制，然而，这种土地制度，也不可能为公？即便是历史上将之称为公有，事实与理论也并非如此。所谓井田制，百步为亩，百亩为顷，井田制便是将九顷土地按照“井”字形平均划分为九块，中间一块为公田，周边八块为私田。私田由各家分种，公田由八家共种。商鞅废井田，改为地租制，并不是改公田为私田，而是剥夺贵族的私田，分给农人，实行土地买卖，并增加赋税。而王莽的王田令，也并不是全部公有，而是针对超出一“井”有多余土地的官商地主，对其采取强制措施，将多出一“井”的部分土地分给邻里九族；至于无田土的夫妇，则给予百亩土地。可见，王莽的王田令比之商鞅的废井田、开阡陌的地租制还要人性一些。但王莽与商鞅相比，商鞅以开阡陌为名，实际是增加赋税强化大秦帝国的财力，着眼点在君上；而王莽改变土地制度，名为王田，实则内含不少惠民政策，幻想大同，因而得罪拥有土地的皇亲显贵、官商豪强，也就是说得罪了统治集团与利益集团，故失败在所难免。至于商鞅，他个人的命运遭致灭亡，但他为统治者谋利，没有哪一位专制统治者不承续商鞅之法。可是王莽，对小民百姓施以恩惠，得不偿失，也没有哪一位统治者愿意接受王莽的变法。因此，王莽及王莽的变法“死”定了，为他辩护多半是吃力不讨好的活路。

有人说：贤臣理财，君王好战！

王莽既不会理财，也不好战。

他追求大道之行，天下为公！

天下真能为公吗？君不见，真正的公有制便是彻底的私有制，而彻底的私有制，才是民众的公有制！

王莽一心追求大同，却闹得众叛亲离；他呕心沥血，却落得这般下场……

他的案如何翻，怎能翻？

第四篇　杨坚变法

隋朝开国大帝杨坚的变法改制，特别是科举制度的草创，开启了一条直达帝制末年的时空隧道。杨坚的轻刑思想与商鞅、汉武的重刑主义南辕北辙。于变法的历史功绩而言，他已超越秦皇汉武。杨坚改革的光芒，因其子杨广亡隋而黯然失色，他的变法功绩反而汇聚成大唐王朝的辉煌业绩。如果没有他制定当时最为开明的《开皇律》，照本宣科的《唐律》哪会成为人们津津乐道的善法良律？如果没有他的开科取士，历史长河怎会涌现那样多的探花、榜眼、状元及进士？

一

公元580年,刚刚入夏,北周的天元皇帝病倒了。

京城长安棋盘式的大街小巷依然如往常一样,街上的平民、商人、官员犹如棋局里的棋子,命运随君王摆布。

隋国公公馆的庭院,柳条随风摇曳摆动,送来一阵又一阵绿色的清香,隋国公杨坚在书房呆坐,窗外的景致似乎已呈现出一派新的气象。但杨坚透过柳条枝叶的缝隙,却看到了北周江山过早衰颓的景象。

杨坚此时忧郁、愁闷、紧张,他瞅着窗外的柳枝怔怔地看着,案几上的茶已经凉了。

不久前发生的一幕,好险啊!

这当朝的天元皇帝宇文赟是北周武帝宇文邕的儿子,杨坚的父亲杨忠曾是北魏时鲜卑大臣独孤信麾下的一员大将,北魏分裂为西魏与东魏后,杨忠与独孤信投奔时在长安的鲜卑大贵族、关西大都督宇文泰,成为西魏的名臣猛将。杨忠勇猛善战,屡建奇功,西魏由北周取而代之后,杨忠成为北周的开国元勋,官至柱国大将军、大司马,爵封隋国公。杨忠去世,28岁的随州刺史杨坚子承父爵,继承了隋国公的爵号。

北周武帝宇文邕在世时,对杨坚颇为欣赏与重用,并亲自选定杨坚的长女杨丽华为太子宇文赟的妃子。杨坚长女成为太子妃后,杨坚与北周武帝结成儿女亲家,他成为名重一时的皇亲国戚。

杨坚辅佐武帝,兢兢业业,武帝巡幸外出,朝中一切均交由杨坚打理。谁想世事难料,武帝北伐突厥,中途驾崩,北周朝换上杨坚的女婿宇文赟登基,是为宣帝。

这周宣帝身为太子时,就对皇帝的宝座朝思暮想。他见父皇在宫中荣登宝座,众人顶礼膜拜。万乘之尊,八方威仪,好不威风!宫阙巍峨,山珍海味只为适皇上一人之口趣!这还不够味,关键的是宫娥嫔妃,美女如云,六宫粉黛都为皇上一人之性趣!

然而,这只是父亲做皇帝龙颜大开、威权实足并享尽欢乐的一面;

而每天上朝，入殿升座，文臣武将纷纷奏报：今天，河流决堤，需要朝廷增发银两修补；昨日盗贼出没，需要派兵进剿；抑或天灾民饥，需要开仓赈济……哦！原来朝廷处理这些闲杂琐事，是这样烦心！白天处理不够，尚需晚上阅读奏章，批阅复办。哪里有时间去听丝竹管弦的靡靡之音，哪里又有时间去享受宫娥美女星眸流转的颦颦秋水。

于是，这只要求荒淫享乐的周宣帝宇文赟，竟作出一个荒唐的决定，他将宣帝之位传于其子——年幼的静帝，即周静帝，自己成了天元皇帝（相当于具有实权的年轻的太上皇）。

这天元皇帝已经立了四位皇后，即天元大皇后杨丽华、天大皇后朱氏、天右大皇后元氏、天左大皇后陈氏。这一天，他又为一美人新设一个天左大皇后，将原来的天左大皇后陈氏改为天中大皇后。于是，天元皇帝召集几位内臣商议。

就在几位内臣巧言令色地为天元皇帝新设皇后寻找历史理由与依据时，突然，天元大皇后杨丽华闯了进来，在天元皇帝面前双膝一跪："陛下！"天元皇帝一愣，问："有何急事？"

"陛下，您又要册立新后？"

天元皇帝回过神来，心想，原来是这一回事！我还当是后宫发生了什么大事，吓我一跳！看来女人嘛，都有忌妒吃醋的天性。想着，天元皇帝随口就说："你急什么呀！几位大臣都已赞同了。"

这天元大皇后，可能出生于将门，秉性执著、倔强，她抬起头来，语气坚定地说："臣妾以为不可，这有违朝纲，恐朝野耻笑。"

"谁敢！"天元皇帝一挥手，说："谁不要命了，皇帝立后，天经地义！"

然而，皇后杨丽华仍坚定如初："请陛下以社稷为要，还是不立新后为好。"

"大胆，看你今日反了不成。"天元皇帝气急败坏，一怒之下，命人杖打皇后。

哪知气息奄奄的皇后撑在地上，语气依然坚定："陛下，断不可为啊！"

天元皇帝恼羞成怒，大吼着说："拖出去，赐她自尽。"天元皇帝还不罢休，恶狠狠地说："杀她全家。"

此事被杨坚在天元皇帝身边的内史好友所知，宫中适才发生的一切自然密报杨坚及夫人独孤氏。

杨坚的夫人独孤氏是何许人也？她是杨坚父亲杨忠的上司独孤信的女儿。独孤氏乃将门虎女，她大家闺秀，知书达理，处事落落大方，处变不惊。此刻她劝住杨坚，叫杨坚不要声张，如杨坚去求情，身为朝廷要臣，反易引起皇上猜疑，会有胁迫皇上之感，弄不好株连全家。还是由她前去求情，妇道人家，赔赔小心，说说好话，比较合适。

独孤氏向女婿皇帝求情虽救得女儿一命，但天元皇帝对杨坚却产生疑义，心生杀机。

一想到这些，杨坚好不愁烦，茶凉透了也懒得喝上一口，他就这样怔怔地在书房发愣。

望着窗外摇晃着的柳条，他的思绪也乱纷纷地在摇曳。

一阵凉风袭来，杨坚禁不住打个寒战。

他的内心深处，掠过一阵悲凉，他从心底发出一声悲叹：想自己忠心耿耿，到如今，却落得皇上如此猜忌，性命难保。这皇上不问朝纲，荒淫过度，已虚亏了身子，看来北周江山已是摇摇欲坠了。

突然，院墙外响起马蹄的急促之声，听得门外一阵脚步的慌乱，杨坚赶紧起来走出书屋。

"哦！原来是内史……"

二位内臣告知杨坚，天元皇帝重病已不能说话，请杨坚以皇上岳丈并隋国公的身份出面辅政。

这突如其来的要求，是天大的好事，但杨坚想也没想，便回绝了。杨坚认为，此时监国辅政，作为外戚，有挟私谋位之嫌。

杨坚的回绝，使屋内空气显得十分凝重。

呆了一会，其中一位内臣开口："隋国公是外戚不假，但先皇倚重于您，朝中诸事均交您办。您若不辅政，别人不熟悉朝政，怎么能辅政？

闹出事来,天下大乱,殃及百姓啊！何况,您的相貌风骨非同一般啊!”

话到这里,此刻的杨坚,脸上掠过一丝不易察觉的惊喜,转瞬,一阵恐惧……

《隋书·高祖纪》称杨坚:“外质木而内明敏,有大略。”杨坚“为人龙颜”,16岁升骠骑将军,周太祖宇文泰第一次见到杨坚,惊异其相貌非凡说:“此儿风骨,不似代间人!”周明帝宇文毓即皇位,因杨坚相貌异于常人,遂派善于相面的大师暗中为杨坚看相,如有“龙颜”,即捕杀之。谁知面相的大师欺哄周明帝,认为杨坚虽有奇相,但官职最高只能达到柱国。私下,面相大师对杨坚说:“公当为天下君,小心,善记鄙言。”

杨坚一想到这里,心中忽然涌动一股不可遏制的心潮……

南北朝时期,篡夺皇位之频繁,已是司空见惯。而周闵帝宇文觉篡夺皇位也是杨坚亲眼所见啊！这北周江山,没有我父亲杨忠九死一生,勇猛征战,舍命救主,哪能开国？哪有你北周江山？

杨坚此刻不再犹豫,他当机立断,与二位内臣密谋之后,入宫监国。

杨坚入宫侍疾的第二天夜里,天元皇帝宇文赟病逝。

北周的军政大权此刻已掌握在杨坚手中。

二

昏主陨落,物换星移,江山易主。

合久必分,分久必合。中国的历史从董卓之乱分裂近四百余年,开始进入杨坚一统江山的大一统时代了。

公元581年,杨坚在导演了一出“周德将尽”、“禅位于隋”的唐虞、汉魏故事后,接受了北周社稷。他废了外孙周静帝,自己称帝,国号隋。之所以称隋,乃是父亲杨忠受爵隋国公,杨坚子承父爵,也完全承袭隋国公封号。但原来的“随”字有一“走”脚,此种“走”有些匆忙看上去不雅,故改随为“隋”,作为国号,为己专利。大隋的建立,改元开皇,标志着一个新的汉族王朝在北方脱颖而出,杨坚作为大隋的开国皇帝就此登上历史舞台。

“白发渔樵江渚上”，当长江沿岸的渔人樵夫看到大隋的军队势如破竹，横渡长江，占领南陈的都城——南京时，中国再一次归于一统。

当南朝的舞榭歌台，风流已被雨打风吹去时，杨坚已穿越了寻常巷陌、斜阳草树，他站在历史的山头，大有天下英雄谁敌手的气概！

外表的光鲜掩饰不住杨坚内心涌动的思潮……

宫外，月明星稀，寝殿内烛光摇曳。

此时的杨坚，烛光映照着他的脸，两道深邃而沉稳的目光如电，使那一副至高无上的样貌更加威严。

他身着便袍，坐在那张宽大的紫檀龙椅上，外表沉静，内心却抑止不住一种登临帝位的兴奋，为了稳固大隋的基业，他，该赏的赏了，该封的封了，该杀的杀了，该赦免的赦免了。然而，多年战乱，他杨坚脱颖而出，好不容易获得的杨家天下，百废待兴呀！从哪里入手，如何整顿这大好的河山呢？

杨坚感到殿内有些沉闷，他起身推开一扇窗牖，一阵清新的风扑面而来，渗入肺腑，他深深地吸了一口气。

他深知，一统江山，必须立马横刀，平突厥、定江南、征高丽，军事上的南征北伐是建国后的当务之急。想当年，他曾率领一支三万人的精锐之师随北周武帝宇文邕南征北齐，北周武帝平定北齐后，使北方重归统一。而今，杨坚接受北周的基业，大隋军队南抵长江，不能有丝毫的犹豫，让占据南京城的陈朝获得任何时间上与空间上的喘息，他指派大隋军队——乘胜渡江，攻下南京。此刻，偌大的中国，除辽东高丽、漠北突厥外，已尽入他杨家的掌控之中。居安思危，必须立即着手变法改革，整肃朝纲。这，容不得有丝毫的懈怠啊！

在占领南京之前，杨坚就已着手改革。他变法改制的第一件事，便是废除宇文泰改制时所采用的《周礼》六官体制和礼仪制度。

看来，历史上的改制多涉及《周礼》。

在此之前，西汉末年的王莽改制言必称三代，事必据《周礼》。王莽遵照《周礼》而设置官制，依《周礼》而设“五均”，“六筦”、“赊货”，实施货币改革。但王莽食古不化，一根筋地追逐《周礼》，幻想儒家大同世界。王莽的书生意气，使其变法不合时宜，并因多头改革造成下级难以执行，民众不能适应。加之王莽在军事上的无能，最终导致王莽的灭亡。

这杨坚，与王莽相比，他能武能文，既能提枪上马，率军南征北伐；又能审阅奏报，书写文章。他要树立杨家天下的权威，避免人们对他篡周夺权的议论，必须“除旧布新，移风易俗”。按照他的想法，最好把北周朝的一切都革除掉，让人们忘记前朝，这是巩固新朝威权的最佳方式。杨坚的“除旧布新”，显然比王莽追捧大同世界的理想来得直接，也要高明得多。

你想，破除北周前朝的一切旧制，对新生的政权来说，是多么容易的事！如果只是一味去追求一个虚无缥缈的大同世界，那需要多长的时间？况且《礼纪·礼运》所述的“大道之行，天下为公”的大同，本身就是一个可望不可及的乌托邦啊！追求时间过长而不能兑现，必然让人们大失所望。

可见，王莽与杨坚，都想利用变法改制使人们忘掉前朝，但王莽托古改制，追求的理想十分遥远而不能实现；相反，民众因不能实现更不能忘掉前朝。杨坚则不同，破除前朝旧制，出在手上，很快就能除旧布新，消除前朝影响。

在杨坚看来，周太祖宇文泰采用《周礼》六官体制和礼仪制度，刻意复古，必须更改；特别是西魏北周时的胡汉杂糅，必须“移风易俗”。这样的改制，充分表明自己是秦汉以来最为正统的汉族王朝的真正继承者；这样的变法改制，可以完全切割与北周鲜卑人的关系，使治下的大多数汉族民众认祖归宗，而忘记了杨坚篡夺北周江山的事实。杨坚认为，改制变革恢复汉族文物衣冠典章制度，是合乎民心，顺乎历史潮流的！

三

杨坚是一个强人,他也是官二代,他在官场的险恶处境中左冲右突,成就了他的一次次成功。他现在一统天下所向披靡,他掌握了天下的秩序,他要重建山河规范。为了开创他的千秋万代,他不得不用尽心计,使尽一切手段,让他的大隋染上金色的光芒,辉耀他和他的子孙后代。

于是,他深深地吸了一口气,他仿佛感到自己已登上山巅,极目远望,他一挥手,决意让新朝仪制焕然一新,这些典章礼制铺陈的不就是一幅大隋的千里江山图吗！在他的眼前徐徐展开,这便是历史上所称的“(隋)改周之官,其所制名”。杨坚将汉魏以来演变的三公九卿三省六部制信手拈来,加以改造,替换了周太祖宇文泰采用的《周礼》六官体制。这是杨坚实施变法改制的第一步。仅此一点,杨坚似乎已伫立在历史山头,他变得气宇轩昂了！

的确,这是杨坚即位之初施行的文官制度改革,他没有完全照搬历史上的体制,而是构建了以后很多朝代都仿循他的文官架构。他设置的六部尚书,即民部尚书、都官尚书、度支尚书、工部尚书、内史监兼吏部尚书、兵部尚书;三省,即内史、尚书、门下,首长分别为内史监、尚书令、纳言。三省首脑都是宰相,分工合作,相互制约,辅政决策,督导行政。至此,在短短的时间内,杨坚通过设置三省首长制和六部尚书制组成了强有力的行政组织。他将三公虚设,留作安置元老所用。

杨坚在行政体制上的改革,在他看来,只是为急政务所急,为树立新朝权威而采取的应急措施。但我们却看出:这应急之策,哪里是“牛刀小试”？杨坚谋有大略,他的断然改革措施,使短期内形成的行政领导机构,能强有力地贯彻执行他的命令,不相互扯皮,且能监督执行,各司其职,具有立竿见影之功效。同时,恢复汉制,他能切割北周鲜卑人的政权阴影。此外,杨坚在官制上的改制,从长远看,与他开设的科举制相辅相成。他使中央政权的官僚架构基本成形,这也是大唐仿照他所设立的官制的重大因素。

我们从唐王朝建立后可看出，所谓“唐承隋制”，便是指唐朝的官僚制度基本上沿袭隋朝。唐王朝在中央实行了尚书、中书、门下三省制。其中，尚书省主管行政，其长官为尚书令，总领百官；尚书省下设吏、户、礼、兵、刑、工六部。与隋朝相比，在名称上略有变化，如隋称民部尚书、都官尚书、度支尚书，而大唐则改变这称谓，但机构管辖的内容几乎不变。至于唐设中书省的事，盖因隋文帝为避其父杨忠之名讳，将中书省改为内史省，长官为内史监。唐继承这一官制，恢复原名中书省，长官为中书令，掌管军国政令，佐天子而执大政。三省之中门下省名称不变，直接沿用隋朝官名。从实际情况看，唐朝的官制架构基本上是沿袭隋制。特别是在中央和地方机构方面，遵循隋朝的制度，加强了中央集权，强化了国家机器的职能，提高了行政效率，对巩固大一统政权亦十分有利。

从大唐继承隋制的史实，可以反推隋文帝杨坚在官制上的改革是卓有成效的，杨坚的“三省六部”官制的实行，使三省之间互相制衡，协同配合，相互牵制，分工执行。这也可看出，杨坚的变法改制是成功的。“三省六部”制官僚架构的形成，基本上对隋以后历朝各代的官僚制度都起到范式作用，有一锤定音的历史功效！

在中国历史上，不少皇帝都曾遭遇大火，但对待灾情，各位皇帝态度迥异。有的皇帝仍然荒淫享乐，哪管百姓生死，如秦二世；有的皇帝却穷兵黩武，依然征讨杀伐，如汉武帝；有的则束手无策，乱了方寸，如王莽；有的气急败坏、杀人解气，如朱元璋；有的祈求天降大雨，开仓赈济，如宋仁宗。

隋文帝杨坚，在开皇四年，时遇关西大旱。这一年，关西地区出现少有的旱情，太阳每天火辣辣地挂在天空，把热滚滚的光焰投向大地，田土龟裂，河流干涸，庄稼夭折，粮食颗粒无收。这才是杨坚登基的第四个年头啊！

此时，待在皇宫里的杨坚，坐卧不宁，焦灼不安，他感到焦虑，他担心发生天灾的后果。此刻，他想起北魏末年的六镇起义，其直接诱因，就是六镇的军户及镇民饥饿无食，在得不到朝廷救济，又无其他办法的情况下，走投无路的饥民爆发大起义，杨坚的岳父独孤信便是趁这流民暴动而举起义旗的，这情势杨坚听说过多次，他太熟悉了。

相面大师不是说自己贵不可言吗？怎么才即位不久，就遇上大旱，灾情竟然如此严重？杨坚不断派员了解灾情，他从出外巡视调查的官员带回来的豆渣麦屑中，知道灾情比他想象的要严重得多。

他感到委屈，这天下是他的，老天为何不给他一个风调雨顺的好年份呢？委屈至极，他焦灼，他心神不定，他来到后宫，他不愿让大臣们看到他的忧愁、焦虑，他心慌，他放声大哭……

哭声惊动了独孤皇后，这位名门之女，不仅有胆识，长得也美貌雅致。她缓缓地走到杨坚身边，双手轻轻地搭在杨坚的肩上，轻轻地按摩，温柔地说："陛下，臣妾以为，皇帝就是一个坐在皇位上的平常人，你所要的，就是千千万万平常人所希望的。你放心，你的哭声会感动上天，天会降雨；你的仁慈，会感动佛祖，一切都会过去。"

杨坚与独孤皇后情深意笃，夫妻二人患难与共，朝夕相处，他在为难之际，每每获得独孤皇后的慰藉。独孤皇后的一片温存，使杨坚从委屈与焦虑中回思过来，他回头望去，正与独孤皇后秋水般的双眸相视，杨坚怦然心动，牵情追思，想起往事。

杨坚的父亲杨忠，曾在山东游历泰山时，与一济南女子吕氏相遇，吕氏虽然家境贫寒，但却通情知礼，端庄美丽。杨忠娶她为妻，可在战争年代，杨忠南征北战，不能携家眷同行，便将吕氏安顿在寺庙里。不久，吕氏在般若尼姑寺生下杨坚，为杨坚接生的是一位叫智仙的尼姑，她出家多年，有殊胜的修为。智仙尼师端详杨坚后，感到此子降生时紫气充庭，有吉祥之兆。便对吕氏说："此子将来大富大贵，但不宜在俗间抚养。"吕氏听后便将杨坚留在般若寺由智仙抚养，智仙尼师实际是杨坚的养母。杨坚13岁后，被父母接回。

有这一段历史，使杨坚从小就与青灯古佛为伴，受到感染。他虔诚礼佛，行善修行，崇佛信佛。也正是因为杨坚信佛，才在执掌政坛权柄后，恢复佛教，废除北周武帝宇文邕毁佛灭法的政策。想当初，北周武帝因感到佛法盛行，庙产丰盈，男丁入寺为僧，影响国家财力与军力，便颁布毁佛灭法的政令。一时，佛教寺院多数被毁，如少林寺，就遭遇空前法难，禅宗二祖慧可等僧人便逃离少林，隐入安徽潜山，传法于三祖僧璨。而此时，杨坚破除周武帝毁法的政令后，他倡行佛教，使佛法重新在大江南北播扬。据此，三祖僧璨在天柱山举起禅宗大旗，一时，禅法宗风，十分隆盛。此例说明在杨坚的倡导下，佛法得以弘扬，大隋佛教获得空前发展。

想到这里，杨坚感到心绪逐渐平静，他默默祈祷，开皇四年的大旱，上天会予以消除，他一边默念佛祖保佑；一边拉着独孤皇后的手，爱抚着。

杨坚深信，大灾不久即将消弥。

他要做的就是节俭、朴素，这是杨坚一贯的秉性。

在中国古代，农业上的大灾大难，多源于天灾旱情。也有水灾、虫灾，这些灾情处置不当，有时会危及政权社稷。任何一位头脑清醒的皇帝，都不会对灾情无动于衷。杨坚称帝之后实行官制改革，他简化了行政机构的层级，在地方上实行州、县两级政权组织，增强了他的执行力。灾荒使他迫切感到农业的重要，他开始注重水利建设，修堤筑坝，防御水患。疏通水道，开凿运河，解决漕粟运输。杨坚认为："以京师仓粟尚虚，议为水旱之备。"故此，杨坚修广通渠，他颁布诏书曰："京邑所居，五方辐辏，重关四塞，水陆艰难。水河之流，波澜东注，百川海渎，万里交通。虽三门之下，或有危虑。但发自小平，陆运至陕，还从河水，入于渭川，兼及上流，控引汾晋，舟车来去，为益殊广。而渭川水力，大小无常，流浅沙深，即成阻阂，计其途路，数百而已，动移气序，不能往复。泛舟之役，人亦劳止。朕君临区宇，兴利除害，公私之弊，情实愍之。故东发潼关，西引渭水，因借人力，开通漕渠，量事计功，易可成就。"[1]

〔1〕《隋书·食货志》。

诏令颁布后,杨坚命大臣宇文恺率水工凿引渭水,他亲自视察督导,开通渠水三百余里,名曰广通渠。杨坚开凿通渠,农业获利,水路的开通,交通便利。唐人对此亦有赞誉:“公家运漕,私人商旅……隋氏作之虽劳,后代实受其利。”

杨坚作为一位虔诚信佛的君主,加之在战乱中生成,他深知民间疾苦,更知无农不稳的道理。此时,他颁布了“均田令”,采用了“租庸调制”,减免赋税,通过“输积法”打击豪强势力。

一般来说,提及“均田制”,史书多涉及唐王朝,故大多数人并不知隋文帝杨坚在这方面的所作所为。关于均田授受之制,由北齐至隋,损益沿革之处,关系较重要,《隋书·食货志》:“京城四面诸坊之外,三十里内为公田,受公田者;三县代迁户职事官,一品以下,逮于羽林武贲各有差;其外畿郡华人官,第一品以下羽林武贲以上各有差;职事及百姓请垦田者,名为永业田。”又据《隋书·食货志》曰:“其方百里外及州;人一夫受露田八十亩,妇四十亩,奴婢依良人,限数与在京百官同。”

可见,隋文帝杨坚对农业的重视,在土地改革方面,他的变法改制开大唐帝国“均田制”之先河。唐承隋制是多方面的,在战乱中兴兵起义一举夺取大隋江山的李唐王朝在农业与土地方面,对隋的继承是毫不含糊的。唐太宗就曾说:“凡事皆须务本。国以人为本,人以衣食为本,凡营衣食,以不失时为本。夫不失时者,唯在人君简静乃可致耳。若兵戈屡动,土木不息,而欲不夺农时,其可得乎?”唐太宗李世民的这番话发自肺腑,他强调要省徭薄赋,不夺农时,期望五谷丰登,农民安居乐业。他认为,“以衣食为本”这是民之本,也是国之本。据此,唐太宗即位后,便积极促进均田制的施行。实际上,均田制萌芽于北魏,是在隋文帝杨坚执政时,通过改制并逐渐成熟而实行的一种土地制度,因隋末战乱后无法推行。大唐初定,唐太宗即着手恢复,足见隋文帝杨坚的改革是得到后世认可的。只不过,推翻了大隋的李唐王朝为了巩固自己的新生政权,不愿记述前朝功绩。有唐一代的史书,都有意无意地抹杀隋朝,故留在人们记忆之中的“均田制”便成为李唐王朝的专利名词了。

这是中国历史的习惯,一个朝代推翻了另一个朝代,不仅摧毁前朝政权的硬件设施,甚而对前朝施行的政策也予以否定。至于前朝典章或法度中有利于新生政权内容的,则标榜为己所创。

这也是中国历史的悲催,把一座好端端的江山,看成是君王雄主的私家财产。因而古人说江山是打下来！既然已通过“刀把子”夺取了政权,江山易主,“刀把子”就必然要摧毁丢失江山的前朝的一切。然而,并非只有东半球有历史,历史的另一条路径,则彰显江山是谈出来的。林肯说:正义是商量出来的。知名女作家胡紫薇在评述林肯时说:政权是通过妥协获得的。而著名学者资中筠则认为,政权可以通过谈判谈出来！这,就是地球有东西,西半球的西方人除了玩“刀把子”、枪杆子外,还热衷于谈判术,在妥协中进退有据。而东方人,则强调刀把子的重要性！可见,刀把子出政权不一定放之四海而普遍适用。在我们狭隘的东方偏见中,江山是打下来的。其实,你打与不打,江山就在那里,它原本是老百姓的。

在杨坚的变法改制中,货币问题首当其冲。杨坚即位后,便诏令重铸五铢钱,即每枚铜钱重五铢。这种五铢钱“背面肉好,皆有周郭,文曰五铢,而重如其文。每钱一千,重四斤二两”。这里的“肉”是指钱币的周边,而“好”则是指钱币的方孔。“肉”与“好”的正反面有凸出的圆郭和方郭以防磨损毁坏,同时上边铸有“五”、“铢”字样,表示这枚钱的实际重量。这种新币经过印铸出炉后,隋文帝杨坚审查认为可用,他于开皇三年(公元583年)颁布诏令:“四面诸各付百钱为样,从关外来,勘样相似,然后得过。样不同者,即坏以为铜入官。”两年之后,杨坚又下令:“自是钱货始一,所在流布,百姓便之。”开皇九年(公元589年)杨坚灭掉陈朝后,铸钱的规模更大,五铢钱已流通于长江南北。至此,杨坚的货币改制得于全面施行并在全国范围内流通。

由此看来,杨坚币制改革的成功之处在于简便易行,他推行货币改革比较慎重,新币的样式不仅便于印铸,也方便百姓实用。币制改革循序渐进,不像王莽的币制改革名目繁多,币种杂乱,不便施行,且引起混乱。

因而,杨坚的币制改革是成功的。

四

杨坚的变法改制远不止这些,他的改革与变法是全方位的。

颇具影响的《开皇律》横空出世……

《开皇律》凝集着杨坚的一片苦心。有人说《开皇律》是集体创作的结晶,其实,在集权社会,每一部大法,都无不展示着皇帝的个人秉性、爱好与欲望。杨坚所颁布的隋律,因在隋开皇年间,其内容又与杨坚的思想密不可分,故人们称之为《开皇律》。

杨坚是何等的人物。

他从小与青灯古佛为伴,智仙尼师的抚养与教诲,使他慧根深厚,悟性极高。他耳濡目染的,正是禅机连连的悲智双运。智仙尼师对他厚爱有加,因而,他自在自为,心无挂碍。其鸿鹄之志本不在般若尼寺,他脱颖而出后,焉能不在执政中释放出绵绵的禅意。

自古以来,刑律的变更,多以君王的指导思想有关。笔者之所以说《开皇律》充盈着杨坚的思想,乃是《开皇律》的轻刑宽简风格,充满着禅佛悲意。我们从《开皇律》的指导思想与内容中看出杨坚的从善如流。

当时,隋文帝杨坚在颁律时指出:“帝王作法,沿革不同,取适于时,故有损益。”按杨坚的意思,制定《开皇律》是要适合当时的情形,对以往的旧律有所革除。

在杨坚看来,北周刑律惩罚严酷,必须更除。尤其是北周宣帝时期,因宣帝荒淫,残暴施政,滥杀无辜。宣帝在北周武帝已制定了十分严苛的刑律基础上,又增加了更多的严刑峻法,其法规定,“逃亡者皆死,而家口籍没”,“鞭杖皆百二十为度,名曰天杖。其后又加至二百四十”。北周宣帝使用严峻刑法的暴政,弄得“上下愁怨”,民心丧失。

有鉴于此,杨坚即位后,便命诸位重臣更定新律,仅仅 10 个月,新律制成，由隋文帝杨坚下令颁布施行。然而，由于制律过程匆忙急率，新律虽比北周旧律宽松一些，却未能脱离北周旧律之窠臼，仍然触及面广，导致犯法者甚多。为此，隋文帝杨坚亲自览阅刑部奏状，他认为，律文刑条仍然苛刻严密，必须重新修订。于是他亲自主持修订，这次修订，删除死罪 81 条、流罪 154 条、徙罪杖刑千余条。整个新律只有 500 条，分 12 卷，即名例、卫禁、职制、户婚、厩库、擅兴、贼盗、斗讼、诈伪、杂律、捕亡、断狱。后人认为这部刑律，“刑纲简要，疏而不失”。虽然隋《开皇律》诸多刑宽律简的条文均出自于隋代名臣斐政之手，但这一切，不能说与隋文帝的宽刑简律的指导思想和亲自主持修订的作为无关。

从《开皇律》来看，有几大特点：

第一，刑律法条简明。

先秦时期，李悝在魏国制定《法经》，这是中国第一部成文刑法典，商鞅变法为律，他将《法经》改为《秦律》。商鞅的变法并非简单继承李悝《法经》，而是进行了一系列系统性的改革。因此，商鞅之法的严苛残酷，反映了以秦国为典型代表的重刑主义刑法思想的盛行。秦始皇横扫六合后，继承了商鞅之法，秦的刑律，亦是严刑峻法的典范。汉代刑律，刘邦入关之初的约法三章，即“杀人者死，伤人及盗抵罪”，短暂改变了秦国“繁于秋荼”的秦律，但萧何制《九章律》，律条法令无限膨胀，汉承秦律，几乎恢复了商鞅以来的严酷刑法。汉文帝时，虽部分废除肉刑，但到了汉武帝穷兵黩武时，又增加了相当多的法条律令。以至于“律令凡三百五十九章，大辟四百九条，千八百八十二事，死罪决事比万三千四百七十二事。文书盈于几阁，典者不能遍睹”。到了北周朝时，增加律条法令多至 1537 条。而隋文帝杨坚修订《开皇律》，全部条文仅 500 条，共 12 卷(目)。其“刑网简要”可见一斑。

第二，删除严酷刑罚。

《开皇律》之刑，为笞、杖、徒、流、死；死刑则只有两种，即绞、斩；而北周朝的死刑为：磬、绞、斩、枭、裂。隋文帝杨坚认为：“绞以致毙，斩则殊刑，除恶之体，于斯已极。枭首轘身，无所取。”故必须革除这些残酷的死刑,《开皇律》废除了前朝五类死刑的三种。

流刑:为一千里、一千五百里、二千里;《开皇律》中的徒刑:为一年、一年半、二年、二年半、三年,只有五种有期徒刑;杖刑:只有六十至一百;笞刑,也只有从十至五十。

对于鞭刑,隋文帝杨坚认为,“鞭之为用,残剥肤体,彻骨侵肌,酷均脔切”,这是酷刑,因此也予以削除。

第三,刑律处罚较轻。

轻刑思想是《开皇律》的一大特点,除废除了非常残酷的部分死刑外,也删减了不少肉刑。对于商鞅变法以来施行的连坐族刑,如夷三族、夷五族、夷九族等连坐株连的酷刑,也有很大的减轻。在《开皇律》中只有最为严重的反对朝廷的“大逆、谋反叛者,父子兄弟皆斩”。换句话说,只有大逆、谋反叛之重罪,才诛灭二族。

在其他刑罚处罚方面,如北周的流刑,最远处达四千五百多里,而《开皇律》减轻为不超过两千里。在拷讯囚犯时,《开皇律》禁止使用大棒、车辐、压踝、束杖、鞭挞。对于囚犯杻枷的重量、样式,《开皇律》都有统一的严格规定,地方及各监牢之处不得随意加大加重。这些都体现了《开皇律》比之前各朝各代的刑律轻简得多,这也可以说是一种历史进步。

在我看来,《开皇律》相对前朝的刑律确乎简明宽松,《开皇律》的轻刑律条充分体现了杨坚的个人品性、殊胜修为与道德禀赋。杨坚出身于战乱,兵祸之害,他亲眼目睹;百姓之苦,他亲身感受;他从小寄养在尼姑寺庙,尼姑们的从善修行,已成为他的悲智愿景。尔后从政,严苛的法律,皇上滥权施用,使他深感法度纲纪的严肃性的重要。因此,杨坚主持下修订的《开皇律》,堪称中华法系中轻刑思想的典范!

以《开皇律》为例,杨坚的变法,上溯商鞅、始皇、汉武,下传唐宗、宋祖,杨坚毫不逊色。

首先,商鞅变法强调的轻罪重刑,如在市井街巷倒垃圾者,都要施以黥刑;偷牛盗马者,杀之;知情不报或藏匿犯罪者,腰斩;一人犯法,全家同罪,邻里连坐。商鞅将李悝《法经》改为《秦律》,在制定《秦律》的盗律、贼律、囚律、捕律、杂律和具律时,刑罚处罚更为严厉残酷。

在商鞅看来,只有“弱民”才能“强国”,强国必须加重赋税,税赋增加,才能富国,富国必须通过严酷的刑法,使小民恐惧、害怕,这样便于君王的绝对权威与统治权力的行使。在商鞅之法的酷刑高压下,谁敢说三道四!人们相互猜忌,彼此揭发,犯罪连坐,人人恐惧,既剥夺了人们的言论自由,也使民众老老实实地被捆绑在土地上,“日出而作,日落而息”。重农抑商,禁止迁徙,没有商业活动,也没有娱乐活动。民众除了自己劳作缴租缴税之外,稍有不满,抑或不慎,无论平民百姓,还是将军大臣,均有可能遭致严酷刑罚。轻辄鞭笞、割鼻、黥面;重辄砍头、腰斩、枭首、抽筋、车裂等,商鞅之刑法,轻罪重刑世所罕见!

秦始皇、秦二世继承商鞅之法,《秦律》之残酷严苛也如出一辙,例如李斯被赵高处死,先割鼻、断舌再枭首,诛灭九族,其残暴之酷刑令人不寒而栗!

汉承秦制,虽然刘邦进咸阳约法三章,针对秦时百姓久苦暴秦酷法,以简约三章收揽民心,起到了稳定形势的作用。然而,这临时的法律形式只是短暂的权宜之计,刘邦统一天下后,即命丞相萧何参酌秦律,制订汉律。“三章之法不足以御奸,于是相国萧何……作九章律。”〔2〕

所谓《九章律》,是指(一)盗律;(二)贼律;(三)囚律;(四)捕律;(五)杂律;(六)具律;(七)户律;(八)兴律;(九)厩律。由此可见,《九章律》在商鞅《秦律》六篇的基础上增加户、兴、厩三方面的内容。这一时期,仍然参夷商鞅连坐苛法,不仅施刑不废,极具恐吓,且对妖言令者获罪。因此汉初沿袭商鞅之法,目的是束缚人们思想。这一时期,几乎完全继承《秦律》,个别地方,还有发挥。

汉代刑律,在汉文帝时虽有废除连坐之法和肉刑的举措,但汉武帝

〔2〕《汉书·刑法志》。

修订刑律,张汤订《越宫律》27 篇;赵禹修《朝律》6 篇,加之萧何《九章律》和叔孙通《傍章》18 篇,共 60 篇。律令之多,极其繁密。西汉律令凡 359 章,仅死刑一项就多达 409 条。刑律竹简装满几座阁楼,法典律条之多,数不胜数。最为荒谬的是,还有"腹诽罪"。可见汉武帝时期,一改汉文帝轻刑宽简作风,采用更为严厉的酷刑。曹魏时,因曹操系军事统帅,其惯用"兵不厌诈"之术,对"诈伪"有所防范及警觉,予以治罪。在曹丕废汉之后,《魏律》的正式修订较之汉代《九章律》,新增加了"劫掠、诈伪、毁亡、告劾、系讯、断狱、惊事、偿赃等章"。[3]

晋朝之初,司马炎(公元 267 年)修成《晋律》,令抄录死罪条目,在亭、传(施舍)悬挂,恐吓人民。

司马氏的残暴在篡魏前杀死嵇康时的毫不留情就可见一斑,彼时,弹奏《广陵散》的嵇康,高亢激烈,他把冤曲与侠客一去不复返的悲壮,演绎成绝活！嵇康临死时的演奏,使人生终成绝响。悲怆的音乐也论证了君王容不得歧见,对不愿合作的人士施以刑罚治罪是其最好的理由及工具!

与大隋前朝历代刑法相比,隋文帝杨坚的变法改制,具有明显的进步。

为什么杨坚在刑法和诉讼制度上,做出如此明显重大的改革呢?

天将大任于斯,必劳其筋骨,伤其心智。

杨坚在北周为相,总揽朝纲,但却身处险境,他因面相奇异,差点被北周皇帝无端杀掉,除了周明帝宇文毓想杀他外,他的女婿周宣帝宇文赟也想杀掉他。因此史书上说杨坚"甚惧,深自晦匿"。

在北周朝,杨坚亲眼目睹刑法的酷严危害之大,使他常常不寒而栗,如坐针毡。滥杀施暴的苛刑,在北周朝比比皆是,稍有不慎,便被灭族。对此,杨坚深有感触,他对纲纪法度必有追求。一旦监国摄政,进而荣登皇位,他痛定思痛,决意改革前朝酷刑。作为君主,他既要对社

---

[3] 见《唐六典》。

会有一份责任,更要固守他杨家江山的千秋功业。所谓社会责任与精神固守,都在他内心中集合成极大的能量与张力,他在这个互补的能量中释放出巨大的气场,冲决出商鞅之法的现实功利,一改只有威慑性刑罚可以稳固江山的历史定律,他将汉文帝废除肉刑的轻刑思想加倍放大。他认为,所谓国家社稷,并不只是严刑峻法才能维稳,才能壮大!通过简约的轻刑仍然能够教化于民,无为而治。他认为,轻税薄赋也能使民富国富,并非商鞅所述国强必须民弱,国富必须民穷。

其次,在杨坚看来,太过于急功近利,实施严酷法令,虽表面维稳,惊吓百姓,使人们恐惧,敢怒不敢言,但,这会把仇恨深藏于内心,为治国留下隐患。

因而,杨坚变法,他废除旧律之剑,首先削除"孥戮相坐之法"。所谓"孥戮",就是断子绝孙,它始于殷商,成熟于商鞅。商鞅说:"令民为什伍,而相牧司(互相抬举)连坐。不告奸腰斩,告奸者与斩敌者同赏,匿奸者与降敌同罪。"[4]可见,"相坐"是一人犯法,全家同罪,甚至株连亲属与邻里的一种残酷的刑罚制度,加之"孥戮",乃是斩草除根。因此,杨坚对这不合理的残酷刑罚制度开刀,可谓善莫大焉!这在当时,对于掌控了文武百官、庶民百姓身家性命的杨坚而言,确乎难能,他能取悦民心,摆脱了上千年传承下来的酷刑传统的羁绊,确是一个历史的进步。

在中国法制史上,一般来说,都将新五刑即笞、杖、徒、流、死看成是李唐王朝的轻刑范式,比之西周至秦汉的旧五刑即墨、劓、膑、宫、大辟,要人道得多。殊不知,新五刑则是杨坚所开启,只不过,隋朝二世而亡,继承隋制的李唐王朝在修史时自然要抹杀前朝的历史功绩,而大肆鼓吹《唐律》的宽减轻刑。当然,从另一侧面将轻刑思想拿上台面,冠冕堂皇地歌颂未必是坏事,起码,上千年来的重刑重罚思想受到批判。这不能不说是一件历史上值得赞誉之事!仅此而言,大隋杨坚与李唐王朝

---

〔4〕 见《史记·商君列传》。

实施轻刑的君王都应称道。

亘古至今,我国就有重视重刑主义的传统,此种利用重典刑罚治国的思想在维护皇权与专制国家的安全方面一直占据主流位置。因此,以威慑为主形成的重刑思想大行其道,超越了同态复仇的报应之刑。因为,对于人口众多的社会来说,同态复仇的报应之刑是建立在已然之罪的思维定式上的,显然对地域辽阔的国家管治有其局限性。对于当政者而言,威慑主义刑罚的政治效用更高。因此将刑罚的整体防线向前推进,将刑法涵盖于民商诸法之中,如商鞅将“盗律、贼律、捕律、囚律”等《秦律》的刑法工具运用于《垦草令》、《连坐法》、《户籍法》之内,这些五花八门的刑罚手段可以突破最低的入罪门槛,让人人成为潜在的犯罪人,便于管治,这比报复主义的刑罚触及面要宽泛得多。因此,对付未然之罪的威慑主义刑罚成为古代当政者的理想选择。既要威慑,必然趋向重刑。商鞅之后,秦国多位君王对酷严的重刑趋之若鹜。西汉时汉武帝乱世用重典到达极致,死刑之多,花样翻新,数不胜数。因而,在重刑主义之风盛行之际,君王们追求威慑的效果,必然让结果超过程序,手段超过正当。那些诛灭三族、五马分尸的刑罚之残忍严酷,远远超过同态复仇的报复主义,凸显出重典重刑的威慑,起到了超强而巨大的恐吓的预防作用。

然而,杨坚一反常态,他将威慑主义刑罚对未然之罪的恐吓功能降低到古代社会的最小程度。他认为,只要不是谋反、谋大逆之罪,其他犯罪大可不必株连邻里族人。在威慑主义刑罚之剑刺向未然之罪时,其重刑的残酷必然使社会大众在恐惧之余产生逆反心态,并与新生的政权形成无形的对立,无端地增加社会的紧张度。

杨坚在乱世中崛起,亲身感受到战争与灾情的苦难和残酷,他深知,秦末、汉末民众对重刑高压的反弹,导致社稷崩塌,江山易主。因而,他执掌权柄后,他有这个能力倡行轻刑主义,正是在他这一思想的引导下,《开皇律》诞生了,突破了上千年来重刑主义的传统,使人们敢于理直气壮地高声宣扬轻刑思想。

五

我们之所以对杨坚变法的成果予以肯定,并不仅仅在于他已超越秦皇汉武的重刑思想,甚至说他在立法方面超过唐宗宋祖,这是基于《开皇律》大幅削减前朝各代的严刑峻法而提出的,《开皇律》刑简宽松的风格,已成为唐宋刑律的范式。《唐律》几乎完全照抄《开皇律》。唐朝初年,所谓废隋律,修订唐律,却将《开皇律》12 卷,500 条照本宣科地承续下来,“甚至连刑律名称也完全一样。”〔5〕

可见,杨坚的变法,在立法及其开创性方面有引领唐宋之功效!

杨坚的轻刑思想一经衍出,在李渊、李世民父子身上即有反映,所谓“务在宽简,取便于时”便成为《武德律》乃至《贞观律》的立法指导原则;而魏征依隋律提出慎刑宽法的意见,在获得唐太宗李世民支持后,战胜了封德彝的威刑严法主张。

不可否认,威刑峻法的影响仍十分巨大,以商鞅为代表的法家重刑主义者,历来都主张轻罪重罚,其目的就在于以杀一儆百达到治国平天下。虽然儒家倡导德主刑辅,以礼入刑,但在刑律处罚方面,即使是汉武帝采纳董仲舒的建议,罢黜百家,独尊儒术,也依然实行重典重刑,轻罪重罚;而“刑威不可测”仍是当政者的治国利器。李唐王朝从大隋天下脱颖而出后,李渊父子亲眼目睹隋朝两代皇帝的兴盛衰落,隋文帝省徭薄赋、轻刑宽简的政令,使大隋国库充盈,国力强盛;而隋炀帝杨广好大喜功,北征高丽,导致农民起义,烽烟四起,大隋江山陨坠。因此,李世民说“水能载舟,也能覆舟”。他吸取隋二世而亡的教训,也对隋文帝杨坚开国稳定政局的法令律条悉心研究。

对于法家的重刑施暴,唐高祖李渊在诏书中就曾指出:“秦并天下,毁灭礼教,恣行酷烈,害虐蒸民,宇内骚然,遂以颠覆。”唐太宗也说:“朕

〔5〕 姜若木编著:《盛世先导》,中国书籍出版社 2013 年版,第 173 页。

闻秦初得天下……乃恣其奢淫，好行刑罚，不过二世而灭。”[6]

故在此“宽仁慎刑”的立法原则指导下，《贞观律》即后称《唐律》几乎全盘吸收隋文帝杨坚的《开皇律》，在篇目（12篇）与刑条律令（500条）方面如出一辙。

隋文帝杨坚在立法上作为开创者，开启了轻刑宽简的刑事立法政策，他的功绩是开创性的，在这一点上，唐太宗李世民只是追随者。可在执行层面，杨坚不如李世民，李世民当政时，对死刑的执行极为慎重，将三复奏改为五复奏，因而贞观年间，执行死刑之少应为中国法制史之典范。可杨坚虽然倡导轻刑，却在实际执政过程中，亦有破坏律法、滥杀无辜或轻罪重罚的现象。

至于宋初修订的律令，因中国古代的律法，自汉代萧何《九章律》以来，魏、晋、南北朝、隋、唐，各代刑书，无不称律。虽然律外有令，但都属于刑书范围，且律令或律令格式都分别编纂，由来已久。唐末出现刑律附载格敕的《大中刑律统类》后，刑书的体例和命名发生了重大变化。“五代后周编订刑书，便不称律而称刑统。”即以刑律为主，其他有关刑名的敕、令、格、式，都依律分类，统一编入。这种综合性的刑事法规，始于唐末完备于后周，奠定了《宋刑统》的体例与规模。

宋太祖在建隆四年（公元963年）颁行《宋刑统》，该律法计12篇，502条，称刑统。“从现存《宋刑统》刊本三十卷（失连目录），是‘天一阁’所藏宋旧钞本刊行的。全书律文，除刑制有些变动外，都照抄《唐律》，《唐律》的律疏也一并照录。”[7]

因此可看出，《宋刑统》抄录《唐律》，而《唐律》承袭《开皇律》（隋律），宋代虽在刑律的执行层面，有遵循太祖遗训不杀谏官的良好传统，但后世君王不敢修改太祖所订的《宋刑统》，便有了“以敕破律”的恶习。不过，总的来说，宋朝的刑律秉承唐律，实际上沿袭了《开皇律》之律法

[6] 《旧唐书·刑法志》。

[7] 上海社科院法律研究所编：《宋史刑法志注释》，群众出版社1982年版，第3页。

思想。因此，有宋一代甚为开明，思想自由，言论活跃，这些均为中国古代社会之楷模！这，不能说与《开皇律》、《唐律》的轻刑宽简思想无关。

故此，本文所说创制了《开皇律》的杨坚超越了唐宗宋祖，是指变法改制与立法创制而言，并非说杨坚在国家管理与法律的执行层面都超过唐宗宋祖。

六

平心而论，杨坚自己立法，自己并未完全遵守，于律法的执行与遵守而言，杨坚不如唐太宗、宋太祖。他有时因恼羞成怒会杖责朝廷大臣，这也是传统文化中有对纸上法律“变通”的基因所致。在杨坚以及历代君王们看来，写在纸上的法律为我所用，因现实的需要可以选择性实用，可以变通更改，甚至为了自己的政权稳固可以不惜破坏自己新审订的法典律令。在中国传统文化中，没有将“敬天保民”的思想融入法典律令及国民的骨髓之中，也没有法律神圣性的传统，更没有将自然法的思想演绎为神定法。因此，公布的法典律令不具有神圣性，它的法律效力不及皇帝的圣旨。

在对待法典律令的问题上，中国的皇帝还停留在工具主义层面，与之不同的是，在西方，在罗马帝国末期，已出现了较为系统的自然法体系的学说。其中，最负盛名而才华横溢的便是法学家西塞罗。西塞罗继承了柏拉图、亚里士多德的自然法学说，他的《法律篇》堪称西方法学史上第一部阐述自然法学说的集大成论著。西塞罗认为，自然法要实现理性、正义与神意，继而他将神意赋予自然法，使法的神圣性超然于人定法，而将人定法界定为从属于自然法之下的附属法律——即实施法则。西塞罗在亚里士多德思想基础上增加了对人定法的辩证分析，他认为人定法有好有坏，因为是人总会有差错，不可能有无过错政府。

在此基础上，将自然法演绎为神定法，并将法律的神圣性推向极致的非托马斯·阿奎那莫属。作为神学家的阿奎那，他的法律学说源起于《圣经》，他认为法律“必须以整个的社会的福利为其真正的目标”，既然是为社会的公共福利，这是神的意志，因而上帝作为整个宇宙的最高主宰，对整个宇宙的创造物的合理领导，这些规律性就是上帝意志的主导，具有法律的神性，称为永恒法。其他的一切法律都从属永恒法。至于人法，包括万民法与市民法，则渊源于永恒法从属于自然法。

由于有了永恒法、神法、自然法，使西方的法获得了比中国古代法较高的位阶，具有了一定的神圣性、永恒性。因此，即使是查理大帝、拿破仑皇帝在征战杀伐凯旋归来之际，都需要教皇加冕，给予一顶神圣的王冠。因此，教权与王权的分庭抗礼，甚至有时教权还高于王权，这就带来了两种后果：一方面赋予了法的神圣性；另一方面也使市民阶层从夹缝中生成并使民主的思潮发展壮大。

毋庸置疑，阿奎那提出永恒法、神法的至高无上，不仅在于神圣的法指导人类的生活及生活方式，还在无形之中，给予了诸侯、贵族与市民们思想的武器，使之可以抵御和抗衡君主帝王的威权。阿奎那的《神学大全》高扬永恒法、神法、自然法的神圣性，他使法律成为《圣经》，并使法律与《圣经》相伴而行，不再孤军奋战。一旦遭遇世俗王权和政治力量的阻击，法律全因神圣性的支撑拔地而起，穿越世俗王权的阻隔，形成强大的神圣性力量。阿奎那的神学思想启迪了孟德斯鸠，在孟氏看来，宗教具有操控人心的神奇力量，它比法律更易对人约束。因此，他相信上帝的存在，相信神对人心的影响。

在笔者看来，杨坚的轻刑宽简思想在古代中国固然重要，但这一法律乃至其指导思想没有自然法、神法的理论支撑，因而不能持久。作为工具主义层面的人定法，随时因君主帝王的喜好憎恶而改变。因此，在中国历史上，大多数时段，重典重刑、轻罪重罚的威慑主义刑罚思想仍占主流，并且将会持续下去。易中天先生说，中国的老百姓有三个梦想：第一个就是盼望明君，换成笔者的补充，就是盼望有隋文帝、唐太宗、宋太祖、宋仁宗之类的仁慈的明君；第二个就是盼望有清官，如包公、况钟等；第三个就是在没有明君也没有清官的情形下，盼望有侠客，侠客从天而降，扶弱济困，打抱不平，解民危难——用现在的话说，这是老百姓不自信的反映。但,这能责怪平民百姓吗?没有一部严肃的具有神圣性的法典,老百姓怎能寄希望于法制?君主帝王们对这些出在手上的法律怎能敬畏?换言之,手握重权,且能对一切权力呼风唤雨的君王们,对于人定法即使是自己亲自参与修订的——法律,也会不屑一顾,因为,超越法律之上的中国的帝王,不会对匍匐在自己脚下的法律给予应有的尊重,选择性执法作为一种历史常态将会长期存在。即使是杨坚、李世民也不例外。因此,在法律没有形成神圣性之前,法律让位于功利主义势所必然。要不然,美国学者伯尔曼不会得出这样的结论:法律必须被信仰!换句话说,只有符合天意民意的神法才是捆绑王权与人治的有力锁链,才是制约王权与变通性人定法的平衡力量!

七

如果说杨坚亲自主持审订的《开皇律》将轻刑宽简之法推向历史山头,让全盘继承的《唐律》轻而易举地登上中国古代法制史的山巅;那么,杨坚开启的科举制度举世无双,他使寒门庶子与权贵子弟处于同一起跑线上,经过十年寒窗可以"学而优则仕"了。对于大隋创立的开科取士制度,伏尔泰等思想家曾赞叹不已。1755 年,英国的《绅士杂志》发表一篇文章赞誉开科取士,作者认为:"写作是一个有理性的人惟一愿意接受的考试方法。"19 世纪英国学者各施拉在《开放的中国》一书中郑重呼吁"这一伟大帝国的各项设施中,没有哪一项能像开科举那样,从最有才华的青年中选拔官员"那样重要!事实亦如此,杨坚开创的科举制,在唐宋时发展到了极致,这为中国古代的王朝输送了多少优秀的人才。如唐朝的元稹、白居易即为同科进士,那元稹就写得一手好文章,把门第悬殊、颠鸾倒凤的普救寺之爱写得死去活来,惊心动魄。至于白居易名头更响,他在年轻时就写下"野火烧不尽,春风吹又生"的传世佳作,27 岁时,白居易就顺利通过乡试,29 岁赴长安,在录取的 40 名进士中,位居第四。白居易多愁善感,在江州做司马时,曾为琵琶女流泪;他从善如流,同情卖炭翁,关心底层百姓的疾苦。

至于有宋一代，开科取士人才辈出，其中大名鼎鼎的苏轼，在弱冠之年进京应考，一炮中的。如果不是欧阳修猜测封闭试卷中的苏轼之作可能出自他的弟子曾巩之手，为避嫌将苏轼擢为第二，状元应为苏轼囊中之物。北宋的考题，比之隋唐以诗赋取士又增加了一些政论内容，苏轼考试题目《刑赏忠厚之至论》，对于苏轼这样的天纵之才，这样的题目如何能难住他，他挥洒自如地阐述了他的仁政思想，其文之大胆、之自信，文词之美无以复加。这，就是天才！开科不取这样的士反而难！反之，如果没有科举制，可能苏轼老死眉山，他怎能在杭州为官，清污泥，筑西湖，建苏堤。为官一任，造福于民！在“宋代的133名宰相中，科举出身的达123名，占92%，如名相范仲淹、吕蒙正、王安石等人，无一不是科举出身。欧阳修、范仲淹均来自于单亲的贫困家庭……这些出身下层的知识分子，有较高的道德修养，了解民生疾苦，大多能关注民生，正真无私，办事公正”。[8]

可见，发端于大隋，成熟于唐宋，完备于明清的开科取士，其首创之功应归于杨坚。

杨坚在官吏选拔制度方面的改革，可谓大胆创新。中国的官僚制度，在汉代已显现弊端，汉时朝廷选拔官吏实行“察举”、“征辟”。所谓察举，是对各级长官推举的人才进行考核，合格后任官。所谓征辟，就是中央到地方的各级行政长官，都可以自己任命、提拔属下官员。察举有两种形式：一种形式称岁举，由刺史、郡守等地方行政长官察举孝廉和秀才等，一年一次；另一种形式叫诏举，即皇帝下诏对所推举的人进行考核。

这种“征辟”、“察举”制度在东汉时发生了变化。这是因为这种制度选人荐才，全凭长官的意志，没有监督的机制，也无从评定与评估，至于所谓的考核也是“暗箱操作”。如果推荐的长官本身就是一位昏庸无能之辈，或因推荐收受贿赂，其所举荐之人的才能与品德便成问题。故在东汉末年，官场上流行这样的话：“举秀才，不知书。察孝廉，父别

〔8〕 肖建生：《中国文明的反思》，新世纪出版社2009年版，第160页。

居。”这就是说，地方行政长官推举的人，名为秀才，却看不懂书中所写的文字；名为孝廉，却不在家奉养父母老人。换言之，一把手推举的人，他说好你就必须说好，他要提拔要使用，谁敢不用？

东汉末年，董卓之乱，社会动荡，无论士人抑或庶民都颠沛流离，辗转迁徙，察举、征辟的举荐制度难以实行。到了魏晋时期，开始实行“九品中正”的选官制度。这是指州郡的长官依据自己管辖区内的人物的品行，将他们分为上上、上中、上下、中上、中中、中下、下上、下中、下下九等，并根据其划分的等级举荐给国家，作为选拔官吏的依据。而作为选拔官员的组织部门——吏部，则据此选任。这种选拔官吏的制度叫“九品中正制”，比之汉代的征辟、察举制似乎要公正一些，但由于这些大小中正都由士族大家来担任，因而这样的选官制完全被士家大族所操控。故在西晋时，有“上品无寒门，下品无势族”的现象。这一选拔人才的弊端，使出身寒门的才俊不能脱颖而出，埋没了很多优秀的人才。

杨坚的崛起，无论是辅佐北周武帝宇文邕征战讨伐，还是受武帝所托在朝廷处理奏章诸事，他都感到人才的重要。大隋初定，杨坚更感到江山社稷急需优秀人才。他是从战乱中过来的人，他深知魏晋以来九品中正制选拔官员的种种弊端，他为他大隋江山思虑，不可能让那些谄媚之徒，或门第显赫而碌碌无为之辈混入朝中，败坏他的江山。因此，他在思虑，怎样选拔优秀人才。

超乎想象的是，魏晋以来，几百年的战争动荡，杀气与文气并存，但权谋远胜武力，文气超越杀气，武人只能打江山，文人不仅能打江山，也能坐江山！特别是一些雄才大略的人物激励着杨坚，如曹操，杨坚对曹操的谋略印象深刻，曹操逐鹿中原，奠定了曹魏天下的权势领地。但让杨坚钦慕不已的，不是曹操那硝烟烈焰中的潇洒形象，而是托举着他英雄情怀的恣意诗篇，曹操的意气风发竟组合成恣肆张扬的行吟诗文。在曹操眼中，曹氏江山蕴含着天地生命，“日月之行，若出其中。星汉灿烂，若出其里。”这种含孕群星、一统江山的天地生命格调，在传达着一个历经乱世而又权谋天下的强大生命的体验，这种心胸犹如浩阔沧海的生命诗篇是无法伪饰而矫揉造作的。于杨坚而言，虽不能摹仿，但他已经一统江山，他生命的格调必然从魏武挥鞭中，趋向于治国的文化自觉，他豪气的落脚点竟穿越时空投射到诗文歌赋之上。这，便是当时人们所说的“诗之斧钺”。换句话说，打天下的武器是斧钺，而诗词歌赋作为武器，更具威力！因而，杨坚开科取士，以诗赋为主，考试录取进士。

杨坚不仅废除了魏晋以来选拔官员的九品中正制，也革除了北周前朝由州郡县长官自己提拔自己的属官制度。

杨坚的科举制虽然不很成熟，但此种选拔人才的制度，毕竟开启了一扇寒门庶子人仕的大门，《旧唐书·韦云起传》载：“云起，隋开皇中明经举，授符玺直长。”这说明杨坚当政时已有明经之科，杨坚的科举制在隋炀帝杨广执政时得到较广泛实行。当然，到了李唐王朝时，科举制已经全面推行，唐太宗更是对科举制赞不绝口。他说，开科取士，使“天下英雄尽入吾彀中矣”。科举制，实为大唐收揽天下人才。可见，杨坚所创的科举制，以考试诗赋为主，选拔文才秀美的人中俊杰，为朝廷用人广开门路。此种重才学而不重门第的任人唯贤的改革，为挑选下层优秀知识分子人仕提供了极好的机会。大隋科举一经确立，中国的文人才俊大多涌入这一科举的渠道，这之中选拔出的优秀知识分子数不胜数，它使中国的文官制度别具一格，形成独特而影响深远的一种以文治国的官僚架构。这种开科考试的内容，或许到了现代，可以变革，但此种考试的方式，以及选拔官员的程序不仅在古代世界绝无仅有，成为范式，也让世界各国特别是西方发达国家的行政法学者惊叹不已！

在选拔官员，推荐人才方面，归纳起来，也只有推举、科举与选举三大类。因清朝末年废除了科举后，当今世界，选拔官员就只有推举和选举两种方式了。

所谓推举，无论是中国汉代的征辟、察举，还是魏晋的九品中正制，都存在上司随心所欲、任人唯亲、“暗箱操作”的用人弊端。这种推举制度，因长官视野局限，不可能触及社会底层，遂使出身社会下层的优秀人才被长期埋没。同时由于上司的偏好，结党营私之弊更是比比皆是。

正是推举制的弊端,使寒门庶子不能与门第显赫的权贵平等竞争,埋没与压抑了多少出身低微贫贱的优秀人才。这也是社会的最大不公。诚然,到了近现代,选举制度的出现,弥补了这方面的不足,但选举的人员有限,不可能大量的行政官员都通过选举产生。至于选举制的优与弊,各类的研究文章论述很多,且世界各国大多实行,笔者因文章结构所限,不能详尽论述。但笔者要强调的是,选举制最大的亮点就是将家天下化臻于无形。所谓天下为公,正是通过选举国家最高领导者而实现的。选举使国家从一家一姓的巢穴中脱颖而出。

当然,任何制度都不可能尽善尽美,因此,窃以为,从历史上消失的科举制也应起死回生,作为选举制、推举制不足之补充。科举制的恢复,可以借鉴古人选拔官员的智慧与程序,为专业人才从政提供机会,也为出身社会底层的优秀人才通过努力而获得晋级大开方便之门。

总之,杨坚、杨广父子开创的科举制,成熟于唐宋,完备于明清,辉耀中国历史一千多年,它使无数的英才在开科取士的历史长河中,后浪推前浪地呈现出波澜壮阔的景象,它使那些一个个鲜活的人文英杰没有远离我们……

推开科举之门,我们看到:陈子昂、韩昌黎、张九龄、白居易、元稹、柳宗元、范仲淹、欧阳修、王安石、苏东坡、张居正、林则徐、梁启超、张之洞,一个个因开科取士而及第进士的英才,伫立于中华文化的历史峰巅,他们高不可及,特立独行,他们的诗词歌赋,华彩篇章,辉耀千秋。中华文化的灿烂,在这些文豪学士身上放射出夺目的光影!这些不能说与杨坚开创的科举制无关。

八

当然,科举制并非完美,杨坚并非圣贤,但史书将隋朝贬低到秦朝之下,却有失公平。窃以为,杨坚统一中国,超越秦始皇。杨坚的统一在于结束战乱,使颠沛迁徙的百姓趋于稳定和平;而秦始皇的统一,则是破坏了原来六国的安宁,正如屈原的哀叹,荆楚大地不再富裕,楚民不再享有安宁。实际上,只要有中国趋于一统的文化共识,以及有伟大的方块汉字的表意存在,华夏大地,早晚会归于统一,不是秦始皇,便是杨坚。

因此,就统一问题而言,秦始皇并不比杨坚伟大。但秦朝暴政,劳民伤财,GDP极低,故在国家建设与经济社会发展方面,秦始皇怎能比附杨坚!杨坚在位,人口高速增长,财富滚滚而来,《资治通鉴》曰:“是时天下凡有郡一百九十,县一千二百五十五,户八百九十万有奇。东西九千三百里,南北一万四千八百一十五里。隋氏之盛,极于此矣!”“计天下储积,得供五、六十年。”可见大隋王朝雄厚的财力非同一般。据史书载,当为历代之冠。由此看来,隋文帝杨坚的文治武功超越秦皇汉武。有关汉武帝的武功,各类史书有文学性夸张描述,所谓李广利占领大宛,实际上是由不会打仗的李广利带领几万军队到大宛抢良马,结果被打得丢盔卸甲逃到敦煌,死伤万人抢得几十匹良马,反而虚报战功。相反,在武功方面,杨坚上马提枪,南征北战,一统大江南北,其强悍的武功显然超过不会打仗的汉武帝。

因此需要强调的是,杨坚的文治与武功是不应该被忽略的。

其实,能够绵延千年的是思想,不是子孙,也不是武力。因此“恃德者昌,恃力者亡”。汉武帝临终时终于省悟;不能再打仗了!打了几十年,除了死伤几十万黎民百姓,一无所有,反而把国库之财消耗殆尽。因此,可以说,攻城掠地,并不一定能让皇子皇孙保住地盘,固守江山,反而博大的思想文化才有生命力。如亚里士多德、西塞罗的自然法优于人定法的思想就将法律的神圣性演绎到当代。杨坚变法的思想,不可能那样宏大,他有他的局限,但,他的变法必将存留于历史……

人间多少事,欲说还休。

杨坚的开科取士,使寒门庶子十年寒窗有望入仕;杨坚的轻刑思想,使重刑主义的威慑刑罚不一定成为维稳治国之唯一。

可惜,杨坚变法的轻刑思想在明清时乃至后世被各代君王抛到爪哇国去了。

人们还是因急功近利而热衷于重典重刑,热衷于以重从快!

第五篇　王安石变法

王安石目睛如龙，他能从庙堂之高投射到农田春苗，扫描到农田水利、市场均输；他一气呵成，推出的保马法、保甲法、方田法、免役法与市易法排山倒海，气势宏阔！王安石的变法犹如撒下一张大网，他要在网中为大宋王朝理财。他虎背熊腰，内藏才富五车，他力图拽住拖住这个将近一亿人口的大宋王国，有意导国步于正途。然而，他力所不逮，他的变法毁誉参半，最后只能留下“明月何时照我还”的咏叹！

一

蔡东藩先生评述王安石一生只此八字，说他沽名钓誉，厌故喜新。可怜王安石一生为政，将儒家的匡世济民与富国强兵的思想熔为新法一炉，却遭受重重阻难。他勤勤恳恳，检点勤政，到头来，落得东藩先生八个字的贬责。然而，是非成败转头空，青山依旧在……

王安石生于宋真宗天禧五年（公元1021年），字介甫，江西临川人。晚年因封荆国公，故称荆公。

对于王安石，中国的文人大多还是具有钦慕之心，他的从政变法，是否经得起历史的检验，后代知识分子大多忽略不计。王安石比起历史上很多从政失败的贤臣名相是幸运的，这，恐怕是他在文坛上的地位和才华帮了大忙。

他词风高峻、散文雄美，被誉为"唐宋八大家"之一。他本是一代文豪降世，却偏偏要来趟政治这潭浑水。

变法失败，荆公晚年，幽居金陵。那是晚秋的一天，长江岸边，荆公的步履已不复青年王安石那般雄健，但虎背熊腰，牛形人目光依然如电，他放眼望去，长江两岸，景象阔远：

> 登临送目，正故国晚秋，天气初肃。千里澄江似练，翠峰如簇。征帆去棹残阳里，背西风、酒旗斜矗。彩舟云淡，星河鹭起，画图难足。

这是长江秋景，呈现出"虎踞龙盘帝王州"的江天胜概。王安石一挥手，长叹一声"画图难足"，壮志未酬啊！

他把伸向天际的手臂收回，倒背于后，步履依然沉稳，他在江边来回踱步，背影还是那般厚重。

念往昔，繁华竞逐。叹门外楼头，悲恨相续。千古凭高对此，漫嗟荣辱。六朝旧事随流水，但寒烟衰草凝绿。至今商女，时时犹唱，后庭遗曲。

这就是王安石，你不服不行。即使在烟笼寒水和衰草凝绿之中，也没有白面书生的小家子哀愁。这种怀古通今所展示的冷峭高峻，却也显示出宋朝宰相的大气和高人的胸怀，王安石对时人未从六朝覆亡之中吸取教训的感慨，在此之后不久，“靖康耻”即已兑现。

据说，当时作金陵怀古的词家有三十余首，但王安石的金陵怀古，将江天相连的景致刻画得如此浓淡相映，美不胜收，其通观古今之感慨与预见堪称绝唱。此词上片雄阔，下片冷峭。这是意趣、识见与借景抒情的高人手笔，连一贯反对他变法的苏轼，也深为叹服。

萌芽于大隋，成熟于唐朝的科举制，到了大宋王朝时，走向完备。王安石也不例外，当年他刻苦攻读，寒窗数载，也汇入这开科取士的潮流之中……

庆历三年(公元1043年)，王安石考进士位居第一，却被枢密史晏殊动了手脚，张榜时名列第四，跌出三甲。那一年，他才22岁。

大宋王朝在中国的历史上，有着非同凡响的人文景象。可以说是中华民族创造力与文化发展得最为充分的时代。赵宋王朝在五代十国的战乱中脱颖而出，当时，宋太祖赵匡胤一条棍棒打天下，他凭武力助后周世宗柴荣平定中原。尔后，发动陈桥兵变，从后周孤儿寡母手中夺得江山。他行伍出身，深知骄兵悍将对政权的威胁，唐朝的藩镇割据就是前车之鉴。于是，他皇袍加身后，杯酒释兵权，和平地解除了一批武将的兵权，开创了“以文立国”的政治设计。

他说“作宰相要用读书人”，宋朝历代的皇帝遵循他的“士大夫治天下”的政治原则，故宰相赵普说：“半部论语治天下。”

为了让“以文立国”的政治原则得以贯彻执行，赴匡胤在太庙里立下祖训，这好像是治理大宋国的宪法。后世的皇帝本人必须在祭祀太庙时，由太监引导到太祖立下的“誓碑”前背诵碑文。其中最为精彩的几句，如：“不得杀士大夫，及上书言事人；子孙有渝此誓者，天必殛之！”也就是说，由赵匡胤开始，以后的儿孙皇帝们必须严守这一誓言，不得违背。这种誓言，成为祖训，具有一定的神圣性、法律性！使后世皇帝必须遵行“以文立国”的政治制度，不得迫害及杀害知识分子，甚至对上书的士人也应给予一定的言论自由，不准杀害。赵匡胤的这一制度，可以说铸造了中国古代中央专制政权以仁义治国的政治模态。

正是赵宋王朝不杀害知识分子，在一定程度上给予知识分子上书的言论自由，使大宋文化的发展蔚为大观，文豪名士的涌现层出不穷。

王安石，就是在这样的政治文化生态中登上历史舞台的。

可以说，由大隋创立的科举制，在大宋王朝时走向极致。在大唐王朝，一次录取进士只有几十名；而赵宋王朝，在宋真宗时，一次录取进士多达1638名。后来，宋仁宗改为400名的限额，但却增加了殿试，使学子士人一经科考便成为“天子门生”。而范仲淹、欧阳修、王安石正是科举制的宠儿，他们通过科举，一举成名，荣登相位，以文治国，一展平生所学。

王安石胸怀大志，他初入官场，北宋王朝即发生了影响盛大的“庆历变法”。为首的范仲淹、欧阳修、韩琦等都是名重一时的朝廷要臣。新政变法来势汹汹，变法的十条，其中前三条有向官僚制度开刀的内容。“明黜陟，抑侥幸，择长官”，说得多好，裁减冗吏，谈何容易。一场从高层到基层的吏治风暴骤然掀起，王安石初入政坛，人微言轻，他只能静观其势。

庆历新政只施行一年，便草草收场。

范仲淹斗不过权贵集团，败下阵来。

王安石同情范仲淹，旁观者清，他率性而较真，感慨万千：“君非不明，臣非不贤，惜乎未得良机也！”看来，时机十分重要。

是高人都能瞄准机会，机不可失。但机会只留给有准备的人。

王安石夙夜攻读，嗜书为命。他雄健的身体、旺盛的精力全耗散在故纸堆里。当时的官场，与女人缠绵并非不道德之坏事，即令文坛巨匠、名臣贤相如欧阳修等就对红颜女子牵肠挂肚。然而，王安石却对烟花柳巷毫无兴趣，他关起门读书，但不读死书，两耳却听窗外事。他做地方官，也对京都政事了若指掌，真是秀才不出门，遍知天下事。

王安石在等待机会，他一头扎进古纸堆，同时洞察政事。他到宁波做地方官,他没有欧阳修、苏东坡那样潇洒。他深入民间,下农田、入禾塘,他开始兴修水利;除此之外,他对整顿官吏、建设学校私塾颇感兴趣,他甚至改课本,出题目,教学生,进而对以诗赋开科取士提出建议……

王安石的见解不一定被朝廷采纳,此时,他还不具有话语权。

也可能他做地方官,为他以后的改革变法积累了经验;也可能他提出不能以诗赋为主开科取士的建议是选拔人才的治国良策?或许这一切,也为他日后成功登上宰相高位实施变法奠定了基础。但是,这更可能是一种误会,王安石的苦读、勤学,使他在文坛上的造化名扬天下。他如果不做官,一心苦读圣贤书,以他的才智,有的是华彩文章。如果他用兴修水利、平输贸易的时间来写文章,将有可能换回他作为大宋文坛盟主的地位。从事实上看,仅仅只是在百忙之中,他一挥毫、一泼墨,他的散文,他的词章,比"文起八代之衰"的韩愈毫不逊色。也可以说,如果没有他在文坛上的地位,没有他雄美的散文、高峭的词章,他在政治上的失败,将使他一生的心血毁之一旦。正是由于他的文章名扬千古,才使人们同情他变法的失败,官场的失意。

可见,华彩的文章拯救了他。否则,曹丕不会说,文章千古事。在曹丕看来,写文章青史留名,超过帝王。的确,在王安石的时代,天下最大的官就是宋神宗,但后世的平头百姓、知识分子大多不会惦记宋神宗,甚至很多人不认识他。宋神宗的名气比苏东坡、王安石小多了。以此推论,王安石不去做官,他一心只读圣贤书,他的一门心思只花在词章歌赋上,或许他的成就超过现在的他!

然而,王安石就是王安石,他为变法而来,他认为他的文采洋溢着的是政治智慧,他经世济民,即使兴修水利、平输贸易、整顿市场这些繁杂琐事,是那样的枯燥无味,是那样的耗费时间,他也在所不惜。他心系苍生,雄心勃勃,仿佛离了自己,宋神宗的天真的要塌下来。

古代士子,读万卷书,十年寒窗,一旦科举入仕,儒家达则兼济天下的人生理想,似乎触手可及。特别是北宋王朝"以文治国"的政治制度,加之不杀读书人的祖训,更为秀才们开启了一扇报国之门。这些文人,在朝廷遵循祖训免除以言治罪的后顾之忧后,更是放胆直言,一个个激情四射,在政治仕途与文化路径之间,毫不犹豫地选择前者。事实上,在政治宽松程度不如赵宋的李唐王朝,文人趋向的也是政治仕途。就连李白也狂叫:天生我才必有用!当然,李白的梦想不完全是"云想衣裳花想容"的美丽诗篇,他要的是走进朝廷的豪迈。他"仰天大笑出门去,我辈岂是蓬蒿人。"可见,他哪愿徘徊坊间,他的诗篇像一片片金秋的树叶,飘洒而进长安的大明宫池,皇帝爱看,妃子传阅。李白以为辅佐玄宗有望,他甚至一遍又一遍地背诵着自己并不热衷的《贞观政要》,他在做梦,梦里已成为当朝宰相。

可见,中国的文人有谁能放得下政治前途?这是中国文人的命,何况身逢太平盛世,正是一展身手的大好时机,一代代文才俊杰前仆后继,谁会回头看,谁又认得自己,谁又能识庐山真面目?正所谓墙里秋千墙外道,墙内的秋千那样精彩,连当过皇帝的曹丕也想一展身手,他想青史留名,写下了《典论·论文》,他要做一位文采斐然而名扬历史的皇帝。可惜,他被他那雄霸天下的父亲和卓尔不凡的弟弟围缠,他的名声反而不如父亲与弟弟,他只能在宫墙里玩墙内的秋千。墙外的行人呢?特别是那些书生们窥视着宫墙内的精彩,那里,何尝不是秀才们辅佐帝王的平台,凭借勃勃的抱负,宫墙内正是施展才华的地方。

因此,对官场的趋之若鹜,是中国文人的共识。王安石怎能知道,拯救自己的除了文章还是文章。他参加科考,及第进士,荣登相位。他变法失败,遭受责难。然而,他的文采词章,深沉阔远,冷峻雄美,使他美名远播,盖过责难。

当然,壮志未酬,是王安石老年退隐江湖的心境,当初他雄心万丈,推行新法,实施变革,真的是开弓没有回头箭!

二

想当初,宋神宗即位,20 岁坐上龙椅,在紫宸殿冥思玄想。这大宋开国,已不复当年太祖神勇。如今眼前的这些宰辅大臣,一个个老气横秋,一想到父皇英宗那一副病体愁容,神宗皇帝就感到十分尴尬。而让他愤愤不已的则是太宗皇帝被北方辽人追杀逃窜的狼狈场景。神宗皇帝少年立志,读书用功,别有抱负。当下,赵宋的江山已交在他的手中,而每年向北辽、西夏求和输送金银粮布,使他感到耻辱。

神宗皇帝血气方刚,锐意勇为。

与那些老气横秋、守成保业的老臣相比,他想起一位臣子,据说目光如炬,声如洪钟,身形高大厚实,这人叫王安石。

于是,神宗皇帝为之一振,他要见王安石,哪知王安石婉拒。

这是何故?太令人扫兴。

或许是王安石要学姜太公,要仿诸葛亮?

他待价而沽,等待良好时机?

那好,就让他去江宁任太守吧。

王安石在江宁上任,神宗皇帝的心思也继续投射到江宁……

江宁任上的王安石,兴修水利,鼓励农桑,平抑物价,抑止兼并,他使社会安宁,府库充盈。这些,在其他州府所认为难以做成的大事,在王安石手上,小菜一碟。

王安石似乎在江宁勾画出一幅大宋变革的图景。

神宗皇帝暗暗窃喜。

他忍不住了,熙宁元年(公元 1068 年),他召王安石为翰林学士,回京任职。

王安石一抵京,神宗皇帝迫不及待,越级召见他。

神宗皇帝要找一个好说话的地方,谈心里话在便殿比较合适。

王安石这次见神宗,也一反常态,他原本对衣冠不怎样讲究,这一天,他官服虽旧,却干净笔挺。他身形伟岸,一进宫,显得气宇轩昂。神宗对他神交已久,如今,这位如雷贯耳的名臣,就在自己的眼前。神宗微微一笑:好身段,好眼神!神宗皇帝暗自赞叹。

神宗示意,不必下拜。王安石谢恩,一屁股坐在神宗赐座上。

好气派,好个牛人！神宗皇帝想成为一代英主,也不计较这些,他要有所作为,要的就是王安石这种雷厉风行。

君臣之间的一段对话,本是朝廷机密,却在史书上广为流传。

神宗还未等王安石坐定,便急促地问道:“治道何先?”

安石答称:“须先择术。”

神宗复问:“唐太宗何如?”

安石沉稳回复:“陛下当效法尧、舜,何必念及唐太宗?”

神宗此时感到自己不能太过急迫,便缓缓地问道:“愿闻详解。”

此刻,王安石精神抖擞,侃侃而谈:“所谓尧舜,治天下,至简不烦,至要不迁,至易不难,不过后世君臣,未能晓明治道,遂说他高不可及。尧亦人,舜亦人,有什么奇异难学呢?”神宗感慨:“卿可谓责难于君,但朕自顾眇躬,恐不足副卿望,还愿卿尽心辅朕,共图至治!”安石见神宗诚恳,也甚为感动,说道:“陛下如果听臣,臣敢不尽死力!”

神宗动容,安石感动,说到兴奋处,安石竟然起身比划,双手挥舞,仿佛在勾画一幅治国富强的大宋江山图画。

王安石的放胆高论,直抒己见,让年轻的神宗皇帝热血沸腾。“立国大本,首先理财”,是啊！只要大宋国库充盈,才能富国强兵,一雪国耻。“变风俗,立法度”,安石一句话,把神宗前朝几十年的习俗传统,一笔勾销。神宗皇帝激动不已,他要超越祖先,做一个有为的皇帝,青史扬名。他从王安石激情四射的言辞中,仿佛看见腾达跃升的未来。啊！一代英主李世民也不过如此,尧舜英明,有什么奇异难学?神宗两眼放光,神采奕奕,他在殿内来回踱步,兴奋异常。立即启用王安石,着手变法!

说干就干。神宗年少气锐,气冲牛斗,以富国强兵为首务。安石主政已露锋芒。

对于安石理财足国的思路,他的老友司马光不以为然。司马光也是北宋官场上一位勤政检点的楷模,抠门到冬季舍不得生炭火,以致造访的友人明显减少。而王安石在节俭问题上丝毫不亚于他,王安石连酒都舍不得喝,据说当年开封府包公请他喝酒,年轻的王安石硬是不端杯。他更不近女色,夫人因他是工作狂,夜不能寐,便找一年轻美貌的小妾来伺候他,结果被他打发回去。

两个节俭的人,都属于过目不忘的读书人,心系天下,命比天高。

司马光曾经推荐过王安石,赞誉王安石之才。然而,涉及治国方略,两位老友分歧太大。司马光认为王安石变法的内容,触及赵宋立国的根本原则。因此,他十分警觉,如果王安石的变法影响民众生计,动摇祖宗之法,这是原则,不能旁观,也不能沉默。司马光顾不得朋友情谊,他要挺身而出,驳斥王安石的乱政思想。真是读书越多越保守,特别是读史修史的司马光。

二人的矛盾不可避免。

二人在各自的原则与事业面前,谁也不会让步,刀光剑影,唇枪舌剑在金銮宝殿上演。

神宗皇帝冕旒衮服,神情严肃,他端坐在御座之上。

大殿上,围绕着河朔旱灾,国用不足,司马光首先发难,说出不同于王安石的见解。司马光说:"投灾节用,当自贵近为始,辅臣议,应当照行。"这是说免了对官员的赏赐,把钱用于灾区。可见司马光感念民生,情系灾区百姓。

神宗把目光投向王安石,他在征求王安石的意见。

王安石平视司马光一笑:"国用不足,乃不善理财的缘故,若徒事节流,未识开源,终属无益。"王安石的回答果然不同凡响。所谓理财,无非开源节流。如果仅仅只是节流,忘了开源之本,这节流是不能持续的。在王安石看来,国财不足,关键是理财不善,如果仅仅依靠节俭是解决不了大问题的。何况,这区区的赏赐,节约下来也不能补救灾情。司马光冷笑道:"甚么叫善理财?无非是多加赋税罢了。"在司马光的视线内,他所知的理财无非是增加赋税,这是伤民之举。

王安石胸有成竹,慨然答道:"不必加赋,自增国用,才算是理财好手。"

司马光心想,哪有如此好事,又要马儿好,又叫马儿不吃草。他愤愤然地说:“岂有此理?天地生财,止有此数,官府多一钱,民间便少一钱,若设法夺民,比加赋还要厉害。从前桑弘羊尝挟此说,欺骗汉武帝,太史公大书特书,显是指斥弘羊,讽刺汉武呢。”

这殿堂上的辩论,一来一往,唇枪舌剑,针锋相对,十分精彩。

王安石要反唇相讥,神宗皇帝中断了争论。他毕竟是一国之主,要照顾两个大臣的面子。他虽然在口头上表面赞同司马光的意见,表示体察民情,但内心却趋向王安石,心想如果不实行奖励行赏,官员们怎能为朝廷干活?如因此让官员们感到吝啬,未免失体。故决意排除司马光等众臣之议,依王安石主张,仍然照例行赏。

高坐御座的神宗,此时对王安石赞许地看上一眼。安石哪!你这牛人,莫非是周公、子牙转世,成就我朝圣明?这既不增加赋税,又不加重百姓负担,且能使国家财力丰沛,你用的是什么高招呢?神宗对王安石寄予厚望。

三

王安石为宋神宗送上一桌大菜。

富国法六条:

(一)农田水利

饬吏分行诸路,相度农田水利,垦荒废,浚沟渠,酌量升科,无论吏民,皆须同役,不准隐漏逃匿。

(二)均输

诸州郡所输官粮,俱令平定所在时价,改输土地所产物,官得徙贵就贱,因近易远,并准便宜蓄买,懋迁有无。

(三)青苗

农民播种青苗时,由朝廷出资贷民,至秋收偿金,加息十分之二,或十分之三,仍还朝廷。

(四)免役

免役使人民分等纳免役钱,得免劳役,国家别募无职人民，充当役夫。

（五）市易

就京师置市易所，使购不卖之物于官，或与官物交换，又备资贷与商人，使遵限纳息，过限不输，息金外更加罚金。

（六）方田

方田以东南西北各千步为一方，计量田地，分五等定税，人民按税照纳。

除富国法六条外，王安石又送上一道菜。

强兵法二条：

（一）保甲

采古时民兵制度，十家为保，五百家为都保，都保置正副二人，使部下保丁，贮弓箭，习武艺。

（二）保马

以官马贷保丁，马死或病，令按值给偿。

这数条新法，在王安石领导下的三司条例司悉心拟定下，议将出台。

对王安石新法，按蔡东藩考据说："老成正士，没一个赞成。"甚至反对者中有大臣上疏说"误天下苍生者，必斯人也。"然而，宋神宗信任王安石，态度坚决，王安石的变法大幕就此徐徐拉开……

亘古至今，以农耕立国的中国，想有所作为的君臣，不可能不关注土地制度。

周朝井田制，在商鞅变法时被废除。商鞅废井田、开阡陌提升了秦国的财力，为秦始皇的大一统奠定了基础。汉承秦制，几乎延续秦代土地制度，但土地买卖，愈发严重，土地兼并在汉末严重影响民生。汉末王莽变法，颁布王田令，虽抑止兼并，却限制土地交易，乃至一放就乱，一收就死！董卓乱政，东汉崩塌，魏晋南北朝时均田制萌芽。大隋初定，推行均田，到了李唐王朝，均田制得以全面实行。五代十国，战乱纷扰，土地荒芜。赵宋立国之初，宋太祖奖励农桑。当时大宋王朝的"北部人口既大减耗，土地亦多荒废，北宋时期，陕西、河东、河北、京西诸路，犹呈土旷人稀之象”。“然南部则因人口增殖之故，熟地渐感不足，于是利用土地之范围，遂益推广。其推广之方法，一则与水争田，一则变山为田。”[1]

可见，在北宋王朝时期，北方有大片荒土，而南方却为田争水。当时豪强势大，所占多为良田，“贫者所占之田多而旱”，王安石曾在地方为官，了解这一情形，故他兴修水利，鼓励农作。他深知“旱者皆贫民”，“贫民被灾，不可不恤也”。因此，王安石变法，他定方田法，“以东南西北各千步为一方，计量田地，分五等定税，人民按税照纳”。如播种无钱，设立青苗法，则由官贷于民。

但是，要确保千步方田的计量，使定税得以完成，就必须重视青苗，即以耕种为先，因此颁布青苗法规定贷款给农户，农户耕种积极，然后才能有所收获。

仅此而言，王安石并非书呆子，地方官任上的历练，使他先推行青苗法。

王安石的时代，农户每年在春种时，都要向地主富商借贷，秋后还钱，无钱还粮，据说这半年的利息高达三分以上。王安石的善意在为农户解困。他的青苗法，由朝廷官府借贷给农户，半年时间，利息只在“十分之二”。青苗法此举，既能抑制地主豪强，又能减轻农户的债务负担。但是，王安石做地方官，他所管辖之区域不大，他可以身体力行，随时巡视督导，监察施行。然而青苗法向全国推行，就存在执行力的问题。王安石没有这样的执行力要求地方官吏与农户学习，并逐级宣讲他的青苗法。他也无法督察全国上百上千的州县。他的新法，影响地主豪强乃至地方官吏的权益，他要从地主豪强手中夺利，谁来执行？地方官吏的利益几乎与地主豪强富商捆绑在一起，谁愿意自己割自己的肉？一旦失去督察，权力实际上仍归于地方官吏，一些地方官乘机以此强行摊

〔1〕 李剑农：《中国古代经济史稿》，武汉大学出版社 2006 年版，第 740～741 页。

派，一方面可以虚报政绩，另一方面又暗中加息，勒索农户。农户原来可以向诸多地主借贷，如今却变为一家官府垄断，故不堪忍受者只有逃亡。对待逃亡的农户，王安石气急败坏，抓紧颁布青苗法的补救措施——即实施细则，将农户十家连为一保，一户逃亡，影响九户。一时，引起非议。

此外，青苗法的施行，因地方官暗中加息，私自获利，不能还贷的农户不堪偿付而逃亡。老实的逃走了，无赖的借贷不还，甚至将所借的钱款挥霍殆尽。

对于青苗法，反对的大臣名士太多，如苏轼、苏辙两兄弟，三朝宰相老上司韩琦，先朝宗臣文彦博，政坛高手、复古保守的司马光等；就连改革派范仲淹的儿子范纯仁也在其中，一个个同仇敌忾地针对王安石，形成联盟，都在反对他。

反对王安石之人，一个个又都是桀骜不驯的贤臣名士，他们都是自恃甚高而又认死理的人。加之王安石雄视古今，他自以为，他的变法乃是他一生所追求的事业，近在眼前，势所必得，他哪能让步。

于是双方的矛盾，视若水火。

因此，青苗法在全国施行后，出现王安石在地方任上所不能预见的前所未有的困难。

青苗法的全面施行面临窘境。

谁会帮助安石出主意、提建议呢？多数的名人大臣不会提建设性的意见。结果不利，只能证明反对者的正确与预见。

青苗法尴尬，市易法如何？

市易法也是王安石变法的重头戏。

王安石自以为钻研汉武帝时桑弘羊的经济政策，采用市易法可将富商大贾的部分利润纳入国库。当时的汴京，商业交易十分繁华，据南宋人所追忆的《东京梦华录》记之，东京随处皆有小商小贩，其交易买卖并不限于市区。“每日如宅舍宫院前，则有就门卖羊肉、头肚、腰子、白肠、鹑、兔、鱼虾……果子、扑卖冠疏、头面衣着、铜铁器、衣箱、磁器之类；亦有扑上件物事者，谓之勘宅。”[2]记载中，东京店铺林立，皆有商店酒楼施舍瓦子，“宣德楼前左廓南对左掖门，为明堂、颁朔布政府、秘书省；右廓南对右掖门，近东则两府八位，西则尚书省。……内行景灵东宫南门大街，以东则唐宋金银铺，温州漆器什物铺，大相国寺。……即开封府御街，一直南去过州桥，两边皆居民……张家酒店，梅花包子，李家香铺，曹婆婆肉饼，李四分茶”。[3]

这是北宋都城汴京的市场盛况，王安石让官方资本进入市场，用现在的话讲，是让央企入市，他成立“市易务”，相当于供销合作总社，统一购销业务，旗下还兼有钱庄与典当，也就是设立商贸业与金融业融为一体的大型综合性垄断集团，即官僚资本加权力，与民争利。这北宋的民营经济再发达，也不能与之竞争。结果商人的利润大为减少，民营商业日渐凋疲；而在市易法的支撑下，王安石的垄断性央企大赚特赚，银两源源入库。王安石大喜可望，下令由京城向全国各大商市全面推行市易法，设立“市易务”；而东京的“市易务”则升为“提举市易司”。在全国范围内处于绝对的商业优势，堪比当下全国性的央企上市集团。

殊不知，这成了问题，天长日久，民间商业几近萎缩，民间贸易是大河，一旦干涸，没有水源，那日进斗金的“市易务”与“提举市易司”慢慢地也水源枯竭，财源萎缩。

均输法也如此，与民间商人争利。王安石可能看《盐铁论》，他不仅照搬西汉的经济政策，甚而扩大垄断经营的范围，大搞盐、铁、茶、酒、绢专营。这种垄断性的专营，官府赚钱轻而易举，但一枝独秀，不会长久。

为了宋神宗的知遇之恩，为了满足神宗国富强兵的愿景，为一雪太宗之耻而奋斗，王安石夜以继日，兢兢业业，他公布方田法，虽为垦田奖励农作，但也为收租收税而丈量土地，按等收税。这一点，有效法商鞅之意，对隐瞒的土地予以计量，补计瞒报的大量土地，使税收颇丰。

---

〔2〕《东京梦华录》卷三《诸色杂卖条》。

〔3〕《东京梦华录》卷二《宣德楼前省府官宇条》。

王安石颁行的免役法,也有“商品经济”的成分。

这就是说,如要免掉徭役,须按户出助役钱,花钱买役。

当然农田水利法,至为重要。安石在地方任上,就曾大兴水利。中国是农业国,修水利,浚沟渠,能解决水患,又能平息水争,这实际是良法。只不过,在反对者看来,王安石的一切新法都是恶法,他们是以人划界,认定王安石变法是乱政,便一切皆反对。其中青苗法加息导致不利后果,便以此推理一概而论,把农田水利法亦斥之为恶法了。

除了富国之法外,王安石要为宋神宗强兵,他强兵之策施行的就是保甲法、保马法。

所谓保甲法,王安石之法与商鞅不同,他的保甲法,用现在的话说,他是制定民兵法,是一种民兵制度。即农忙耕作,农闲操练,战时能迅速形成建制的民团上前线杀敌。保甲法规定十户为一保,五十户为一大保,十大保为一都保。可挑选有财力、有能力的人担任大保长。都保为保正、保副,挑选与大保长相同。在治安方面,也多少借鉴了商鞅的连坐法,但却有严格的限定,没有商鞅连坐法那样广泛,处置也没有那样残酷。即只有保内出现盗贼抢匪,知情不告,才连坐治罪。平时,在保内选出值班的保丁,巡视保内,强化治安。保马法则规定,可以将官马贷给保丁,是指将官府的马匹借给民间的农户,使之平时喂养。战时,可形成骑兵。因为,大宋朝北面是金、辽,西面是夏,这辽、金、夏诸国多为游牧民族,善于马战,来无影去无风,贵在神速。赵宋的军队多为步兵,与之交战,十分不利。故实行保马之法,将官府之马交由民间喂养,可减轻官府负担,亦能亦兵亦农。这些,均是强兵之策。

年轻的宋神宗高兴了,有财力有骑兵。

应该北伐,雪宋太宗之耻,报一箭之仇。

王安石当然懂得神宗心思,他的保甲法、保马法强化了国防,他调整了国防政策,变被动为主动,他“起用了杰出的军事将领王韶”,训练军队,更新武器,厉兵秣马,增加粮草军饷,“使王韶一战而收复河湟地区(今青海省东北部)”。[4]

四

皇帝高兴,王安石自然也乐不可支,一挥毫,一首诗抒发出当时的心境。

爆竹声声一岁除,春风送暖入屠苏。

千家万户曈曈日,总把新桃换旧符。

王安石这首诗,900 年后中国“文革”的某一年春节,也登载报刊,让文化几近枯竭的国人,获得传唱唐宋诗词的合法性惊喜。

其实,北宋年间的老百姓,生活并不比“文革”时差,那时候的知识分子,宁可“食无肉”,也不可“居无竹”,比当下要优雅多了。以喝茶为例,宋代的“斗茶”之胜负取决于汤色与汤花,汤色以纯白为上,青白次之;汤花泛起后,以水痕早者为负,晚者为胜。大文豪黄庭坚《西江月·茶》一词,便展现宋人生活场景之妙不可言;而谢逸的词则以王安石家乡为背景,以茶点题,由茶切入主题,将宋代文人的情趣、意境拔高一筹,让文人骚客沉梦于明月之下,醉死于青梅煮酒与雪水新茶之中。且看宋词:

临川好,柳岸转平沙。门外澄江丞相宅,

坛前乔木列仙家。春到满城花。

行乐处,舞袖卷轻纱。谩摘青梅尝煮酒,

旋煎白雪试新茶。明月上檐牙。

茶之意趣演绎出茶的程序,因此,到了崇尚雅逸之趣的宋人这里,茶道正式登场了。只不过,日本人太认真,将其推衍出更为精致的茶艺与茶道。

可见,宋人的小日子,还是让今人赞叹不已的。但王安石雄心勃勃,哪能满足于这些?他要做千古名相,他所追求的恐怕已不是小康生

[4] 肖建生:《中国文明的反思》,新世纪出版社 2009 年版,第 177 页。

活了。当然,他也没有迂腐得像王莽那样,将意图直接定格为乌托邦式的大同,他的价值目标有些含糊,他只谈变法的内容,不谈变法后果的直接要求。这,或许是他的高明之处。不过,性格决定成败,他的牛脾气一来,脸青面黑,话一出口,掷地有声:天命不足畏,祖宗不足法,人言不足恤!

这些誓言,虽表明意思、决心,但却在策略上处于被动,成为众矢之的。

攻击之声不绝于耳:

你那青苗法的施行,导致地方官吏暗中加息,坑害百姓,老实的农户不堪盘剥,逃亡者众多,反使田地荒废;奸诈之徒借贷不还,大肆挥霍乃至官贷不能返偿。这些责任,你王安石难脱其咎。

还有,市易法,把大宋王朝繁华的商业贸易已演变为你王安石一手操控的"市易务"、"提举市易司"的垄断行当,市场凋疲,商人破产。这,能持久吗?

责难之声,从上至下,形成了强大的反王安石的同盟。文质彬彬的苏辙反对青苗法,语气是那样的温文尔雅。苏辙对王安石说:"出钱贷民,本欲救民,但钱入民手,不免妄用,满限多无力筹偿,有司饬吏追呼,鞭扑横施,是救民反至病民了。"苏辙此说,虽然反对青苗法,却也客观。但老友司马光就不同,他是反对王安石阵营中最出色的一位。当时神宗皇帝下诏,令王安石与司马光复议登州狱案。王安石遂邀司马光合议,两人碰在一起,火星撞地球,各执己见,争吵不已。

想当年,二人认识,相见恨晚,长谈至夜,竟抵足而卧,相互钦佩之情可见一斑。如今,反目成敌,争锋相对。

原来这登州一案,是指有一美妇,许嫁未行,因听说夫婿貌丑,心甚不平,竟然暗藏利刃,潜往害夫。见夫卧田舍间,便拔刀砍人,幸云乃夫尚未睡着,慌忙起避,才得不死。但因用手遮格,被断其一指。乃夫逃去遂鸣官诉讼。知州拘那女人到案,见该女姿色美丽,的确与乃夫实不相配,便有了解脱该女之意。在古代,妇人杀夫,是何等大罪!即使《宋刑统》追随《唐律》、《隋律》(开皇律)的轻刑宽简,但妇人杀害亲夫,也是死罪。而那知州有意开脱,设法保全,便以该妇自供以自首减罪论,上达朝廷。这样,宋神宗下诏让王安石与司马光复议。可见,大宋王朝对于人命关天的案件甚为重视,相当于当下的死刑复核程序。

王安石与司马光复议情形可看出大宋王朝的刑律制度具有一定的严格性、程序性。

宋代的司法机构,大体沿用隋唐制度。宋神宗时,改革官制,司法制度也相应变动。

从中央来看,主要由刑部和大理寺分掌司法。太祖立国,便令各州死罪案件必须先经刑部详细复核,有时甚至亲自过问。太宗时,进一步控制司法,重大案件先由刑部置详复官六人,专职审阅天下奏报的刑事案件。甚至在禁中(皇帝殿廷内部)设置审刑院,以亲信的高级官员主持院事,下设详议官六人,详细评议刑部所详复和大理寺所详断的案件。“神宗改革官制,取消殿内审刑院。大理寺设正副长官,始为专职。并设大理寺狱,以卿一人为首,少卿二人为副。大理寺内审判事务分左右两部;左为断刑,掌管全国官员将校被检举的犯罪案件和死罪及其他报诸复审的案件;右为治狱,掌管京师各机构职官的犯罪案件……一切案件,先断司而后议司,经过一再审议,才能定判。大理寺所详断和刑部所详复的案件,须经门下省复核,门下省可依律驳斥或予以纠正。门下省通过,中书省仍评议,认为不当,可直接向皇帝陈述异议。皇帝认为有疑义时,交两制(指翰林学士和制诰的中书舍人)、大臣(指平章事和参知政事)、台谏(指谏史和谏官)共同评议,再行决定。”[5]

由此看来,大宋刑律的程序性是比较复杂的,并不像当下有的人这样想当然,认为古代一切都是皇帝一人说了算。这里并不否认皇帝至高无上,享有最终的决定权。但繁复程序以及律法条令的严格性,皇帝大多还是遵守的,并非现代人想象的那样“无法无天”。

---

〔5〕 上海社科院法律研究所编:《宋史刑法志注释》,群众出版社1979年版,第11~12页。

此外,大宋王朝在刑罚的适用上是相当人性的,其宽容程度应为历朝之冠。宋太祖在位时,他对刑律十分重视。他读《尚书》中的《尧典》和《舜典》,叹息道:"尧舜处罚四位凶人,也仅仅是流放,为什么近代法网如此严密啊!"据此,太祖对宰相说:"以后各州判处犯人死刑的,要记录好案情上奏朝廷,交给刑部重新审查复核。"至此,死刑案件上报朝廷。从开宝二年制开宝八年这六年间,有4108人被免死罪。

查宋朝刑律,虽有抄袭《唐律》之内容,秉承隋唐轻刑思想,但宋刑统及其编敕在罪名上除谋反属于政治犯罪之外,其余均为刑事犯罪。唐及唐以前各朝代的律令中,涉及言论与思想犯罪的罪名很多,这些在宋代的法律中却很少,甚至不用。

由于太祖强调不杀读书人,不判言论之罪,以后各代皇帝都能很好地执行。"在仁宗朝,四川有一士子,献诗给成都太守,诗云:'把断剑门烧栈阁,成都别是一乾坤。'这是明目张胆地鼓动地方官造反。成都太守将这士子绑送京城,交给皇上严加惩治。可仁宗皇帝却说:'这老秀才急于做官,写诗泄泄愤,怎能治罪?不如给他一个官做。'于是,让这士子为司户参军。可见仁宗皇帝之宽容,与雍正皇帝对曾静一案的处理,相差何止十万八千里!同样的案情,一个不但不获罪,反而做官;另一个却掘墓鞭尸,株连九族,血流成河。仁宗皇帝在位42年,死时讣告送到辽国,'燕境之人无不远近皆哭'。连辽国皇帝耶律洪基也握着宋使的手号啕大哭道:'四十二年不识兵革矣。'"[6]

的确,大宋王朝在刑事政策上的轻刑宽简与人道宽容值得称颂,以王安石、司马光复议登州一案为例,可看出,小小一断指伤害案件,竟惊动皇帝,让两位宰相级别的大臣来过问。

话说王安石与司马光两位大臣受诏命复议登州一案,王安石详细阅览报请的材料后,他面黑心善,颇具同情心,便同意呈报的意见,认为自首减罪可行。然而,司马光何许人?他读圣贤书,崇尚古代,俨然一

[6] 肖建生:《中国文明的反思》,新世纪出版社2009年版,第166页。

位保守主义大师,加之愤恨安石新法变革,破坏祖宗之法。对于他来说,逢王必反。因此,司马光一捋须,愤然说道:“岂有此理?妇人谋害亲夫,怎能减罪?”王安石也不客气:“妇人既然已经自首,应该减罪。”这司马光,那维护纲常礼教的凛然之气已贯通脑门,他脸红筋涨,气愤地说:“今该妇谋杀乃夫,本属一事。她既是自谋,也是亲杀,怎能减轻,天理不容!”安石针锋相对,毫不妥协,说道:“若自首不得减罪,岂非自背律文?”

两人争论不休,吵得面红耳赤,最终只有共请神宗决断。史书说神宗偏袒安石,“竟准如安石议”。

从现代刑法与刑事诉讼法的原理来看,登州一案,该妇人应属故意杀人之罪,自首是假,杀人未遂,伤害一指有人身危害性。但危害后果还不至于死立决。当然从维护君君臣臣父父子子的三纲五常之礼教而言,司马光或许是“正确”的,夫为妻纲嘛!在专制集权的古代社会,女人不可能与男人平等。孔子曰,唯女子与小人难养。可见歧视妇女习以为常。因此,杀害丈夫,不管既遂还是未遂,必为死罪。然王安石有悲悯情怀,他对下级报送材料中的自首问题不加核查,予以认定,乃是慈悲使然。这与他早年崇尚禅佛,以慈悲为怀有关。果真如此,救人一命胜造七级浮屠啊!

五

王安石变法,与商鞅、王莽、汉武、杨坚不同,他的侧重点不在刑律,为何?这便是宋朝之刑律《宋刑统》承袭了隋唐刑律之宽简轻刑内容,使安石感到没有改变的迫切性。加之,宋太祖立“誓碑”,要求儿孙皇帝在太庙宣誓不杀读书人,设立了“以文立国”的政治制度,因而太祖皇帝的祖训所具有的神圣性反映在太祖所制定的法典律令之内,后辈儿孙皇帝不敢轻易改动。但时代的变化,必然也面临修律的问题。后代皇帝采取以敕入律的方式,以弥补成文法典《宋刑统》之不足。宋神宗变法图强,设局修敕,作两步设想:其一是准备将来创立敕令格式统编的法典;其二是继续独立编敕,以供当前所需。独立编敕由王安石主持,"在熙宁六年(公元1073年)八月,王安石完成并上报《熙宁编敕》二十六卷"。[7]

这些编敕,用现代的话说,有点类似司法解释,但法律效力的位阶层次要高一些,内容也要广泛一些。编敕中,有时敕文条数,竟超过刑统法条。在实际执行中,且有优先的习惯与适用效力。因此,官民均重敕轻律。编敕的格式除敕条正文外,还有"看详"、"申明"、"赦书"、"德言"。所谓"看详",即中央主管官署根据过去敕文或其他案卷所作出的决定。所谓"申明",即中央主管官署就法令所发表的解释。所谓"赦书",即指一切赦罪的命令。所谓"德言",是死刑或流刑各罪降等处罚和其余轻罪释放的命令。

此外,在宋代司法体制中,提点刑狱司是很重要的机构,大宋提刑官的影响非同一般,这在以后南宋时的提刑官宋慈身上就看到这一机构的重要性。它是北宋朝首创的专门化的地方司法、监察部门。为有效控制地方,宋朝设"路"作为对州、县进行监管的最高地方区划,提刑司为路级最高地方监司之一,掌管路的司法、监察事务,以文臣为长官、武臣为副。神宗皇帝即位,雄心勃勃,变法图强,他对提点刑狱司制度进行改革。不知何故,神宗皇帝下诏命武臣提刑,也可能是与地方势力和治安状况有关。武臣提刑的权力有进一步扩大的趋势。王安石变法改革,他的变法重点虽在国家财政与民生方面,但对提刑司制度还是比较重视。王安石主持新法改革伊始,就已充分认识到武臣提刑的弊端,在王安石看来,与其让武臣在这里费力地熟悉各种法条律令,不如让他们镇守边疆。由于王安石自己就曾担任过江南东路提刑官。因此,他对武臣提刑的弊端有深刻认识,故将武臣提刑废之。这也可以说是王安石变法在刑事法律制度中的一大亮点。

总之宋朝的刑律,无论是《宋刑统》,抑或是编敕代律,除遵循太祖

---

[7] 上海社科院法律研究所编:《宋史刑法志注释》,群众出版社1979年版,第40页。

严惩贪官适用重典外,几乎完全承袭唐律的轻刑思想,甚至在不治言论之罪、不杀士大夫及上书人方面的人性化的宽容程度超过隋唐。故王安石主持编敕,完成《熙宁编敕》,也继承这一刑事政策。由此可看出,安石是主张轻刑之人。这也与他修习禅学,与佛结缘有关。他处事办案均宽大为怀。神宗欲成盖世之功,他得王安石,如鱼得水,计议新法也问及禅佛。熙宁八年,一日,神宗与王安石论道。神宗问:“佛教于中国有补乎?”王安石回答:“君子小人,皆知畏而从善,岂小补哉!”

平心而论,对王安石变法的历史评定,贬多褒少,但王安石的变法与商鞅变法性质却有异同。相同点都在富国强兵,不同点在于商鞅之法强国弱民,刑苛律酷,禁言封口,乃至后世皇帝热衷商鞅酷刑,横征暴敛。即使国富了国强了,与民何干?秦汉强势,个别朝代人吃饱了、穿暖了,但噤若寒蝉,生活在言论治罪与思想治罪的恐惧中,这能称为“幸福”吗?王安石变法,关注民生的内容相当多,出发点与商鞅不同,商鞅奖励垦土,是为了增加赋税而耕战;王安石颁布农田水利法、青苗法、方田法,虽增加赋税,但却是为了富国而非战。他的保马法、保甲法施行的目的是强兵,强化国防,而非秦孝公、秦始皇与汉武帝的穷兵黩武。商鞅个人失败,其变法成功,之所以成功乃是他最大化地维护了君王皇上的家天下利益与权力。如若王安石的变法成功,将为后世开启一条“政府理财”的思路与模式。可惜,王安石在变法路径上的设计不够精明,遭至反对派的攻击而败北。

王安石与司马光为代表的保守派相比,虽然提出祖宗之法不足守,但在变动祖宗之法时,他同样是赵匡胤“以文立国”的制度产物,他的富国强兵是建立在经世济民的基础上的。他不可能触动宋太祖不杀士大夫及上书人之祖训,这也是他自身获利的孜孜以求。因而王安石所说祖宗之法的变动,不涉及祖训的根本,但在策略上欠妥,成为司马光等保守派攻击他最有力的武器。司马光等保守派,因循守旧,属于董子传统中皇权与士大夫共治框架内的精英,他们的侧重点在“人治”,而非“法治”。他们具有浓厚的儒家天道的“人治”色彩,怎能容得下王安石以儒为主杂糅佛道法诸家所长的新法。

当初,南宋高宗皇帝赵构将北宋亡国之责归咎于王安石新法,在我看来,是不公正的。而后世的朝代却将北宋的亡国,归责于宋太祖“以文治国”的政策,事实上,文臣凌驾于武将之上不是国弱的表征。北宋遵循太祖祖训“文治靖国”,摆脱并医治了中国古代历朝的外戚专政和宦官乱政的政治病。据史书载,北宋朝的经济实力在世界上一直位居前列。北宋的版图不算最大也不最小,汉代与唐朝的版图均被人们夸大。所谓汉武帝时版图之大,也是想象。如滇、黔等西南地区,滇王、夜郎王与西南夷诸国就有一部分不在汉武的控制范围之内,否则不会说:“汉孰与我大?”而这一区域在宋王朝时除大理地区外也纳入宋的控制之中。汉时,内蒙外蒙正是匈奴驰骋的疆域,青藏还是神秘的地方。李广利等将领虚报战功将西域计算在内,但因没有实际控制力,汉王朝与大宋王朝相比,也大不了多少。至于唐朝,因辽东还在高句丽手上,隋唐均多次吃败仗。大唐王朝对于滇黔等西南地区,也同样存在无实际控制力的问题。至于西域地区,严格地说,也非大唐帝国所能控制,所谓“安西四镇”也早被吐蕃所灭。甚至河湟、甘、凉十一州还被吐蕃占领达80多年。因此,大唐帝国的版图并不大。故将北宋版图较小甚而亡国,归责于宋太祖的“以文治国”是不符事实的。

实际上中国带兵打胜仗的多是文人,孙膑、韩信、诸葛亮、陆逊、司马懿、谢安、刘伯温、袁崇焕、曾国藩等都是秀才带兵,谁能胜出?至于将北宋之亡怪罪王安石新法更是无稽之谈。那才艺双全、荒淫过度的宋徽宗上台后,所践行的政策与措施,哪一条在执行王安石新法?他把北宋王朝玩到极致,甚至大开城门,用道士作法去抵御金兵,焉能不败?而宋朝最终灭亡,不存在“以文治国”,那辽、金诸国也没有“以文治国”,仍然败在蒙古铁蹄之下。甚至强悍的俄罗斯、波斯也无力抵抗蒙古大军。蒙古的兴起,得力于冷兵器时代“机械化部队”的闪电战之神力,对于赵宋王朝,这是历史的一劫,命数使然,而非赵匡胤的“以文治国”,更非王安石的新法。

于王安石而言，或许他的新法超越了他的时代，他实施“政府理财”，即用政府这只“看得见的手”去调整北宋社会与市场那只“看不见的手”，他超前了。他的新法是好是坏，可能是一个永远也无法正确回答的命题。但他的新法，已开启农耕社会中国家干预市场之先河，这是不争的史实。

王安石虽然失败了，可他却唱出文人政治的悲歌一曲。他的悲悯情怀，还是让人铭记于心，他的慈悲心在前述登州一案中已然隐显。

王安石自认为是大善，而司马光、苏东坡却认为新法是恶法。

这也是赵宋王朝的言论自由给王安石变法带来的麻烦。司马光是保守派，对于祖宗之法，怎能“弃者毁之”！他决意拿自己的乌纱帽跟王安石斗，他劝王安石“改过从善”。他认为，青苗法、市易法、均输法是恶法。青苗法、方田法巧取豪夺民财；市易法使“财聚于上”，必然“散而于下”，官府财源滚滚，民间财源枯竭；均输法专营，民间商业萎缩。在司马光看来，王安石“用心太厚，自信太过……尽变更祖宗旧法”。于是，他挺身而出，力反新法，甚至在神宗皇帝面前提出，如能“不行青苗、助役等法”，他可以留下，否则他携全家退隐，远离繁华的东京。这是何等的气概，司马光人品官品可见一斑！

司马光第一仗败在王安石阵前。

司马光走了，这也是幸事，他离朝廷十五年，专心致志，撰写了历史名著《资治通鉴》，这是中国史学的巨著，他距他的本家司马迁只有一步之遥。差距就在司马光为帝王师，官家喜欢他；民间却喜欢司马迁，司马迁秉笔直书，他使汉武帝折了寿，使历代皇帝害怕史上骂名，行为有所顾忌。当然，司马光的《资治通鉴》并非教授后代皇帝做坏事，他也放胆直言，劝告帝王爱抚百姓。

司马光走了，苏轼跳上来，他反对王安石比起苏辙激烈得多。苏轼何许人？在中国古代，苏轼这样的天纵之才可能绝无仅有。他的名气太大，他的诗词雄奇超旷，横放杰出。他写情感类的人生，淡而实美，久而弥笃。他挥毫泼墨，抒写情景，怀逸壮思，雅量高致。他若发思古之幽情,起笔高唱入云,万古的心胸释放出的豪放气派,凌厉无前。苏轼的诗、书、画、词独步天下,不仅宋神宗爱看,宋神宗的祖母太皇太后更是喜欢。因此,苏轼上阵挑战王安石,杀伤力之大可想而知。

平心而论,王安石之新法,并没有司马光、韩琦、文彦博、苏轼、范纯正等人贬斥那样恶,如果这些名重一时的贤相名士都能辅助安石,如果宋神宗再给安石一些时间,或许,安石的新法能获成功。如果这些重臣贤达不要一概否定,而是提出建设性的完善意见,新法不至于功败垂成。

依笔者观之,王安石新法确有不少关注与救助民生的内容,如争议最大的青苗法,就连反对者苏辙也承认这是"救民",关键的问题是在春种期间贷款于民应将利息减少,同时不排斥民间借款,让地主富商也贷款于农户,青苗法只限定高利。这样一来,官府与地主商贾均获小利,农户能偿债。该法便能通过贷款解决农户在农田水利建设和粮食生产上的资金不足的问题。至于挥霍借款之事,只是少数,应严格控制贷款用途,违者受罚。又如市易法,不宜设置官府垄断商业购销的机构,应与商人公平竞争。当然,市易法并非一无是处,如王安石采取平抑物价的手法,在某商品价格低廉时,由政府买进;价格昂贵时,由政府低价卖出。这种稳定物价的做法还是值得赞许的。至于均输法的管治,只适宜盐铁,不宜将酒、茶、绢等重要物资一律列为垄断专营。

总之,王安石新法,以提升国家财富为主,其间也关注并救济民生,新法不是商鞅恶法。王安石新法之不足或不能按他的预计施行,归纳起来,有两大遗憾:其一,如将民生福祉视为新法之价值取向,以民生之计为第一要素,国家财富的考量次之,新法的施行,反而有效。只不过,在古代中国,以帝王为家天下的王朝不可能认同。因此,不独王安石,如果换为司马光、苏东坡注重考量民生,新法既不能拟定,也不能颁行,只能厮守旧法,因循守旧而已。在这一问题上,不能苛求王安石,或许这也是他的一大遗憾。其二,颁行新法,不宜暴风骤雨般施行,应循序渐进,稳扎稳打。王安石心情迫切,推行新法急功近利,在没有得到与新法利益攸关的权势集团、富商地主阶层的支持，没有大批训练有素的地方官员予以执行，以及没有大批的知识分子理解的情况下，改革必然受阻。改革是触动利益的大事，本来就大有保守人士反对，受利益群体攻击；而改革及新法实行的周期也不是一两年就能见成效的。因此，面对短期局部问题的困难或失败，神宗皇帝受到上下左右的围缠，其意志难免不发生动摇，王安石应坚定其信心，鼓励神宗，而不应遭受挫折便负气辞职，竟而罢相。

王安石变法的迫不及待，使他在困难之时进退失据，不能收放自如。因而，新法流产，功亏一篑，令人叹惜！

行文至此，新法的强力推行已经逆水行舟了，有一本书很形象地撰写此时的王安石，书上说："王安石犹如纤夫，拉着大宋这条船逆水而上。急流险滩，纤绳勒进肌肉，他咬牙瞪眼不服气，还使出拳脚，对付一拨又一拨强悍政敌；这个打趴下，那个又冲上来。今天赶出京师的，明天到地方生乱，清理外部环境刚有起色，内部又闹将起来……王安石纵有三头六臂，比诸葛亮还诸葛亮，可他能把一艘万吨巨轮拉到他的目的地吗？"[8]

大宋王朝这是一艘多大的船，据说人口快达到一个亿。又有人记录，说史书上记载，大宋王朝的GDP世界第一！这也可能是真实的数据，但是神宗皇帝却哭了，朝廷的确比以前富了，可老百姓穷了，有人说流民已经形成规模了，神宗皇帝不是糊涂虫，他深知流民的危害，他可不愿意流民起义推翻他赵宋的江山，他要废新法，要开仓放粮，要赈济流民……

王安石两次罢相，神宗皇帝都苦苦挽留，最后一次挽留是真心还是假意，谁说得清楚。

王安石走了，退隐江宁，王安石的变法失败了！

---

〔8〕 刘小川：《品中国文人》，上海文艺出版社2008年版，第151页。

六

反对王安石的阵营一阵大笑,然而,笑声之后,一切归于沉寂。感念苍生的书生们、贤达们、名臣们也没有出什么好主意。官照当,债照放,役却不能免。朝廷的财富,倒是日渐减少。可百姓也没有因此而富裕。司马光上台,恢复旧法,苏东坡本来与他在同一阵营反对王安石。但司马光执政,苏东坡也不满意,他又开始反对司马光了。

对于王安石的变法,同是变法家的梁启超称道王安石,“其学术集九流之粹,其文章起八代之衰”。梁氏的评定一改宋代以来道学家主流对王安石的负面评价,还这位11世纪中国伟大的改革家的历史公道。

王安石来到金陵(江宁),或许确切地说,他败走金陵,如果说世事难料,宦海沉浮,可王安石早有预计。

当初,王安石在拜相之日就写下归隐禅林的诗篇。一般来说,在政治上顺风顺水之际,不乏个别政治家登庙堂之高时不忘山林之远,但拜相之日即有归隐释家的念头,恐怕只有王安石等为数不多的政治家了。据《东轩笔录》卷十二记述,荆公(王安石)拜相之日,“百官造门奔贺者无虑数百人,荆公以未谢恩,皆不见之。取笔书窗曰:‘霜筠雪竹钟山寺,投志归与寄此生。’”以后王安石罢相,他游钟山,宿法云寺,问他昔日拜相时是否有书窗之诗,王安石答“有”,并“怃然”微笑。可见他拜相之日对将来归隐禅林有所估计。唯其如此,方能理解王安石晚年投身佛寺、研习禅宗是一种早已预期的归宿,此种自我超越乃是早年熟读佛经的习禅心得和对官场风险的一种心理预感。否则,很难想象,王安石在人生巅峰之时有看破尘世的禅佛话语,这与一位大胆推进改革而又义无反顾的政治家的进取行为是何等的矛盾!

王安石又来到长江边。

遥想当年,宋神宗下诏任命王安石为翰林学士。他知道,神宗要委以重任了,他的变法改革大戏的帷幕即将拉开,他意气风发,途经长江南岸的京口(今江苏镇江),他在金山寺留宿一夕,与宝觉大师会晤,畅谈甚欢。宝觉是长沙人,善画能诗,是王安石挚友,二人畅谈后,王安石告别宝觉,泊船瓜洲,渡江北上,此时王安石的心境无以言表,前程似锦?还是宦海沉浮,路途险难?他触景生情,写下了一首千古佳作:

京口瓜洲一水间,钟山只隔数重山,春风自绿江南岸,明月何时照我还?

这"京口"与"瓜洲"的距离,不过"一水间"。隔江相望,除了宝觉禅师的友情难以割舍外,还有第二故乡"钟山"(代指江宁)的故乡之情在触动心绪。这"春风"不请自来,一个"绿"字以形容词替换"来"字动词,更能覆盖全景,引出江南春早的动感。然而,这毕竟是应召上任、一展抱负的极好机缘啊!与李白"我寄愁心与明月,随风直到夜郎西"的愁绪甚是不同。春风照拂,本该意气昂扬。缘何引出"明月何时照我还"的归隐之意呢?胸怀匡世大志的王安石,在神宗皇帝召他进京,实施变法图强之际,却生发出如此叹息,如何理解?写作此诗时,或许只是安石一种隐略的预期,他有功成身退的准备,也有失败归隐的预测。换句话说,安石粗中有细,有进有退。

在我看来,因为有了退隐的思考和准备,此种独善其身的"退路"或许是他功亏一篑的重要因素。也许他应该破釜沉舟,在改革变法的路径上背水一战。如果他能更进一步坚定神宗皇帝的信心,如果他能多方解释而不是负气罢相,如果这样多的如果都能成立,也许就没有也许了,他就不是王安石了。

性格使然,他王安石,一大丈夫耳!身形伟岸,目睛如龙,达则兼济天下,穷则独善其身。此刻,他又站在长江边,仰天长啸,壮志未酬……

如今,明月映照着王安石的,是他在江宁"半山园"内写下的不朽著述与诗篇,他10年的退隐幽居,完成了《字说》的学术著作,更留下不少雄阔精绝的诗词,你来看这首《千秋岁引·秋景》:

别馆寒砧,孤城画角,一派秋声入寥廓。东归燕从海上去,南来雁向沙头落。楚台风,庚楼月,宛如昨。

无奈被些名利缚,无奈被他情担搁!可惜风流总闲却!

当初谩留华表语，而今误我秦楼约。梦阑时，酒醒后，思量著。

此词的题目名“秋景”，王安石晚年的伤感却在此词中不着一愁字，寂寥秋景，隐隐在目，与其说看见，不如说听见。听见“一派秋声”，比看见更堪回首。或许此时王安石才明白，文章千古事，那君王的家事，如何了却？为赢得生前身后名，只能了却君王天下事么？后世辛弃疾这词好像是在说王安石，可怜白发生！如今，春去秋来，平沙落雁，除了一派秋声，一切空空如也。想当年，推行新法，意气昂扬，一首《浪淘沙令》借古代贤臣的际遇，抒发着神宗对他的知遇，是谓时来运转，才能云龙风虎大展抱负。且看这首词：

伊吕两衰翁，历遍穷通，一为钓叟一耕佣。

若使当时身不遇，老了英雄！

汤武偶相逢，风虎云龙，兴王祗在谈笑中。

直至如今千载后，谁与争功？

从字面表层看，吕望为渔夫，伊尹是农户，如没有好的机遇，纵有经天纬地之才，也只能埋没英雄。然而，安石笔锋一转，英雄只有被君主知遇，才能建千秋功业。这首词蕴含的心境，是安石踌躇满志的志在必得。可如今，新法流产，自己退隐江湖。是不是有些悔意，悔自己“无奈被些名利缚”。那些功名利禄缠绕着自己，那些闲言谤语围剿着自己，虽然说出“可惜风流总闭却”，“误我秦楼约”，但仍然是一种得不偿失的惆怅之意，借喻用美好的生活换来的是一派秋声过后的寂寥天空，仍然空空如也。

难道人的一生，酒醒后，只能思索？

到了这份上，安石只能自号半山老人，或称半山居士。他在钟山附近的半山草堂抄写佛经，是他晚年幽居著述的安身立命所在。他不设垣墙，他爱居所半山草堂的自然景观，他说：“终日看山不厌山，买山终将老山间。山花落尽山长在，水自空流山自闲。”

元丰七年，王安石将半山宅园捐出来作为寺庙，他舍宅为寺，皇帝赐寺名为报宁，从此，人们又将“半山园”称为报宁寺，也称半山寺。安石在这里参禅打坐，抄写佛经。因身体大不如前，他多在“半山寺”诵读佛经。他读经有得，也写禅诗。他说：“身如泡沫亦如风，刀割香涂共一空。宴坐世间观此理，维摩虽病有神通。”王安石之女，极具文才。她思念乃父，以诗寄父：“西风不入小窗纱，秋气应知我忆家。极目江山千里恨，依然和泪看黄花。”安石读诗后，勉励女儿学佛习禅，以《楞严新释》寄云，且附诗道：“青灯一点映窗纱，好读《楞严》莫忆家。能了诸缘如幻梦，世间唯有妙莲花。”史上有书说安石通晓《楞严经》，我从此诗中隐略可知。

安石是做学问的高人，他习禅诵经，自疏其义，读经有感，他不拾人牙慧。他略诸师之详，详诸师之略，详略疏密，精要把握，义理兼修。他对禅学之精研，深得入道高僧赞誉。

王安石的变法路径，是将儒家的刚毅进取契入他宁折不弯的人生品性，变法的失败使他看破尘世而进入习禅悟空的精神境界，他片瓦不存的朴实检点岂是官场上那些空喊廉政口号的官员所能超越的？他在历史上的赫赫政绩因开罪利益集团而功败垂成。但他晚年归隐释家的禅学修为还是给了他精神的抚慰。他被安葬在钟山不远处的半山寺侧，实际上他是在半山草堂的家中安息，他与他的新法埋藏于历史！

想去看他，却无路可寻。

第六篇　张居正变法

少年立志的首辅张居正，应为重振纪纲的佼佼者。他的改革，犹如明帝国暮色中最后的一抹夕照。他在全国推行的“一条鞭法”，统一了赋税的征收，扩大了流通，兼顾了民生。变法后的国库储粮可支十年，一改嘉靖末年国粮不足一年之储的颓势。张居正的变法，虽使国库“帑藏充盈”，但堵塞言路后，衰老的王朝、凌夷的法度、颓坠的政体，又岂是执掌大明帝国权柄的张居正所能力挽狂澜的？

一

是夜，紫微星在云层中或明或暗，隐略显现，月光孤寂地照临着大明帝国的京城。

张居正坐在书案前，他在沉思……

那天上朝，凤楼上第三通鼓响了，张居正整肃衣冠，与文武百官随着首辅高拱鱼贯而入，一进皇极门，到大殿上文臣武将便分立东西两侧，静静地等候皇上临朝。

这隆庆皇帝，登基不足六年，上朝时不是姗姗来迟，一言不发，便是无故取消，干脆不临朝理政。

望着大殿上空无皇上的御座，张居正内心一阵悲戚：国库空虚，民不聊生，大厦将倾啊，怎能支撑？

原来隆庆皇帝荒淫过度，昨天吃了道士炼制的所谓聚气生性的金丹，灰黄的脸上透出了三分红光。他也不管午后是否生情入性，便来到慈宁宫召见李贵妃。李贵妃娘娘美艳无比，本是知情通性的女人，见隆庆皇帝死灰色的脸上泛起淫荡的醉意，知他吃药生性，不敢怠慢，便玉体横陈，一如往常百般温柔地伺候这一国之君。隆庆皇帝与娇艳貌美的李贵妃颠鸾倒凤，穿越黑夜，沉迷于慈宁宫直至第二天清晨，他精疲力竭，被太监们搀扶着强撑上朝。哪知一入御座，虚火攻心，头晕目眩，嘴吐泡沫，面如死色。

一时，文武百官纷纷下跪。

隆庆皇帝驾崩，张居正、高拱与高仪三人为托孤重臣。

然而，不久，首辅高拱被赶走，张居正升任首辅。

有人说张居正升任首辅，执掌大明帝国的乾坤，是帝国暮色中最后一抹绚烂的夕照。也有人说，张居正勾连太监冯保和万历皇帝的生母李贵妃，构成政权铁三角，控制了整个大明帝国。

对于张居正取得首辅职位的过程，引来不少人非议，他的前任首辅高拱就写回忆录《病榻遗言》，攻击张居正与太监冯保联手，谋夺他的首辅之位。

其实，高拱的下台，并非张居正阴谋夺位。

隆庆六年（公元1572年），隆庆皇帝病逝，10岁的太子朱翊钧即位，为明神宗，因年号万历，史称万历皇帝。按明朝宫廷规矩，皇后没有生子，嫔妃所生的孩子，应称皇后为嫡母，生身母亲为生母。此时的小皇帝朱翊钧，其嫡母陈皇后才32岁，生母李贵妃28岁。而皇帝才10岁，自然年少不能亲政。

整个帝国的统治链条因隆庆皇帝驾崩一下子突然中断，皇权出现真空，内阁首辅大臣的权力突显。但高拱作为首辅，却毫无思想准备，也无任何应变的谋划。他原在对付太监的问题上，因向隆庆皇帝推荐孟冲为司礼监掌印太监，得罪了司礼监秉笔太监冯保，而10岁的小皇帝及其生母李贵妃，凡事都依赖冯保。因而在神宗即万历小皇帝即位的当天，一道中旨传到内阁，孟冲的司礼监掌印职位改为冯保执掌。首辅高拱在大发一通怒气之后，并无任何应对策略。紧接着，让高拱下台的旨意由陈皇后、李贵妃、小皇帝三人的名义拟定，这是皇后懿旨、皇贵妃令旨、皇上圣旨，三箭齐发，同时颁行。这一天，高拱还蒙在鼓里，他上朝时，还是像以往那样盛气凌人。没想到一进大殿，御前太监跨前一步紧急宣布："两宫皇后和皇上有特旨要宣，文武群臣听旨。"

这时，冯保趾高气扬地走出来，当着满朝文武百官展开圣旨，高声诵读：

> "告尔内阁五府六部诸臣：大行皇帝宾天之先，召内阁三臣至御榻前，同我母子三人，亲授遗嘱曰：'东宫年少，赖尔辅导。'无乃大学士高拱，揽权擅政，威逼自专，通不许皇帝主管。我母子日夕惊惧，便令回籍闲住，不许停留。"

高拱听旨，七窍生烟，从头到脚一身冷汗，一个踉跄，差点昏倒。

望着高拱在一帮锦衣卫的押送下离开殿廷，张居正暗暗惊喜。

作为隆庆皇帝的托孤重臣之一，仅次于高拱官阶的张居正就这样登上首辅的宝座。当幸运突然降临时，是惊喜还是忧虑？反正喜怒不形于色，还是沉稳平静而泰然处之吧。真是鸿鹄之志竟然梦想成真！

张居正虽然没有直接参与冯保与两宫太后夺取高拱首辅职位的策划，但他是直接的受益者。他之所以登上大明帝国最高权力之巅，并非偶然。这是他早年熟知冯保作为司礼监秉笔太监职位的重要，以及冯保为人精明，故与之保持较好关系。加之联络李贵妃，使他作为万历小皇帝之师获其好感，一跃而登首辅之位。当然，这也与他的政坛历练丰富并极具前瞻性眼光有关。

此刻的张居正，因天气闷热，他在屋内汗流浃背，他来回走动，思索着怎样处理眼下的一桩急事。他知道，如不及时处理，闲居在家的阁老高拱性命危矣。

原来，高拱凄凄惶惶地离开北京，在他去职不久的一天，有一人穿着一身太监服，在乾清宫的门前张望。正好小皇帝朱翊钧看见，便觉可疑，叫太监们抓来，交由冯保审问。冯保发现，这是一位借了太监衣服和腰牌的人想来宫中看稀奇的闲人。此人名叫王大臣，是一逃兵。冯保想害高拱，便暗暗惊喜，他给了王大臣一把刀，说是在他身上搜出来的。叫王大臣招供说是高胡子叫来行刺小皇帝。那王大臣怎敢照此话说，这是要命的事，还要诛灭九族。但可怜的王大臣哪里架得住冯保的威胁、利诱，便只好允诺按冯保的话讲。结果，三堂会审，王大臣按冯保之意将高拱招出来，这还了得，刺杀皇帝是惊天大案。皇上与两宫太后亲自过问。一时，震惊朝廷。冯保趁机奏请，要锦衣卫速往河南将高拱抓到京城严审。高拱毕竟在朝为官多年，门生故旧众多，有些大臣也知高拱怎会干这等下三滥的事，便找张居正求情。张居正何等聪明，他知高拱不可能指使他人行刺皇上。

本来，张居正与高拱是搭档，早年，二人意气相投，关系甚好。张居正入阁，首辅徐阶有提携之恩，高拱也是徐阶推荐入阁。但后来高拱与徐阶积怨太大，矛盾视若水火。先是徐阶把高拱排出内阁，但不久高拱卷土重来，又把徐阶赶回老家。

在徐阶与高拱的纠葛中，张居正身处旋涡中心，徐阶是他的恩师，高拱是他的盟友,他如何对待,站在哪一方,的确考验他的政治智慧。

张居正的行事原则,比较特别,他在两虎厮杀正酣时,自己绝不参与。但他的原则是在其中一方处于弱势时,应尽量想法保护弱势,以求平衡。有一次,高拱借有人告状说徐阶之子横行乡里,便将徐阶之子抓进牢房,没想到张居正暗中相助,使徐阶之子免受于难。从此高拱对张居正有所提防。

高拱在排挤徐阶出阁后,担任首辅,他大权独揽,将其他几位辅臣逐一排除,内阁只剩高拱与张居正,二人的矛盾便逐渐公开化了。

一山不容二虎,二人终于公开争斗了。但张居正很幸运,隆庆皇帝突然病逝,登临皇位的万历小皇帝的生母李贵妃对张居正的才学人品很是钦佩,执掌宫内司礼监最高权力的冯保嫉恨高拱,愿与张居正联手。因此,赶走高拱后,冯保与李贵妃都力荐张居正升任首辅。

如今,冯保要斩草除根,暗害高拱,张居正虽与高拱有怨,但用这手法诛杀高拱,甚至株连其九族,未免也太残忍了。

想到这里,张居正推开一扇窗,一阵清新的风渗入胸内,一阵清凉,他微微一笑,瞬间,胸有成竹,一条计谋泛上心头……

张居正一面稳住冯保,一面给主审官面授机宜,让他在会审时,把高拱家人和众多闲杂人等混杂一处,叫那王大臣来辨认。王大臣哪能认识,经这一测,王大臣口供有假。

这就出了问题,口供有假,说明有人暗害高拱,诬陷同罪。如继续审下去,会将冯保兜出来,那时,对大家都不利了。于是将王大臣押回牢房后,张居正命人给王大臣喝了一杯药酒,王大臣哑了。既不能说冯保指使,也无法再指认高拱行刺。既顾及冯保,也保护了高拱全家。

从张居正处理此案,可看出他的平衡术确乎精到,他性格沉稳,老谋深算,特别是在紧急情形下,处理事件且能面面俱到,应对自如。

二

想当初,张居正天资聪颖,他少年得志,12 岁进学成了秀才。14 岁时，他在武昌参加科考，中了头名。湖广巡抚大人仔细阅览少年张居正试卷，见居正答题，丝丝入扣，条分缕析，层层推理，逻辑严谨，文理雅致。巡抚大人是当朝著名的才子官员，阅毕试题，他拍案叫绝，命人快快召张居正来见。

这少年张居正，眉清目秀，方巾儒服，气质雅儒。

巡抚大人见状，顿生爱怜。

问道："你年未弱冠，却有这等学问，我且问你，以后有何志向？"

张居正略有羞涩，停顿一会，闪动着睿智清亮的目光，一张口，将抱效国家的宏愿与经世济民之情侃侃道出。

巡抚大人暗暗称赞，他顺手一指院内墙角的一丛翠竹："你可否以竹为题，作一五言绝句？"

张居正凝神片刻，他思考之后便也诵出一首五言：

绿遍潇湘地，疏林玉露含。

凤毛丛劲节，只上尽头竿。

好诗，好诗！巡抚大人怔在庭院内，他在想，此子将来必为国之栋梁。但少年成名，恐怕骄傲自大会误了锦绣前程，不如今年不录取，磨砺他，让他受些挫折，日后能担当大任。

三年后，张居正参加乡试，一举中的。

就个人命运而言，可以说张居正身逢其时。他科考及第，仕途顺利，当上两朝帝师，多次受贵人力荐。而万历皇帝年少，他得后宫李贵妃与太监冯保的鼎力支持，升任首辅后执掌国家大权，总揽朝纲，大权独擅。他可以一展平生所学，为国效力。从这个意义上讲，他与商鞅、王安石不同，他实施变法改制，不需要像商鞅、王安石那样去获取国王、皇帝的批准，在遭遇非议或挫折时，需要君上支持。甚至在君上动摇时，需要说服君上，坚定其信心并且还要时刻提防小人告状。他张居正，不需要这些，他就是他，他有权决定一切，他不需要看小皇帝的脸上，他只要尊重李贵妃，照顾冯保利益，他就可以心无旁骛地大胆行使他所要做的一切。

他真是幸运的人!

但是,说他幸运,也有生不逢时之处。他张居正所处的时代,正是大明王朝已经日落西山之时。这大明王朝,经过几朝几代皇帝的昏庸无道,到了嘉靖末年,这皇帝一心求仙求道,只想求得金丹,食后长生不老,便终日装神弄鬼,不理朝政,使国库空虚,府粮储备不足一年,民不聊生,百姓苦不堪言。到了隆庆皇帝登基,更是荒唐,有时隆庆皇帝上朝,坐在御座上,望着文臣武将发呆,竟一言不发。众臣上奏,议论纷纷,他竟然说出一两句风马牛不相及的话语,让人啼笑皆非。很多大臣在上朝时,兴致冲冲而来,退朝时一脸的晦气,失望而去。

可以说,到隆庆年间,大明帝国已到了财政崩溃的境地。

三

张居正接手的正是这一烂摊子。

面对将倾的帝国大厦,张居正不可能一下子推行全面的改革,这是他多年为政的历练成就他的高明之处,他的着眼点首先投射到军事与国防上。

早在他未升任首辅之前,他就主持整顿过蓟、辽边防事务,他曾重用过如戚继光、李成梁等名将。因此史书上说他"一时才臣,无不乐为之用,用必尽其才"。

在张居正的鼎力支持与重用下,蓟州防务固若金汤。

朝廷准备派人去北部蓟州防线检验戚继光的练兵成果与防务状况,张居正给戚继光去亲笔信,叮嘱他妥善接待朝廷官员,既可以向幼皇表忠心,也让朝廷官员大开眼界。戚继光接信后,演练出一场精心策划的军事演习……

烛光明亮,戚继光处在亢奋状况,他在中军大帐里徘徊,一身戎装,他知道自己功名有望,业绩可嘉。他看案头有一些宣纸,抑制不住内心的兴奋,他饱蘸墨汁,提起笔来,略加沉思,有诗了,他诗意大发,一挥毫:"南北驱驰报主情,江花边月笑平生。一年三百六十日,多是横戈马上行。”戚继光一扔笔，此时，他喜形于色，烛光照耀着他的银盔，反射出白光。

当朝廷官员巡视登上蜿蜒起伏的城墙时，雉堞高耸，旌旗猎猎，昔日低矮的城墙不见踪影，焕然一新的是，高大的箭楼，厚实的城墙，城墙下是整齐威武的士兵战阵……

蓟州防务，在张居正的亲自指导下，戚继光励精图治，已打造出一道牢不可破的军事防线。

在辽东，张居正力排众议，起用出身贫寒的李成梁。结果在对长董狐狸的进犯战役中，李成梁骁勇善战，与戚继光联手击溃来犯之敌，使辽东边境天下太平，多年来民众安居乐业。

当然，张居正的高明之处，远非昔日内阁制定的单纯军事防务，他的智慧，在于结束与北方蒙古少数民族的长期军事对峙，结束蒙汉之间的战争状态。

张居正开始着手改革，他积极推行在边境地区“封贡通市”。他命令镇守边关的将帅，只要有一线和平的希望，抓住一切有利时机，便要积极发展与蒙古的友好往来与商贸交易。早在隆庆年间，张居正就曾以明成祖朱棣加封蒙古和宁、太平、贤义三王的史实为依据，请求隆庆皇帝援例实行。到了张居正担任首辅时，他的这一改革，变军事防御为互通商贸的“封贡通市”，使战争状况化臻于无形。

“封贡通市”的全面实行，有力促进了蒙汉两族的经济贸易往来，在边境上的互通贸易使边境地区的两族人民共享太平。此时，蒙汉两族边境地区的社会经济得到很大的发展。蒙古地区的马匹、牛羊、木料、皮裘等物源源不断地流入内地；中原地区先进的生产工具、种子、粮食、生产技术等也在蒙古草原广泛传播。汉族农民进入蒙古草原垦荒，使这一地区物产丰盛。

由于“封贡通市”的改革得到贯彻施行，边境地区五谷丰登，物产丰富，蒙人们通过商贸即可获得物品，因此也没有必要通过战争掠取。

可以说，史上讲张居正出任首辅的第一功绩是整顿边防，强化武备,战胜强敌。在我看来,张居正的第一功绩应是“封贡通市”的改革措施,这一策略化军事战争于无形,通过互通贸易的改革结束了边境上的战争状态与军事对峙,使边境的蒙汉两族民众能够安居乐业,这是张居正变法的重大改革成果。

改革吏治,是历来有志变法者的必然选项,冗官贪吏这是中国古代的官场慢性病。万历年间,朝中政事盛行空议,官吏越来越多,人浮于事,官员们不务实事。对此,张居正深有感触。他出任首辅后,对政令不畅之弊十分担忧。他决心彻底整顿吏治,改革现有的官僚机制。

在张居正看来,所谓变法,当在践行。对于明朝的公文旅行,他有亲身感受。他认为,变革要有人来执行,如没有一批训练有素、对改革充满激情与向往的官员身体力行,改革与变法会流产。如王安石变法所颁行的青苗法,在春耕播种期间由官府贷款于民,使其能有农田基本建设及春种的基本费用,提高生产力。但却因各地官员执行不力,甚至暗中加息,盘剥农民,导致青苗法不能很好地实行。因此,必须要先整顿吏治,否则颁布的法令和章程,全成为一纸空文,浪费笔墨。张居正认为,纸质的公文从京城的纸店购来,印制成文,由朝廷拟定颁行,送进各地衙门,经百官之手传送后,甚至有的官员连看都没有看,就出衙门,转了一圈后,又进另一衙门,最后入官府归档。此政令如何能得到很好的执行?公文及章程销声匿迹后,过了一段时间,又拟定一新的相同内容的法令。如此循环,张居正暗暗叹息,即使再拟定一百个法令,又怎能践履?

这是他为政多年的官场经验,或许这正是他比其他变法改革者的高明之处。

但是,张居正有他的局限性。

在大明王朝,人治思想是建立在奴化人民的基础之上的。明朝的开国皇帝朱元璋完全抛弃了大宋王朝“以文治国”的基本治国策略。朱元璋出身低层,自己长期受压,形成了对社会的逆反与报复。这位乞丐出身的皇帝对人对社会有着天生的仇恨与逆反心理。他对知识分子从心底是瞧不起的，是厌恶的。他仇恨、歧视知识分子超过刘邦。因此，他建立大明王朝后迷信武力，完全抛弃宋太祖赵匡胤所制定的“不杀士大夫及上书言事人”的政治开明方略。他公开宣布不实行仁政，他要重典重刑。他制定的《大明律》，律例并行，刑用重典，且厂卫专权，实行特务政治，并屡兴文字狱。他制定《大诰》，是严刑峻罚，作为镇压吏民的特别刑法。本来“诰”是帝王对臣民的告诫，朱元璋却将之作为特别刑，他恢复族诛、凌迟、枭首、挑筋剥皮、断手刖足等酷刑。至此，萌芽于隋《开皇律》的轻刑宽简，历经《唐律》、《宋刑统》施行后，在明一代，轻刑思想被悉数抛弃。朱元璋对文明的大规模摧毁，对知识分子、百姓乃至功臣的大肆杀戮，比秦始皇、汉武帝还要残暴。朱元璋的倒行逆施，使大明王朝的官僚制度也发生了重大变化。

朱元璋强化皇权的第一步骤，就是废除了丞相制度。宋朝时，为防止宰相专权，也防止皇权独揽朝纲而顾此失彼，遂设置了双宰相制度，使两位宰相互相制约。明初，还保留了宰相职权的中书省。但朱元璋认为这不利皇帝的集权，于是罗织了“擅权枉法”的罪名诛杀了丞相胡惟庸、李善长，废除了丞相一职，改由皇帝亲自掌管六部。

朱元璋还规定，有人敢奏请设立丞相之职，以叛逆罪论处，凌迟处死。

由于朱元璋集大小权力于皇帝一身，使皇帝异常繁忙，结果他累得要死。当然他出身贫民，历经战乱，能吃苦耐劳。但他的皇子皇孙却不同了，这些生长于朝廷深宫的花花公子，对处理繁杂的朝廷政务十分反感，因此，不理朝政的后代皇帝们比比皆是。宪宗皇帝朱见深长年龟缩深宫不临朝，大臣们居然不认识他。嘉靖皇帝迷恋求仙成道，二十七年只出朝四次。皇帝与大臣的关系全靠宦官维系。因此，被大宋王朝已治愈的宦官乱政之病又在大明王朝死灰复燃。而且愈来愈严重。

张居正上台执政，他要改变这一体制何其难！

张居正生活在大明王朝，他不可能超越他的时代，因此他的变法改革只能停留于明王朝设定的框架之内，他是明王朝制度的产物，也是这个王朝制度下的受益者。从这个意义上讲,他不仅不可能有任何“法治”思想,也不可能改变这个制度,甚至他还达不到大宋王朝的那些宰相,如范仲淹、王安石等人的思想境界。当然,他仍然是科举制度的宠儿,是依凭自己的才学科考及第,而非碌碌无为的庸才。他想大干一番,为这个大明王朝,即使大明帝国的大厦将倾,他也要独木强撑!

十五的月亮,皓月当空。

张居正的庭院舒适安恬,讲究的仍然是逸性雅致。明代的政治生态不如唐宋,但明代文士还是倾心向往唐宋时文人雅士的生活情趣。庭院幽幽,绿竹倚墙,复廊曲桥,荷池水趣,片山假石耸立其间,张氏宅园,借景寓情,可看出张居正的高雅风韵,也可想象张居正在自家庭园的自在乐趣,他在这里,或诵读诗书,或览阅群籍。

此刻,在庭院的曲池廊亭,张居正与次辅吕调阳、吏部尚书杨博在品茗赏月。

这夜,月光特别明亮,洒下一片清辉。

张居正呷了一口茶,逸致的闲情也随茶杯慢慢放下而消散,他收束笑意,肃然之气升上脸庞,他对二人说:“今晚请二位来,是想共商要事。”说着,张居正拿出一份文稿给二人:“这是准备奏请对各衙门随时考试的稿件,请二位仔细品评,提出意见。”

吕调阳和杨博借着烛光,分别仔细传看。

这是对六部、都察院乃至各地巡抚等地方官员进行的考成大法,真是“月有考,岁有稽,不惟使声必中实,事可责成”。

二人看后,不仅完全赞同,且从内心由衷敬佩。

事实上,在隆庆年间,张居正就有思考,他曾上《陈六事疏》,详细专议考成事。但隆庆皇帝志不在此,他痴迷后宫,不问朝政。张居正的《陈六事疏》,如《省议论》、《核名实》、《振纪纲》、《重诏令》、《固邦本》、《饬武备》,共计六大问题,上奏后石沉大海。如今小皇帝登基,自己已是帝师身份荣升首辅,主持大明帝国的政务大事,原来掏心掏肺、熬更守夜写成的肺腑之言,可以付诸实行了。

今夜,张居正特别高兴,他认为二位同僚是真心认可他的文稿,因此,他非常满意,一连几杯绿茶下肚,望着皎洁的月亮,兴奋之情已洋溢脸上。

是啊,张居正如何不激动,他的考成法就要施行了,这是他酝酿多年的心血之作啊!

四

万历元年(公元1573年)十一月,张居正正式上疏奏请施行考成法,万历皇帝批准他的奏请。

本来,对官吏进行考核,是明代初期就已有的制度。按制度,京官每六年考察一次,叫做"京察";地方官每三年考察一次,叫作"大计"。但是,在施行过程中,因纪纲废弛、吏治败坏,这种考察制度反而成为官员争权夺利的工具。张居正为政多年,他亲眼目睹官场的黑暗与官吏们上演的一幕幕丑剧,他认为不改变这考察制度不行,因此,必须变法,实行新的考试法。这就是不仅要对中央及各地官员定期考核,而且还要以事就案考查,即对官员所办的事、所办的案件都要规定完成期限,进行考成。这就是张居正考成法的一大特点,即"立即考事"、"以事责人"。

考成法的具体内容主要有二:

其一,六部和都察院把所属官员应办的事情规定完成期限,并分别登记在三个册子里,即一本由部、院自留作底册,以备查;一本送六科,以供稽核;另一本交呈内阁。这是将六部与都察院的常态化工作进行量化、规范化。同时三册登记,交叉核查,以防隐瞒,能够有效记录,备查稽考。

其二,六部和都察院按照账簿登记,对所属官员承办的每件事,逐月进行检查,完成一件,注销一件,如没有按期完成,必须如实申报,否则以违罪论处;六科也应根据账册登记,稽查六部的执行情况,每半年上报一次,并对违限事例评处;内阁同样要对六科的稽查工作进行检查。

这样,张居正考成法的施行,由纸质意义的公文转而形成动态的考成机制。在这考成机制的架构里,张居正的设计,处处彰显出每一步骤的精妙老到。他首先设计出部院的常态化工作,并通过时间性的制度框架予以量化及限定,作为考核稽查的依据;将自我申报登记与交叉备案检查形成一套双向的监督机制。除对常态化任务进行定期定量检查外,也对临时性或突发性事件的处置作了对应的自我上报与外部检查的配套考成。于是,六部和都察院检查属下官员,六科稽查六部,内阁监督六科,层层核查,限时定事,交叉登记,双向检查,最后,内阁总揽其成,使之成为名副其实的政权中枢,这就构成了以张居正为中心的新的官僚系统,这也是张居正变法对明代吏制的一大改革,使法令不通变为政令通畅。

需要强调的是,张居正用六科来监察六部,这本是原已有的制度,但他用内阁来控制六科,则是他变法的创举。所谓六科,是在吏、户、礼、兵、刑、工六部之外再增设的六科,六科也按吏、户、礼、兵、刑、工六部而设,即各科都由都给事中、左右给事中、给事中等官掌管。张居正变法,使六科成为六部的纪检监察部门,加之,六科还对六部有封驳、纠劾之权。因此,在张居正的统治架构中,他既有执行的行政组织系统,也有监察的稽核系统。他的政令能够畅通,实际上是变相加大了"相权",这种中央集权的官制使他成为历史上著名的"权相"。史上也有人称他为最有权势的读书人。

如果说张居正通过整顿边境军事防务,重用了治军将才,提升了国防武备,那么,他在边境地区推行"封贡通市",却使北方边境获得了真正的安全与安宁,这是他改革的创举,使北方蓟辽边境化干戈为玉帛。他的吏治整顿,也有独创之举,无论是升迁还是被革职的官员,他们都不能不服,因为张居正的考成大法,定期稽核,立限考成,账簿登记,一目了然。张居正通过考成法,不仅可以提拔自己所需的人才,也能形成以自己为中心构成的双向的行政、监察组织系统。

就在张居正踌躇满志地实施他的全面改革之际，一桩事例的出现，促动了他颁行驿递新规。

明太祖时，因军事上的需要，对驿站及交通十分重视，颁布了多项法令，务使驿递畅通。张居正对驿递也有思考，他正在着手制订新法规时，接到奏本，报告说孔圣人后代“衍圣公”每借进京相觐之名，沿途骚扰各路驿站，不仅强索生事，且携带走私，交通沿线苦不堪言。张居正了解这一情形，打听到圣人之后衍圣公当年进京朝觐的日期，便抢先公布早已拟定的驿递新规，杜绝了圣人之后沿途骚扰勒索之举。

张居正以考成法为后盾，强力推行驿递新规，他也借颁行驿递新规之机，整顿交通，打击腐败。新法颁发后，混乱不堪的驿站大为改观，许多官员收敛了行为，不敢滥用职权，强索驿站财物。但一些颇有权势的官员仍然我行我素，继续滥用驿站马匹、车辆和强索驿站财物。对此，张居正实施严厉打击，据《明实录》记载，万历八年(公元1580年)五至十二月，张居正处罚了大小官员30多人。“他的弟弟张居敏，由京回乡，保定巡抚主动发给勘合使用驿站，张居正得知后，勒令张居敏交回勘合，并对保定巡抚予以严厉苛斥。”〔1〕

这样，因令出必行，驿递新规得以全面推行，改变了长期以来无法改变的滥用驿站的混乱状况。

张居正的变法一路通畅，他改革的六件大事，现在可以和盘托出，这六大要事即省议论、振纲纪、重诏令、核名实、固邦本、饬武备，这些“施政纲领”，在张居正手上徐徐推出，他的变法改制之舟直挂云帆，他春风得意，他为何如此顺利？

原来，张居正虽然执掌首辅大权，但他审时度势，没有像前任那样不顾及左右，他的前两任首辅徐阶与高拱的坎坷命运，他比谁都清楚。久经宦海的张居正对波诡云谲的官场风浪了然于胸，他深知担任首辅，并不能真正执掌大明帝国的乾坤，稍有不慎，两个灰溜溜下台的前任首

〔1〕 刘杰等:《中国名相正传》，三秦出版社2005年版，第283页。

辅就是前车之鉴。一不小心，不仅变法未遂，改革难以完成，甚而身家性命也危在旦夕！

这是中国古代官场的险恶，更是大明帝国人治的险境！

周围的强势人物一个个纷纷落马，张居正突显于首辅高地，闪亮登场，既风光，又危险。

张居正哪能掉以轻心！

此时的大明帝国的权力中枢，小皇帝万历和他的生母李贵妃，代表着至高无上的皇权；冯保作为司礼监掌印太监，控制着王朝的宫廷机密，掌握着上情下达、内外联系的信息、情报大权；张居正担任首辅，以控制内阁执掌着整个大明帝国的行政大权。

在张居正看来，冯保的作用非同一般，而他的前任高拱就是得罪冯保遭贬责而落马的。因此，张居正早就与冯保联手，对于张居正来说，冯保的存在有百利而无一害。冯保作为太监，他不可能直接来夺取任何公开的行政职务，他既不能担任首辅及内阁要臣，他与张居正之间也无直接的利害关系，只要保证他在宫内的权力、尊严和贪图财产的欲望，他没有必要对张居正过不去。他要更换谁，所获取的利益无非就是这些。因此，张居正给足冯保面子，让他享受最高的礼遇与尊严，支持他在宫内的权力，使自己也分享这权力带来的情报与信息；至于财产，别人给冯保的贿赂，张居正睁一眼闭一只眼，甚至自己也经常施惠于冯保，尽量满足他对财产的贪婪。因此，二人的联手真是相得益彰，互为补充。张居正的变法施政，能够得到冯保的支持，也是张居正推行改革顺利的一大因素。这是张居正的精明之处，他不会像一些读圣贤书的迂腐儒臣，瞧不起宦官的身份、地位和人品，反而因此遭到宦官的攻击陷害，不仅施政未成，大多败走麦城。

至于皇权，张居正读圣贤书，三纲五常的君臣之义他熟知，他受恩于大明王朝，忠于这个王朝及皇上是他恪守的本分。他的变法，就是为了修补这架破损的王国战车。但他的官场历练使他精明过度，他要达到报效这个国家，就必须拥有权势。因此他必须把握局势，掌握自己的政治命运。他很细心，善于观察。隆庆皇帝病逝后，他了解到10岁的小皇帝，还是一个不懂事的孩子，但这并不影响他具有的至高无上的皇权。显而易见，皇权此时是控制在小皇帝生母李贵妃手中的。小皇帝在生母李贵妃的面前很听话，这个女人的权力如何发挥，至关重要啊！

李贵妃出身卑微，她到宫廷，先是当“保姆”。但她姿色秀丽，很快便被隆庆皇帝看上了。大明王朝内宫的粉饰，使这美女脱颖而出，她天资聪慧，机灵通性，以她的美貌赢得皇上的欢心，甚至在一段时间内以国色天香垄断了隆庆皇帝。

张居正与李贵妃的认识，应是张居正做隆庆皇帝老师的时候。因此，李美人与张居正、高拱都有近距离的接触。

然而，有接触或见过面就有对比，高拱与张居正同为帝王师，高拱作风严谨，不修边幅，女人见他严肃，只有避而远之的份。张居正则不同，他儒雅俊朗，沉稳干练，女人一般多喜欢张居正这种类型的才俊。因此，可以想象，李贵妃对张居正是应该很有好感的。

幸运的是，历史把张居正与这位李贵妃推上了风口浪尖，二人十分幸运地一同进入了帝国之舟的驾驶舱。

张居正摸透了李贵妃的心理，这位出身低层的美女，想要的就是地位、尊严与名分。她的亲生儿子成为皇帝，但按照这个大明帝国的祖训，即所谓“宪法”，她这位“二奶”是不能与正房皇后并驾齐驱的，她不能被尊为“皇后”，享受皇后的尊严与荣耀，只能称为“太妃”。张居正猜透了李贵妃的心思，他在首辅任上，力排他议，亲自主持给李贵妃奉上“慈圣皇太后”的尊号，与正宫陈皇后即“仁圣皇太后”享受同等的待遇与殊荣！

这个诱惑太大了，足以让这位美人动心。美人李贵妃现在叫李太后了。李太后在床上翻来覆去地睡不着觉，一切都有了，荣华富贵，一人为后，全家升天！她云鬓凤冠，耳坠宝钻，锦衣玉佩，用不尽的金银珠宝，穿不完的绫罗绸缎。她一切都有了，作为女人，有权势有地位，又有身份与名义之尊，可以说登峰造极了。

她还有什么没有呢？

但是，她在床上转辗反侧，夜不能寐啊！

她还年轻，她28岁就成了寡妇，她这年龄正是三十如狼四十如虎的孟浪阶段。

为了大明帝国的正常运转，张居正必须要与年轻的李太后见面，通过她向她的儿子——万历皇帝奏请张居正所想要的施政纲领及其变法措施。但是，当这位儒雅倜傥的男人来到面前，望着那张英俊的男人面孔，她能抑制住内心的小鹿撞撞？

李皇后有这个胆量吗？

其实，这里无需胆量。偌大后宫有的是宫闱密室。李皇后在这里一脉独大，谁敢在她的面前说过"不"字，连皇帝见她也战战兢兢，她一声令下，拍马屁的多的是。她只要有暗示，张居正焉能不知？更何况，讨好李皇后正是张居正求之不得之事。维系好这个女人的关系，帝国的真正权力就掌握在自己的股掌之中。但是，拿什么来讨好这个女人呢？吃穿住行，她应有尽有啊！因此，要满足这个年轻寡妇需要的，可能就是情和意了。这又有何难？男的英俊潇洒，女的风韵美貌，接下来，支撑张居正权力核心的便是他与李太后的情谊了。因此，李太后经常呵斥万历皇帝，要求他一切听张先生的。

据野史传说，一天晚上，皇上突然到李太后宫内，发现皇后的桌上有两个酒杯和两双筷子，忙问这是谁？皇后脸红，谎言称是："按先皇留下的口谕，让我在喝酒时要想着他，给他放一个酒杯。"

当然这只是民间野史上的传说，不足为凭。或许也是张居正死后被秋后算账，人倒霉之后，坊间产生的种种流言蜚语。

但有一点是不争的事实。

李太后对张居正执政的不遗余力的支持超乎异常！

五

张居正的改革向纵深推行。

他的成功之处，除了获得李太后和冯保的鼎力支持外，便是他在变法问题的循序渐进，他既没有像王莽那样将繁杂的新法齐头并进，也没有像王安石那样，在没有大批官吏忠实地执行自己的变法政策时仍然强力改革。他的沉稳机智、精明干练以及多年为政的深思熟虑，使他的改革先从军事防务着手，进而互通边境贸易，促成边境的安宁，结束军事对峙。继而他向政治即行政体制开刀，他的考成法，极具高效，使整个官吏系统形成了行政与监察的双向制约机制，这样他获得了一大批忠实他的改革路线的官员，他具有了全面的执行力。于是，他开始向经济领域推行他的改革措施。

在中国古代，任何一位有作为或想改革的皇上或大臣，都不可能不关注土地制度，因为以农耕为立国之本的中国，土地及其粮食问题，涉及国家的赋税，这是国家的命脉。从商鞅变法废井田制以来，历代土地制度的改革层出不穷，井田制、垦田制、王田制、屯田制、均田制等土地制度令人眼花缭乱，而伴随着土地制度所产生的土地兼并问题，也是历代王朝深感头痛的问题。明中叶以来，土地兼并十分突出，地主豪强与官衙吏胥强占土地愈加严重，甚而大肆隐瞒土地，逃避税粮，致使地主商贾豪强日益富庶，而国库却日渐空虚。在嘉靖末年，国库储粮不足一年，皇家开支捉襟见肘。隆庆至万历元年，朝廷的经济几近崩溃。

张居正早就瞄准土地制度及其赋税的弊端，他要进行土地及赋税的改革，他现在已实行了考成法，为他的土地及赋税改革准备大批的官员，他也有强制执行的力量。但这涉及祖宗之法不能变的问题，张居正想起一件事。

那天罢朝，回到家中，暮色降临，整个京城已是万家灯火了。

这时客厅里一位官员头戴展角乌纱，迎上来，恭敬施礼道："阁老，下官在此等候多时，这里有一条玉带，是下官祖上传下来的，留给阁老，非常有纪念意义，也只有阁老有资格系用。"

张居正没有发话，他瞥了一眼那条玉带。

"这玉带，名叫'玉抱肚'。"

哦！玉抱肚？张居正熟读史书，这不是北宋王朝时，当时宋神宗锐意改革，起用王安石为宰相，希望通过王安石变法，富国强兵，赐给王安石的那条玉带么？这是何等的宝物！张居正在读陆游的《老学庵笔记》时知道这件事：这条玉带，是宋真宗年间外国使臣来贡，送给朝廷，它的奇特之处，是有八片饰玉，每一片在淡绿中透出殷红。元人张宪有诗赞：潜纹双绾玉抱肚，朱鬣生光散红雾。张居正好奇地捧起玉带细看，果然光彩依旧，五百年历史的风雨沧桑，也没有磨灭它的光彩啊！特别是当年系过此玉带的历史名人，那文起八代之衰的变法宰相王安石，虽然变法多受磨难，但那大丈夫的豪迈与气概，焉能不使人钦慕而感佩！

此玉带对张居正而言，确有现实意义。当下，他正在实施变法，前人变法的得与失，安能不是一种借鉴；而价值连城的这玉带，也应视为变法立志的纪念……

张居正打着祖宗之法不能变的旗号，实际上在全面推行自己的改革举措。他比王安石精明，他不会提出祖宗之法不足守的口号，成为反对者的靶心。他知道，实行赋税与土地制度的改革，会触动利益集团的根本利益，遭到各方面的反对是势所必然。但是，他不可能停止他的改革步伐。

他开始改革赋税，兴利除弊，他所要做的就是全面推行“一条鞭法”。

所谓“一条鞭法”，张居正不是发明者。但他研究此法后，发现此法既能有利于小民的生产生活，又能稳定增加国库收入。

“一条鞭法”实际是把田赋、徭役及其他各种杂税、杂征、杂差统统地合为一体，按照各家各户的具体情况重新核实编定，将有丁无粮的编为下户，有丁有粮的编为中户，粮多丁少和丁粮俱多的编为上户。在总数确定后，按照丁、粮比例，将所有赋役派到丁、粮里面，随同定纳。

在张居正看来，当时法定的征粮地比明朝初年减少一半。这应是大量的土地、人力流入私人的腰包，才使国家的税源衰竭。本来田多就多征，田少就少征，但有的农户田土被豪强所占，田赋之名却留在原来的田主名下，土地兼并导致隐瞒田土，而出现赋税不均的社会问题。现在在全国推行"一条鞭法"正当其时，也就是要将赋税中的各项各目，如杂役、均徭、力差、银差等各种税收，合并为一种，归入田赋，一律按田亩计算，减化手续，统一征收，并可改折银两，允许差役被征调，出银雇人代役，扩大货币的流通。

由此看来，张居正要推行的"一条鞭法"，其中也有王安石变法中的免役法、方田法的内容。但张居正吸取了王安石变法没有地方各级官员的支持，以及没有大批训练有素且忠于变法的地方官员予以执行的教训。他考虑，以户部为中心，也就是将户部作为总调度、总指挥中心，进行协调并推行"一条鞭法"，但关键在于人，事在人为。在张居正看来，有好的制度，有好的法令，也要有得力的人来执行。户部无得力之人，必须换人。张居正比王安石政治条件好，他的权力大，他的奏疏有李皇后的支持，几乎没有发生过万历皇帝不准的情形。

张居正的步骤是：

（一）调任有能力的官员担任变法的要职，先期调研

他调辽东巡抚张学颜为户部尚书，开始为全面推行"一条鞭法"进行先期的调查。

通过前期抑豪强、查田地、清滥额，发现如果实行"一条鞭法"，有诸多好处：

第一，可以简化名目，把国家的赋税、徭役和其他的杂役杂税杂征合为一条，下贴于民，备载一岁中应纳之数，除此之外更无其他科赋了。

第二，可以公平合理，田多赋就多，田少赋就少。丁粮差重者派银亦重，差轻者派银亦轻。轻重有别。

第三，可以扶正抑恶，将里甲办征改为官收官解，使官吏难以贿赂，世风一清。

第四，可以以银代役，使小民无复追役之扰，而尽力其田亩，于稼穑之计有百利而无一害。

总结了"一条鞭法"施行的好处，要全面推行，还得将天下田亩丈量清楚。

（二）制定相应的法规法令，为清丈田亩的依据，并进行清丈统计

有了执行的官员，还需要有执行的法规依据，于是，张居正通过户部拟定颁行了《清丈条例》，规定了各级官员的职责以及完成清丈田亩的期限。

张居正责成户部主持清丈，督查并领导各级官员进行清丈，他要求凡庄田、民田、职田、荡地、牧地，均通行丈量，限3年完成。所丈量计量的土地，除皇上赐田外，一律按地办纳粮差，不准优免。

结果，丈量后上报的土地大大增加。

如山东，在万历九年（公元1581年）九月，清丈完毕后，增加36万顷田土；又如江西，清丈计量后，增加6万余顷。

对于清丈田亩，张居正奖惩并行。增加田土、多收赋税的予以嘉奖、升官封赏；清丈田土不力的官员，停职戴罪予以处分。

通过清丈，发现以往瞒报的情况较为普遍，“仅山东、河南、京城（北京）等地，清出隐占田亩多达50多万顷。至清丈完毕统计，全国田亩总数达到7013900余顷。由于扩大了摊派税粮的负担面，初步做到轻重适均”。[2]

（三）全面推行“一条鞭法”，以利除弊，增加国库收入

万历九年，因清丈田亩初步统计完成，张居正正式下令在全国全面推行“一条鞭法”。

可见，张居正实行“一条鞭法”是循序渐进的方式：他先调入忠实于自己改革田赋政策的官员，担任户部尚书，然后进行调查研究，发现并总结“一条鞭法”的有益之处后，开始拟定相应的法规——《清丈条例》，为在全国清丈田亩制定法规依据；继而，从中央到地方开始着手清丈田亩。在清丈过程中，争取奖惩并行，使有功的官员因得到嘉奖而激励其积极参与清丈田亩，完成任务；同时也通过严惩执行不力的官员，打击

---

〔2〕 刘杰等：《中国名相正传》，三秦出版社2005年版，第286页。

虚报瞒报的行为。清丈统计完毕后，正式在全国推行“一条鞭法”。

张居正“一条鞭法”的实行，有整顿吏治的考成法为后盾，又有调查清丈田亩的“清丈条例”为依据，因此“一条鞭法”得以强力推行，并顺利实施。从当时的实情来看，“一条鞭法”的全面实行基本达到：其一，化繁为简，赋役合并。这也是通过清丈并统计各省、府、州、县田赋和徭役的总量以及土贡、方物等项征派，统一征收，归之一总的。其二，差役合并，役归于地。明代差役的征派主要有三类：按户征派的叫里甲；按丁征派的叫均徭；临时征派的叫杂泛。“一条鞭法”则规定，所有的徭役全部折成银两缴纳。其三，田赋征银，官收官解。也就是说，除漕粮交纳实物处，其余的一概征银。实粮缴纳，改民收民解为官收官解。

“一条鞭法”的施行，增加了国库的收入，这种将户丁银摊入田亩征收的方式，可以减轻户丁征派。在当时土地兼并严重的明代，土地大部分是掌握在地主豪强手中，户丁绝大多数是在农户一边，把户丁银转入土地摊派，也就是将农民的部分负担转移到地主豪强一边。这是改变了对劳动力的直接榨取，使之转化成为对地租的再分配。国家放松对劳动力的直接控制，也为工商业的发展提供了条件和机会。“一条鞭法”推行以后，商业资本向土地投资的现象大为减少，富商如有余资也不必须置办田产，因而这一时期手工业商业十分活跃。

这是一个显著的变化，在中国历史上，自唐代后期变租庸为两税后，历经五代、宋、金、元以及明前朝，均称两税。国家收入，除两税之外，尚有商税以及盐、茶、酒等种种。但始终以两税为主。到了宋之两税，“钱米并出于田，以钱为夏税，米为秋税也”。而唐中期以前的“庸调已并入两税内，不复有按丁口征收之调税和代表力役之庸税”。明初的赋税与土地制度，因土地兼并日渐严重，到了明中期时，瞒报隐匿土地的情况比比皆是。因此，张居正推行的“一条鞭法”，清丈田亩，增加了国家的收入。这“一条鞭法”，本意将赋税之繁复项目总编为一条，化繁为简，故称“一条编”，由于“编”为“鞭”之假借名称，或俗称“鞭”，故称为“一条鞭法”。

"一条鞭法"在古代历史上可为现物税转入货币税的重大标志,也是对人税转入对物税的性质变化。

"一条鞭法"的全面推行,使农业手工业商业的发展大为改观,各州、县皆设置征收之场务,也因之而有商业之聚集。因此顾炎武在《天下郡国利病书》卷五云:"稍稍传输,通有无于市闾之间。然锦绮翡翠珍异之物亦至。"

平心而论,"一条鞭法"的推行已超出了张居正改革的初衷,他推行"一条鞭法"的直接目的本是为了整顿赋税,克服财政危机,稳定大明王朝的统治。但"一条鞭法"施行后,国库积银四百万两,《明通鉴》盛赞此举:"是时,帑藏充盈,国最完备。"嘉靖末年,国家粮仓不足一年之储,"一条鞭法"全面推行,短短几年,改革后国库储粮可支十年。

六

张居正的改革,扩大了货币的流通,削弱了人身依附关系,不仅改变了财政空虚、入不敷出的颓势,也对陈腐的思想是一大触动。张居正要求为官者、做学问的读书人走出衙门和书斋,面向实际。他的"一条鞭法"关于赋役折银缴纳的规定,是商品经济的萌芽状态的初始反映。张居正顺应了历史,他的努力没有白费,他纪纲法度莫不修明,他的改革不仅使颓坠的王朝、衰老的体制再现活力,同时也功在社稷,渗入民间,使农业发展,手工业与商业获得短暂的繁荣。

可以说全面推行"一条鞭法"是张居正改革的真正归宿。他竭尽全力,展示平生所学,以一位治国干才的能力,化被动为主动,在旧制度的框架内,将他的理政思想付诸践行,他是激活衰朽的大明王朝体制的人治典范。他的改革,是这个帝国暮色中的最后一抹绚烂的夕照!

张居正所处的时代,是社会转型的前夜。此时,世界各国特别是欧洲风云激荡,在此之前的大英帝国,也因商品货币关系的发展,使王室在征税权方面,与日益富裕起来的市民阶层矛盾十分突出。在教会、大封建主、骑士阶层、市民阶层的联合施压下,英王被迫签署了"自由大宪章”。“自由大宪章”的签订，不仅在征税方面，甚而在教会的选举自由、贵族与骑士的领地继承权和司法权方面，对国王权力的制约也大大加强。“自由大宪章”的产生，无疑在法制史上意义非凡！然而，同样是产生了手工业、商业贸易，同样也具有商品经济的萌芽，大明王朝的皇权却没有受到任何形式的挑战。完全用经济基础决定上层建筑也不一定放之四海而皆准。欧洲教会权力即神权的强大，也非中国明代社会所能比拟。而中国明代社会更不可能出现诸如骑士之类的准军事武装。大明王朝的中央集权的专制更加严重。商业、手工业及城市平民的社会出现某种繁荣，农业上的人身依附关系相对减弱，这些，都不足以构成对皇权的制约力量。执掌大明王朝权柄的首辅张居正，不可能放松对思想与言论的控制。这时，没有任何教权——神权以及大地主豪强作为封建诸侯的力量来促使他妥协，使他放松对言论的管治。他在遵循大明王朝专制集权法度的基础上，只能堵塞言路。即使是那些体制内的官员们，为了反对张居正不为父丧丁忧，而对所谓“夺情”予以批评的微弱声音，也会让张居正产生高度的政治敏感性，几位无名官员的批评之声，犹如“敌情”，张居正必须采取断然措施，务必把言论风波遏制于萌芽。这也是中国古代官场上惩处言论自由的所谓成功之道。

虽然，张居正处置言论舆论的手段果断严厉，但他没有明白，高层固然可以平息言论事态，却不能收拾人心。在张居正看来，反对领导就是反对国家，反对他就是反对大明王朝，就是破坏稳定，阻碍发展。他认为强力推行“一条鞭法”，整顿赋税，增加国库收入，只要国家富强了，一切问题都可以迎刃而解。

殊不知，国家富强，充盈于库的财富既不可能为皇室独自享用挥霍殆尽，其余大部分财物必为大批执掌征税大权的官员所控制和使用，甚至通过贪贿变为己有。这些有权有势的官员不受监督，更不允许知识分子、小民百姓说三道四；而垂直系统管束他们的上位高官，在数量上不可能对大批的各级官员进行有效监管。因此，在这样的体制下，各级官员怎能不为自己谋利？贫富两极的悬殊乃至分化势所必然。国富了,民却穷了!仅仅依靠压制思想与言论自由,通过大唱赞歌来掩饰这贫富悬殊的问题,这无异于掩耳盗铃。民众的不满,在张居正死后不久爆发。因此征税的真正价值在于取之于民,用之于民。而国家财富与民众财富的分裂,实际就是撕裂政权与百姓的精神壕沟。一旦外族入侵,如十八万满清八旗一过山海关,便势如破竹,上百万的明朝军队,以及上千万的平民百姓立即陷入"兵败如山倒"的情势之下。即令有几位知识分子、几位地方官员忠君爱国,舍身成仁,也成不了气候。

因此,窃以为,张居正廷杖"五君子",取缔民间书院,压制舆论批评,实行思想专制,这是他的人生败笔。如果说他生活在朱元璋专制恶魔的阴影下,他是专制的宠儿,他有必然的历史局限性与皇权利益的受益性,这是他的时代所限定。但是,同样也是中央专制集权的唐宋王朝,特别唐太宗李世民纳谏听言的宽容作风,宋太祖赵匡胤"不杀士大夫及上书言事人"的雅量。这些均应是他效法的榜样。他大权在握,也有这个能力网开一面。可惜,中国的统治者像唐太宗宋太祖这些的人确乎太少!

要求张居正变法达到"自由大宪章"的程度的确苛求他,但不能效法李世民、赵匡胤则是他的一大历史失误。从这个意义上看,张居正的变法只能是在修补大明王朝这架劣迹斑斑的国家机器,他的短暂成功只能是这个病入膏肓的王朝的回光返照。因此他的变法,无非是高度人格化的经验和智慧的人治典范的果实!

第七篇　张之洞变法

张之洞的变法以洋务为切入点,他以区域性变革带动全国,他的"中体西用"的变法理论虽饱受质疑,争议自至今日。但他在"变法三折"中就官员选举制的设计以及倡议仿行英国上议院的通电,已然临近西式选举。他未曾预料,他的"汉阳造"让子弹在飞,而击中他所维护的清廷靶心的,正是他操练的武汉新军的首义枪声。

贵州安龙，招堤，十里荷花，一堤横亘。

张之洞说，莲红香远，水落石出。万山辐凑，一水环潆。秋水澄空，红桥倒影者，招堤也。

晚清四大名臣之一的张之洞，声名显赫，被视为晚清末年改革变法的“设计师”。他操办洋务，创大冶铁矿、汉阳铁厂，被人们誉为近代钢铁之父；他主张变法，经略武汉，人们将湖广总督任上的他称为近代武汉之父。可大多数人不知，祖籍直隶南皮的张之洞却是在贵州安龙长大，那一口“厚沉硬直，夹杂南音的京腔”[1]即为明证。[2]

张之洞的父亲张锳，字春潭，河北南皮人。清道光年间到安龙，任兴义知府。张之洞，字孝达，号香涛，生于贵阳六洞桥，少时随父在安龙就读，可在这偏远的山乡，张之洞那满腹的诗书辞章与经韬纬略如何生成，如何练就？

其实在中国教育史上，游学寻师，寄寓书院，程门立雪，受业于名门名师是一种求学的生态；而由父启蒙，渊源于家风家学则是学人成材的另一条生路。当然，闭门苦读，孤守书斋，也能使化生万物的性理之气源起于陋室。

但世俗的偏见，囿于传统保守的居多，不独士农工商，就连王公名臣也迷信于发达的地区。这其间，不知轻慢或湮没了多少边远山区的天纵之才。我们从醇亲王奕譞第一次召见张之洞的问话中便知个中情状。醇亲王奕譞抚弄着张之洞三道书法秀劲的奏折，带着欣赏地口吻问道：“南皮张府祖上修善积德，能出你这文辞高妙的探花。读你的折子，既合经典，又顺事理。于理于情，精详严谨，可你少时在贵州长大，那贵州偏远贫瘠，良师难得，你的学问文章得之谁的传授？”张之洞答：“微臣四岁由父启蒙，八岁读完‘四书’、‘五经’，九岁开笔。”[3]

---

〔1〕 唐浩明：《张之洞》，山东人民出版社 2014 年版，第 43 页。

〔2〕 所谓“南音”应为贵州安龙声韵。

〔3〕 唐浩明：《张之洞》，山东人民出版社 2014 年版，第 87 页。

可见,家学谱系,一旦而为师承,父子究心儒学一业,执经问惑,便宜切磋,自然学有捷径。而严父诲人不倦,贯穿钩穴。加之山野林泉之间,蛰伏卧薪儒生,正所谓江湖有奇人,草根藏隐士,民间有高手。张之洞受业于安龙民间私塾学堂,其塾师之中亦有饱学之士。但此时此刻,在京师昌繁之地,面对亲王,他也不能免俗,问答之中,慌忙道出湘籍名臣胡林翼曾在贵州安顺府上任职,是为业师。张之洞此答虽以名臣为师博取醇亲王的信任,但实际上,读书做学问,讲究的是灵感与勤奋、悟性与才气,这是天赋!所谓学问辞章,不是一般人都能够做成做好的。即或你高居庙堂,显处京师,倘若没有天赋的灵气与颖悟,哪能妙手作文,道出掷地有声的章程?

这张之洞,聪颖悟达,勤于多思。他三更灯火,十年寒窗,苦读苦诵,孜孜以求,笃志高远。真是天道酬勤,张之洞死守孔仁孟义的儒家本色,必然契入"以文载道"的儒学旨归,到了这份上,于他而言,中举入仕,摘取探花功名已是不成问题的问题了。

是的,历史不会让他独自空对典籍,枯灯幽坐。

晚清官场,曾国藩、胡林翼、左宗棠之后,李鸿章在独木孤撑,官场硕学名臣的阙如,正好留给张之洞腾挪展示的空间,这经世致用的宦途,本来就是他负箧求学的路径,他追随胡林翼,执经登场,走进晚清的官场。

二

张之洞的时代,政体板荡,人心惶惶,古老而衰朽的满清王朝,在平定南方太平军骚乱之后,已垂垂老矣。大病之后的大清帝国,面对虎视眈眈的列强,以及积怨已久的民愤,已是内外交困,顾此失彼,难以左遮右挡。

张之洞就是在这样一个特殊的年代走进晚清历史的。

"无边落木萧萧下,不尽长江滚滚来。"

东流的长江,涛汹浪急,一出夔门,摆脱了三峡两岸陡峭崖壁的羁绊与紧逼,便浩浩荡荡,浪平波阔,呈现出一付雍容大气的沉稳景象了!

此刻，湖广总督的张之洞，他站在龟山之上，回眸凝望，记忆的时光仿佛飘浮过大江，穿越三峡，穿越当下……二十岁前，他蛰伏贵州，寒窗苦读。为官之后，仕途并不如他所愿之顺畅，他在湖北、四川做学政，以后到京师也仅仅只是翰林院中的一言官，成为清流名士。好在堂兄张之万重新出山，获得醇亲王的信任，自己顺势而为，经举荐升任为山西巡抚，近三年的三晋之治，有声有色，他被擢升为两广总督。可一出任便遭遇强敌，中越边境上连战连胜的法国人咄咄逼人。张之洞博览群书，对兵家之策、纵横之术亦有过深的研读，因而他临阵毫不畏惧，成竹在胸，竟权谋策划、指挥若定，他大胆起用老将冯子材，支持刘永福的黑旗军，使之大败法军。虽然书生带兵，在张之洞之前，曾国藩以及乃师胡林翼等文人统兵应视为典范，但毕竟未与洋人交手。因而张之洞运筹帷幄大败法军，开创了大清国第一次战胜洋人的先例，极大地鼓舞了国人乃至朝廷的信心，也奠定了张之洞在政坛上的地位。

此时，他调任湖广，督抚两湖，权倾朝野。湖广总督府所在地武汉，是九省通衢之地，交通便达，江山形胜，风水绝佳，是英雄辈出干大事的地方。而脚下的龟山，古称翼际山，坐落在汉水与长江的会合之处。据说，从高处俯瞰，龟山犹如一巨大的石鼋卧伏在江汉两水之间。因而，人们以龟形命名，称之为龟山。站在龟山上，武昌、汉口、汉阳三镇的景象一览无遗。张之洞知道，汉口镇乃中国四大名镇，当年与河南朱仙镇、江西景德镇、广东佛山镇齐名。如今，汉口连接武昌、汉阳，既有长江水路通商，又有粤京南北陆路通邮，“江汉舟楫之利”已远超其他名镇，故经略武汉，依仗大武汉地处中国腹心之地利，可成就大业！

眼下第一等要紧的大事，就是办铁厂。

此时此刻，张之洞不是站在龟山上观风景，那浩瀚的大江，时而惊涛骇浪、乱石穿空，让他感到政局变幻莫测，国运颓坠，世事难料；时而风雨之后，江水渐趋平和，一派大开大合的氤氲气象，又让他感到因缘和合，风流云聚，必须乘势而为。他在龟山上鸟瞰山脚下的一片湿地，在他看来，这哪是湿地，这是办洋务兴实业的热土，这江汉之间的平川，一半是河滩,一半是黑土,蒿草杂木居多,禾田菜地在稀稀落落的农舍茅房周围不成规模,真可谓襟江带河,地势平坦,特别让他感兴趣的是勾通此地的水路极为方便,加之地势平坦具备了建一座世界第一流的铁厂的条件。至于涨水的问题,则可筑堤、填土,将汉水与长江的大水挡在堤坝之外。张之洞非常高兴选中龟山脚下的这片土地为汉阳铁厂的厂址,这是他在武汉三镇操办洋务的开山之作,他要超过李鸿章在上海创办的江南制造总局。他设想,汉阳铁厂建成投产后,在这里再建造一座兵工厂,制造洋枪洋炮。他为自己的一系列设想暗暗叫好。在他看来,要把洋人的那一套富强之术搬过来,充分利用湖广地区的财富与舟楫之便大办洋务。他筹建汉阳铁厂拉开了操办洋务的序幕,紧接着开矿山,修铁路,造轮船,建枪炮厂,设织布局,办纺纱局,哦!他正在勾勒一幅工业救国的图画。

张之洞在龟山上极目远眺,他没有颐指气使,而是饱含深情,着手救亡图存。他从龟山脚下的这一片土地做起,一步一趋,脚踏实地。他的变法改革,是自下而上。人们曾说,清末改革变法,张之洞与康有为是两位堪称“设计师”式的历史人物。二人均著书立说,撰写出影响维新变法的思想性著作,都提出较为系统的变法主张,都曾作为改革变法的政治推手,但因地位不同,行事风格各异,因而两位显赫人物在改革变法的路径上,即令思路与目标大致相同,但施行结果截然相反。换句话说,张之洞历任封疆大吏,他有战功有政绩,位高权重,不仅能左右枢臣督抚,也能影响帝后。他有职有权,可以在自己管辖的地区,按自己的思路践行变法与改革。

窃以为,张之洞的变法与改革,是以区域突破带动全国,以局部影响全局,有理论有实践,是自下而上地在推动变法运动。而康有为的变法,则是凭借辞章文书获取皇上的信任,但无政治根基,虽不乏真知灼见与大胆直白,但通过自上而下的方式推行维新变法难度太大。

张之洞的改革与变法,是从洋务入手,他在中法战争中,对清军“器不如人”的深入了解后,使他加快了办洋务的步伐。

实际上，张之洞早在山西巡抚任上，因结识洋人李提摩太后，便对洋务有了初浅的认识，洋人的科学实验精神，对机器制造的创新及实用性要求，改变了他过往对洋人洋务的偏见。到了广东，因海防紧要，亟须购置洋枪洋炮方能抵御外敌。广西中法战事，更增添了他对洋务重要性的感受，他迫切地感到“学洋人，办洋务”刻不容缓。

张之洞读圣贤书，但他不是书呆子，他没有钻进故纸堆里爬不出来，特别是他到广州后，受到洋务的影响更加深刻更加直观。广州这座城市，受西方影响之大，在国内首屈一指。洋人在鸦片战争获胜后，到广州开设口岸，设立洋行。珠江两岸建起了采光通透的洋楼，洋楼里明亮的电灯以及接通的电话、电报，使生活、经商、行政都极为方便，科技之风与西式文明熏染广州。这一切，都让张之洞耳目一新。他办洋务，礼贤下士，求贤若渴，有时他甚至可以抛开最为紧要的政务，接待精通商务与操办实业的洋人，接见涉足洋务的实业家。据说有一次，他在总督府衙门与《盛世危言》的作者郑观应相谈甚欢，从下午听郑观应谈洋务谈办实业直至深夜。

不过当时他在广东兴办实业，是以军事为主，他的实业兴粤计划，主要是造军舰，建铁厂，设水师学堂，练新式陆军，办军工厂，修铁路。

张之洞以办实业促改革，他雄心勃勃，他的实业救国，大办洋务的主张虽遭到不少保守人士的质疑，但朝廷还是信任他，调任他到武汉，任湖广总督。张之洞踌躇满志，他一到武汉，便登上龟山，选址开办汉阳铁厂，紧接着，炼钢厂、轨钢厂、电机厂、翻砂厂、修理厂等主要工厂也次第兴建。而大冶铁矿、马鞍山煤矿的建设也热火朝天。

武汉在张之洞的治理下，俨然成为工业重镇。张之洞一生兴办的工厂不少，尤以湖北为最，史书说“之洞至，兴铁厂、枪炮厂、纺纱、织布、缫丝、制麻、制革各厂。创设官钱局、造币局，行用钞票，铸银圆，以固根本，齐盈虚”。[4]

---

〔4〕《盛宣怀档案数据选辑·汉冶萍公司》(一)，第41页。

袁伟时说张之洞喜欢搞大项目、大建设。《清史稿》评他："莅官所至，必有兴作，务宏大不问费多寡。"

人们评价张之洞大办实业好大喜功，因官僚作风与"赋性卞急"导致办厂成本费用过高，以汉阳铁厂为例，袁伟时先生分析有三大弊端，其一设备购置不当；其二没有稳定的焦炭供应；其三选址不当，没有在大冶铁矿所在地设厂。[5]

虽然张之洞办洋务，兴实业，存在不少问题，但他操办洋务的执著，以及创立那些在当时足可雄视东方的重型工业厂矿，毕竟冲破晚清保守势力沉厚浓郁的云层，洋务运动的曙光在广州、武汉、南京上空因他的存在而闪烁显现。

之所以将张之洞大办工业列为变法与改革的范畴，乃是洋务一业，不仅仅是财富的增加和工具层面的便利。操办洋务，必然涉及对传统礼法制度的巨大冲击。以农耕为本的理念受到工业化商品经济思潮的挑战，义与利之间的尖锐对立，自然经济与初露曙光的商品经济的纠结与冲突，都无一不围绕着洋务运动而展开。张之洞操办洋务不遗余力，他在湖广总督衙门大坪外的高大辕门楹柱上挂起了他亲笔题写的"湖北铁政局"招牌。[6] 这一"铁政局"的洋招牌在总督衙门前迎风招展，让武汉市民瞠目结舌。可以说，洋务机构"局"的出现，既显示了制台大人——张之洞办洋务的决心，也标志着洋务机构"铁政局"获得了地方政府的正式认可。洋务机构"局"的诞生，像一根楔子锲入传统官僚体制的内层，其标志性意义可以上升到"变法"的高度，为日后正式的官僚机构内设矿务局、工业局、煤炭局等部门奠定了基石。

事实上，办洋务不仅仅是挂招牌，在实际操办过程中，原有的传统机构与部门还真的对不上口。以汉阳铁厂为例，随着洋务运动的深入，铁厂的运作在采购、贷款、运输、冶炼、验收、出售等诸多环节也需要相

---

[5] 袁伟时：《晚清大变局》，线装书局 2014 年版，第 359 页。

[6] 唐浩明：《张之洞》，山东人民出版社 2014 年版，第 595 页。

应的部门对应。因此，必须按照国外铁厂的洋名称设置配套的机构，于是在汉阳铁厂内，便设立了股、处、室等部门。“分设五股：收支股、稽核股、物料股、商务股、卫生股。每股之下又分设处，如收支股下有五处：筹银处、外国银行处、发放处、账房处、复核处。每处设主审办一人，副审办二人，处员若干。下辖二至三室，每室则设室头一人，室员若干人。如此则诸事分门别类，职守清楚，井然有序。”〔7〕

可见，因办洋务兴实业而设立的这些“局”、“股”、“处”、“室”均是借鉴国外的机构而设置，这些洋名称机构与部门的建立，对于中国原有的传统官僚制度是一大挑战，假以时日，中国官僚机构与部门的名称也必将改变。张之洞从挂牌“湖北铁政局”到汉阳铁厂内设“股”、“处”、“室”，从形式到内容，均遵循洋务实业的需要。虽然这一系列的机构设置与名称变化并未在官场上脱胎换骨，张之洞也没敢在官府衙门内直接更改官名为洋名，但以上的这些改革实践，足以证明张之洞洋务运动的发展，实质已是对大清基层制度动了改革与变法的手术刀。妥帖一点地说，是一种实践性变法。夸张一点地说，洋务运动所带来生活、通商、兴业、行政乃至理念上的变化，是系统性的。可见张之洞的洋务运动（前有曾国藩、李鸿章）之于改革与变法是何等的重要！对于改变祖宗旧法大有裨益。晚清末年，不通过洋务运动的巨大影响与狂飙突起，怎能突破大清帝制那些陈规陋习的藩篱？

二

平心而论，张之洞大办洋务，本意并非要改变大清礼法，其目的不过是富国强兵，但洋务运动的发展势头迅猛非他意志可以左右，洋务对他所忠爱的礼法制度的冲击是他事先未能预料的，随着洋务运动的深入，张之洞的思想也有了变化，他也感到有必要对原有的礼法制度予以变革。因而他在大肆操办洋务的同时，也力主变法，提出了一系列的变

〔7〕 唐浩明：《张之洞》，山东人民出版社 2014 年版，第 648 ~ 649 页。

法主张。他支持维新变法是真，尔后反对维新运动乃是政治形势变化后的无奈之举。事实上，早期的维新变法在宣传方面也得到张之洞的鼎力支持，以湖南为例，湖南是张之洞管辖的地区，在 1898 年的维新运动风潮中涌上风尖浪口，成为改革变法的思想前沿阵地。当时湖南的有识之士从四个方面着手实施维新变法，在思想启蒙上，“①办报。《湘报》、《湘学报》破土而出，均以传播新思想为己任。②开讲座。③办学。④组织学会，最著名的是南学会。对这些启蒙活动，湖南巡抚陈宝箴和他的顶头上司张之洞都理解为破除湖南罕见的封闭的必要措施，因持支持或默许的态度……《湘学报》是 1897 年 4 月创刊的，创办初期，张之洞颇为支持，他特地札饬湖北各州县购阅：‘大率皆讲求经济时务之法。分为史学、掌故、舆地、算学、商学、交涉之学六门，议论闳通。’于是，他下令各衙门一律必须订阅，并用官帑购买给各书院阅读。尽管他对言论自由不理解，但对启蒙为己任的报刊持爱护、支持的态度，在当时的督抚中可说是绝无仅有。”[8]

在上海方面，张之洞出白银一千五百两，资助康有为设立强学会上海分会，开办报刊《强学报》，大肆宣扬维新变法，传播西方科技，评论中西社会制度。

而对于著名的维新人士梁启超，张之洞认为梁启超的一支笔，高标变法，激情四射。他感佩至深，竟以湖广总督之尊，亲笔致信梁氏，热诚相邀之盛情令人感动。张之洞为了隆重欢迎梁启超到武汉，甚至破例开武昌城中门迎接。由此可见，张之洞对维新变法之鼎力。故在其管辖的两湖地区，变法运动如火如荼！

如果说张之洞支持早期康梁维新变法是其操办洋务在文化表层的配套举措，那么，他的《劝学篇》的出台，则道出了他内心深处对改革与变法的真实想法。

在晚清名臣中，张之洞的经历颇为全面，他做过湖北、四川学政。

---

〔8〕 袁伟时：《晚清大变局》，线装书局 2014 年版，第 371 页。

曾任翰林院言官,成为著名的清流人士。行政方面,他擢升山西巡抚,升任两广总督,荣任湖广总督,署理两江总督,治理与管辖的区域多达八个省区。特别是在督抚八省的封疆大吏任上的磨砺,使他历练成融通中西、放眼世界的政治家。他严于吏治,热衷教育,兴办实业,操练新军,对维新变法具有深刻独到的见解。他的"中学为体,西学为用"的变法思想,虽饱受各方质疑,但其思想扎根于华夏,因而百年之后,他的这一见解闪烁出的光影并没有被纷繁复杂的各种光鲜思潮所埋没。可以说,张之洞是一位对变法有深刻及独到见解的思想家,他的变法思想集中体现在他的著作《劝学篇》一书之中。

袁伟时先生说:"如果用一句话来概括《劝学篇·外篇》,可以称为'变法宣言'。"[9]

换句话说,谈洋务运动,张之洞被视为洋务三杰。所谓洋务,曾国藩开创办洋务之先河,在时间上觅得先机;李鸿章办洋务,在直隶、两江等沿海辖区开创,规模与影响非同一般;而张之洞之洋务狂飙突起,以武汉九省通衢之地为基地辐射八省,影响全国,奠定了晚清及近代工业的基本布局。

然而,谈变法,曾国藩因辞世较早,没有赶上维新变法之风潮;李鸿章虽在内心深处赞同维新,但城府太深,老谋深算的李鸿章对维新变法的支持若即若离;只有张之洞不仅在操办洋务的同时公开赞誉变法,甚而直接出面鼎力相助。

梳理《劝学篇》之要义,张之洞的变法思想既超越曾李,也与康梁有别。

且来看《劝学篇》。

张之洞的《劝学篇》于光绪二十四年春所撰,分为序、内篇与外篇三部分,四万余字。

为什么要写《劝学篇》呢?

---

〔9〕 袁伟时:《晚清大变局》,线装书局2014年版,第376页。

张之洞在其追述中道出写《劝学篇》之原委。张之洞说："自乙未后，外患日亟，而士大夫顽固益深。戊戌春，佥壬伺隙，邪说遂张，乃著《劝学篇》上下卷以辟之。大抵会通中西，权衡于新旧。"〔10〕

由此可知，张之洞撰《劝学篇》并非像一些保守人士所述那样，只是为了反驳与批斥维新"邪说"。透视张之洞的《劝学篇》，跃然于字里行间的变法主张灼然显现，虽有"旧学为本，新学为用，不使偏废"的说法意图行走钢丝，寻找中庸平衡。但批评顽固派守旧的方式，却依凭的是会通中西的学说，其历史的前瞻性可见一斑。

相较而言，《劝学篇·内篇》趋向传统，即所谓"内篇务本，以正人心"。《劝学篇·内篇》列九篇，第一篇"同心"，第二篇"教忠"，第三篇"明纲"，第四篇"知类"，第五篇"宗经"，第六篇"正权"，第七篇"循序"，第八篇"守约"，第九篇"去毒"。前四篇主要申明保国(大清国)、保教(儒教)、保种之大义。第五篇"宗经"篇，尊孔孟为圣道。第六篇"正权"篇则驳斥倡"民权"者。第七篇"循序"篇则承认西学，但要"讲西学必先通中学"，"以未不忘其祖也"。第八篇"守约"篇讲西学东渐之趋势不可逆，但应保存中学之道。第九篇"去毒"篇主讲戒毒戒烟。

由于《劝学篇·内篇》有保国尊孔的理论主张，特别是力辟民权的驳论，深为西太后赞赏，但因提出西学东渐大势所趋也为光绪帝接纳。

《劝学篇·外篇》相比《劝学篇·内篇》，具有鲜明的时代性新颖性特点。《劝学篇·外篇》列十五篇；第一篇"益智"，第二篇"游学"，第三篇"设学"，第四篇"学制"，第五篇"广译"，第六篇"阅报"，第七篇"变法"，第八篇"变科举"，第九篇"农工商学"，第十篇"兵学"，第十一篇"矿学"，第十二篇"铁路"，第十三篇"会通"，第十四篇"非弭兵"，第十五篇"非攻教"。

从《劝学篇·外篇》来看，张之洞洋洋洒洒，纵横捭阖，他借鉴西学，

〔10〕《抱冰堂弟子记》。

纵论文化、教育、实业、报刊、路矿、法律、军事、外交,他“采西补中”,盛赞洋务,重视教育,倡导办报,大兴实业,力主变法。因而《劝学篇·外篇》是一份全面改革与变法的宣言,既是变法的路线图、计划书,也是改革与变法的纲领性文献。

平心而论,有清一代,文网严密,著书立说风险极大,张之洞身居高位,甘冒风险。他之所以以督抚之尊亲笔撰文,乃是他看到多事之秋,存亡在此一举。所谓劝学篇二十四篇之要义,“以括之以五知:一知耻,耻不如日本,耻不如土耳其,耻不如古巴;二知惧,惧为印度,惧为越南、缅甸、朝鲜,惧为埃及,惧为波兰;三知变,不变其习不能变法,不变其法不能变器;四知要,中学考古非要,致用为要,西学亦有别,西艺非要,西政为要;五知本,在海外不忘国,见异俗不忘亲,多智巧不忘圣。”

《劝学篇》一书虽左右逢源,思想趋于中庸,但其文字直陈时弊,颇具特色。特别是知耻、知惧、知变、知要与知本的论道,将国事危亡、亟须变法的慷慨道义于豪气沛胸的性情礼法之中,此种“不变其习不能变法”的精妙用语堪比梁启超“变也变,不变也变”的慷慨激昂。张之洞《劝学篇》的老道精巧、权谋筹划之高妙,并没有官样文章在表层上的沉稳沉厚,反而是一反常态的犀利词句,从他心灵冶炼的“内圣”之围中冲出,直入风靡天下的变革与变法。张之洞竟然用一种超拔高迈、凛然豪纵之笔力维护他一贯断守的孔孟道义,同时又十分机智而大胆直白地高标洋务与西学之利。

张之洞在长江边的晴川阁闭门写《劝学篇》,江涛声声,掀动着晚清政局变幻的莫测风云;罡风阵阵,预示着千年帝制的风雨飘摇。张之洞以一种不可遏制的冲动,操笔上阵,意图以洋务变法挽救危亡的满清帝制。文章拟就,张之洞凭窗远眺,看不见“滚滚东逝的长江水”,也无“习习暖人的杨柳风”。他思接千古,借镜西学,心生感慨,推门而出,当年清流名士的气派陡然升腾,镇守江夏的豪气使他吟诵出:

“东去大江,那堪淘尽英雄,彩笔尚留鹦鹉赋;

西望夏口，此水永消争战，霸图休即犬豚儿。”[11]

诗以言志，文如其人。张之洞的《劝学篇》，字字浸润着他的思虑，他的谋划，他的大略。张之洞的《劝学篇》一出，一时洛阳纸贵，十日之内三易版本，刊印二百万册之多，英文、法文的译本风行西欧各国。1900 年，美国纽约出版的英文本更译其名为《中国唯一的希望》！

当然，《劝学篇》产生的巨大影响并非张之洞阐释的思想有多么先进，关键的是《劝学篇》整合了“新旧”之学，这之中的“中体西用”学说，既符合国人的中庸之道，又能在国势颓坠、存亡之秋的紧要关口“挟朝廷之力以行之”，达到左右逢源的效果。现在看来，张之洞系统化地论证“中学为体”是符合中国人的逻辑的。一个多世纪以后，“以中为体、以西为用”仍然是国人不变的遵守。只不过，人们批判张之洞一方面力辟民权、维护满清皇权；另一方面又倡导向西方学习，这是不可调和矛盾的两面一体。实际上，张之洞这一学说至今仍然在讨论与争执，就充分说明“中学为体、西学为用”在华夏大有市场。对此，张之洞十分自信，他判断并预言，他的这一学说符合国情。他说：“了凡此所说，窃尝考诸中庸而有合焉。”此时，张之洞信心满满，他认为：“中学为体，西学为用”是符合中国古代先哲的思维方法的，正所谓“夫中庸之书”，“以复文武之盛”。而中庸之道，能左右逢源焉！

三

晚年的张之洞，其事业达到人生的巅峰，但是，随着阅历的丰富，认识越深刻，思想路径越坎坷，这精神世界的起伏跌宕，反而走向物质世界的背反，精神上的追求陷入困顿，没有在官场上那样顺风顺水。张之洞在思考，他已没有过去那样自信了。张之洞的儒者之风，啸风吟月，即使孤傲地守护着高蹈的人格，也已经是孑然独立，有些孤寂而冷然了。

---

[11] 唐浩明：《张之洞》，山东人民出版社 2014 年版，第 1006 页。

张之洞对晚清的变局，越清醒就越失望，越失望就越深刻。他的变法主张，最终落脚点已逾越“中学为体”的政体标准底线。晚年的张之洞陷入了内心不能平衡的挣扎，他纠结于矛盾的困惑，他操办洋务的切身感受使他深知西学的优势，终于他在所作的“江鄂会奏变法三折”（简称“变法三折”）中把他后期的变法思想和盘托出。作为一位身居高位具有显赫身份的官员，张之洞思想的转变是难能可贵的。他身为满清的督抚大臣、军机大臣，居然能够提出并设计各级政府官员的选举制度，甚而通电仿行英国上议院之设立，这种变法主张已然临近西式选举，实际上也是对他自己在《劝学篇·内篇》中“力辟民权”的一种反向。此时，他与帝制郡县集权制的相向而行已走到了十字路口，特别是张之洞直接致电刘坤一、袁世凯、盛宣怀等人，倡议仿效英国上议院的选举制，更是让人感到震惊，他说：“其实变法有紧要事，实为诸法之根，言之骇人耳。西法最善者，上、下议院互相维持之法也。……若上议院，则可仿行。”张之洞的这些变法言说，与康梁的虚君共和主张已经非常接近。由于他地位显赫，权倾朝野，大权在握，因而他的变法主张具有很大的实效性。张之洞甚至认为，州、县长由绅民选举；高一级的官员候选人，由低一级的下属公举产生；皇上有核准适当人选的最后决定权力。他的这些大胆的设想，虽然有很大的局限性，但不啻为体制内石破天惊的变法设计，极赋创造性。因此，有人只盯住张之洞在《劝学篇·内篇》中极力维护皇权、驳斥民权的“中学之体”进行批判，忽略了他在《劝学篇·外篇》中，为“外篇务通，以开风气”而倡导学习西方的开放精神。特别是“变法三折”融入的新思想、新设计，使之推动清廷的改革达到一个新的层面；如推进清廷派出王公大臣与宗室弟子们出洋考察；促成五大臣到西洋进一步了解宪政施行；遣派大批学生留学日本（这些留日学生大多走上推翻满清专制的革命道路）；遣使学习日本的司法制度；荐举沈家本为修律大臣，制定《大清新刑律》、《大清民律草案》和《大清刑事民事诉讼法》。张之洞的这些改革与变法倡议，已然超越《劝学篇》。可以说，除了皇上即政治体制的最高威权在当时的政体情势下不能改革外,张之洞几乎对“采用西法”的所有措施作出筹划和提出建议。到了晚年最后的时刻,张之洞的卫道士色彩也淡了许多,他已不再驳斥民权,他的清廉作风使他对官场贪腐深恶痛切并大胆揭露。但他此时已是一位疲劳过度的老人,他已知油灯即将燃尽,时日不多,他在回忆往事了……

张之洞想起芦汉铁路通车时,他登上豪华的卧铺车厢,汽笛一声长鸣,列车风驰电掣,他看到窗外那条千年的古驿道,想起芦汉铁路未竣工前,多年来上京时骑马坐轿尚需月余,旅途的鞍马劳顿让人疲惫不堪,沿途还要惊扰百姓,各地方官员前往迎送,忙得不亦乐乎。而今这条由自己亲自筹划、历经多年争议、几停几起的铁路终于竣工开通。呼啸而行的钢铁长龙在中原大地上追风驰骋,张之洞有一种前所未有的激动。

透过车窗,他看这河北大地,田野村庄,尘土飞扬,那些在田土上辛勤耕作的农人是那样灰头土脑,那样贫穷。这河北是他的祖籍之地,直隶南皮是他父亲张锳的家乡,因他四岁丧母,从小跟随父亲,对父亲有很深的感情,他因此从小自号“南皮童子”。张之洞自幼在贵州长大,他习惯那里的青山绿水,他记得安龙城东北面,浩渺的水面芦苇丛生,有一片水域,当地人俗称绿海子,风水极佳。康熙年间,广东人招国遴调安笼镇,被委任游击,他筑长堤隔水。因此,人们将此长堤称为“招堤”。道光时,张之洞的父亲张锳任兴义知府,将招堤加高五尺,在招堤内种植荷花,因而有“十里荷香”、“荷盖声喧”之美誉。特别是张锳在招堤旁金星山的半山上建半山亭一座,更是将这招堤风景引人入胜。

想当年,知府张锳在半山亭落成之日,大宴宾客。席间,张知府兴致高逸,他提起唐代滕王阁的史事,以及王勃那首名传千古的《滕王阁序》,并邀宾朋好友以翰墨记其胜。一时,宾朋个个摩拳擦掌,跃跃欲试,一展身手。片刻,知府大人幼子张之洞的业师蔚斋先生草就一诗,诗曰:“天光云影白鸥汀,水色洁兰柳色青;雨后荷花香似麝,游人同醉半山亭。”众人听他诵后,无不拍手称道。而张之洞伫立石亭,凭栏远眺，一时也豪兴如涌，操笔挥写，书就一篇《半山亭记》。张之洞回忆那情状、那场景，已是泪眼迷离。这《半山亭记》应是他一生之中的得意之作，他那时只有十一岁，但熟记王勃的《滕王阁序》，对欧阳修的《醉翁亭记》也倒背如流。因此他在《半山亭记》中说："有阁巍然，峙于岩畔者，魁阁也。守绿阴，梯白石，禅房乍转，画槛微通，石壁一方，茅亭三面者，半山亭也。作亭者谁？吾家大人也。"此段书写，确有欧阳修神韵，而幼童张之洞对乃父之深情也跃然于纸质。

张之洞写安龙招堤四时颇有王勃文采，他每每念诵，摇头晃脑："若夫柳岸晓风，芦花残月，云腾碧嶂，日落深林者，亭之朝暮也。水绿波澄，莲红香远，月白风清，水落石出者，亭之四时也。沙时荷静，舞翠摇红，竞秀于汀渚者，亭之晴也。柳眉烟锁，荷盖声喧，迷离于远岸者，亭之雨也。"这段景致的描写活灵活现，有"朝而苍翠千重，暮而烟雾万顷，"四时之景，被他一支笔由静态的画面景致幻化出万千变化的摇曳动态，正所谓"亭之可乐，这与为无穷也"。无怪当时张之洞的《半山亭记》一写就，众人无不惊叹，这十一岁的南皮童子张之洞真"神童也"！一想到这些，张之洞捋须而笑，贵州安龙招堤胜景以及金星山之上的半山阁亭，还有少时读书的天香阁，这些景象，历历如昨。他哀叹一声："怕是回不去了！"那安龙距武汉、京城千里迢迢，张之洞一想到关山重重，奇峰雄险，道路崎岖，便知这一切只能是晚年的回忆了。回不去了，他絮絮叨叨地念道。他感到对贵州安龙有一份歉意，那是他在汉阳大办铁厂之际，贵州安龙来了不少乡亲，要求在汉阳做事，他支拨差旅，一一劝回。是啊！南皮祖籍也有三亲六戚前来武汉，不也被他打发回籍了吗。除了任用山西的一位姻亲外，他张之洞不能任人唯亲啊！他擦了擦昏花的双眼，他记得在不久前曾派人肩挑马驮，从京师驮运几千册图书、教学仪器送到安龙，赠给龙城的高等小学堂。唉！这也只能聊以自慰了。

于张之洞而言，贵州安龙、湖北武汉、河北南皮是他暮年割舍不下的地方。安龙与他关山阻隔，只能留下童年的记忆和一篇传世名篇《半山亭记》;武汉是他建功立业之地,在他多年的治理下,武汉三镇的布局已显露规模,这座华中重镇,在他大办洋务的过程中,已成为徐图自强的工业典范区域,以汉阳铁厂、汉阳兵工厂和布、麻、纱、丝四局为代表的洋务局厂,已使武汉超迈京津穗港。武汉是倾注了张之洞半生心血的地方;至于南皮,乃是祖籍之地,张之洞自己的出生地在贵州,但他念及父爱,一直以南皮自称,少年时称为"南皮童子",晚年入主中枢,任内阁大学士、军机大臣,是为宰相一级的人物,被称为"南皮相国",死后他也要求葬于南皮。

读中国近代史,谈洋务、谈改革、谈变法,不可能不谈张之洞。张之洞的改革与变法,影响深远,人们说他的变法自下而上,以洋务带动变法,以局部变革的区域性突破影响全局。还有人说,张之洞的变法以理论点化实践,他以《劝学篇》贯彻"以中为体,以西为用"的变法原则,以"变法三折"筹划官员选举,以通电倡行设立议院;也有人说他的变法自上而下,波及全国,深具影响。也有人批判他的变法保守局限,维护清廷帝制的最高权力不遗余力。

纵观张之洞的一生,他办洋务倡变法,著书立说,"其书也谆谆","其情也殷殷"。只可惜,中国三千年之变局,在近代已经临近宪政的边缘,却在一个历史的拐弯处,滑向了暴力的轨道。当历史转了一个大圈之后,人们才发现,原来张之洞的变法思想并不落后。人们哀叹,百年前,张之洞的变法主张较之康梁略显保守,但到今日,仅就变法层面的技术性工具性要求而言,均未达到康有为、张之洞当年的高度,更遑论梁启超、沈家本超拔高迈的法治精神!

悲乎!张之洞临终时说了一句:"一生的心血白费了。"其实,岂止是他,个人有时在历史面前是渺小的,中国的历史吊诡得很,它转了一个圈,又回到原地。

第八篇　康有为变法

尝到“百日维新”甜头的康有为的确是一个保皇党，如果他还懂得韬光养晦的话，他不会因急于求成而使戊戌变法功败垂成。他所憧憬的维新变法，将有可能在光绪皇帝的路线图指引下，幻现出君主立宪的光景！

可惜的是，康氏所追求小康与大同的非暴力愿景，被人们误认为迂腐透顶，实际上，暴力之后的糟糕结局已证明他超前的预见性。

一

死板的教条主义与乌托邦式的狂热，以及毫不掩饰自大自傲的嚣张欲望，居然这样不可思议地统摄于一人，他就是满清末年名满朝野的维新第一人——康有为。

无论是"公车上书"中的振臂一呼，还是在"百日维新"中为戊戌变法而奔走呼号，抑或是烛影摇曳下托古改制的"大同"思想的火焰，都给这位毁誉参半的一代名儒罩上重重的历史迷雾。

毫无疑问，满清末年，专制帝国已是昔日黄花，风光不再。专制政体积贫积弱，穷途末路，已步入十字路口。因而，是改制变法还是喧嚣暴力，两大思潮坎陷社会形成的两道精神壕沟，已涌现出过多的不那么理性的勇气与识见。

历史的魔咒再次应验，暴力战胜改良，中国社会又进入一个轮回。

当初，在末代皇帝已是扶不起来的天子的当口，康圣人为了光绪皇帝的知遇之恩，毫不顾及众叛亲离，竟然支持张勋复辟，康有为的不合时宜，使自己沦为封建遗老的保皇角色。

或许，康有为学富五车，雄视古今，他有穿越历史迷雾的时空预感，有洞察未来的未卜先知？辛亥百年之后，不流血的保皇与流血的革命所获取的结果，竟在你中有我、我中有你之中演绎着一个滑稽的效果。原来，所谓革命，并非与专制泾渭分明；而帝制，也并非可以由专制覆盖。当初，善良的国人并不懂汉语文词博大的精奥与精妙，其实，换个名词也一样达到专制的效果，专制不是皇帝一词垄断得了的！

按著名近代史学者郭世佑先生的话讲，"观念的重铸并不比观念的混乱来得容易，历史学的观念谱系更是各有来路"，对于康有为的时代，即令当下人们的评论，仍然很难摆脱既定的历史观以及传统的思维定式。"只要谈历史，国人喜欢重定性、轻事实，重评价、轻分析，重论点、轻论据，重结果、轻过程，至于历史评价，更是重暴力、轻知识，重破坏、轻建设……对近代中国历史的解读与评论尤其如此。”[1]

事实也是如此，康有为的未卜先知在文治让位武功的年代，成了神龙八卦。戊戌变法的失败，使他长期背负着保皇的罪名，他和他的保皇思想被武力获胜者们扔到一个不愿让人关注的历史角落，当权者睁一只眼闭一只眼，让一伙粗通文墨的人对他尽情地批判。的确，满清皇权被“武昌起义”临门一脚踢进历史的垃圾箱后，文人们都误认为“皇权专制”从此离我们远去，因而康有为的“保皇”被有的文人斥之为“妖孽”。于是乎，他的保皇思想中的闪光也被因果倒置的关系所遮蔽。

理性与法制的阙如，让康圣人寂寞多年。

一旦人们猛然省悟，政权易主，江山依旧，你打不打，那江山就在那里，原本就不是国王的。国王窃取江山后，竟在文人帮凶的策划下，巧妙地将国与家合二为一，并且将小民们也绑架在国王的战车之上，仿佛离开了国王，小民们的“天”真的要塌下来了。然而事实上，历史的演进却推衍出另外的路径，奇妙的是，政权的演变并非只有人头落地一条道路。法律之于政权结构的权力制衡是可以通过非暴力方式改变而成为可能，大英帝国、荷兰王国等欧洲国家的君主立宪的成功即为显证。那么，激情的暴力以及君王的专制是可以也应该获得法律的控制。通过改造国王执政的形式，实行非专制的保皇策略并非没有成功的可能。

当初，康有为如能有条不紊地推动维新变法，不要在“百日维新”中那么迫不及待，他如能韬光养晦，留给光绪皇帝实施改革路线图以足够的时间，或许，“明治维新”将成为大清帝国的翻版。

可惜，康有为的博学多才反而使他咄咄逼人，他的自大自傲使他认为，他数十载寒窗，苦读圣贤书，从小立志，要的就是这一功名：即使做不成圣人，也要做宰相、帝师。他哪能稳扎稳打，按部就班，徐徐图之。

他的维新运动，他的功名利禄，他的理想与愿景，就在眼前，上天给他送来了一位多么聪慧贤明的光绪皇帝，他的政治图式的景象将在光

---

〔1〕 郭世佑：《历史的误读》，三联书店 2014 年版，第 4 页。

绪皇帝这里拍卖，光绪皇帝的光辉遮蔽了变法过程的种种艰难困惑的真实，他误认为自己的大业即将兑现。于是，他倾其所有，向这个摇摇欲坠的专制政体贩卖自己的平生所学。

可是，康有为的变法，既不同王莽、杨坚，他不具有他们帝王般至高无上的权力：也有别于商鞅、王安石、张居正，因为康有为没有身居宰相高位，执掌朝廷重权。

即使在“百日维新”期间，康有为短暂进入体制，也因真正的权力在后党而不在帝党，而无任何实际的权力。故有人说他的维新变法，终归是纸上谈兵。

且来看康有为的变法……

有人说康有为的变法应从他的《上清帝第一书》开始，他一共七次上书，极言国是，谈维新之势，变法之亟。

据说有一年康有为到顺天府乡试，他的成绩本属第三名，但他张扬的个性使其文风桀骜，因而主考大人以“此生太狂，难堪大用”为由将他贬置副榜。毕竟有才，考官中有人为他争辩，反而惹怒了主考大人，最终康有为落榜了。康有为效法王安石、张居正，步入仕途变法图强的路径一下子遥遥无期。悲愤之下，康有为写了《上清帝第一书》。

他在《上清帝第一书》中详尽地分析国内外形势，一针见血地指出：数年之后，外有四方狄夷侵扰，内有会党乱民暴动，如朝廷此时不维新变法，改弦更张，恐数年之间即使补救也为时晚矣。

以后康有为先后七次向皇帝上书，其主要内容，均是变法维新，救亡图强。

二

公元1895年。

这年，康有为与梁启超一起到京师应试，船快到天津大沽港口，日本人登船搜查，康有为仰天长叹：清廷若听吾言，必无此辱。当时甲午战败，旅顺失守，败局已定，清廷正在与日本议和。康有为遭日本人无理搜查后,悲愤莫名。他一想到自己呕心沥血地上书进言,遭多方阻隔,未能直达天庭,便捶胸顿足,感慨嘘唏。

站在这船头,遥望海天,透过迷蒙的海雾,他想起自己所创办的万木草堂,在遥远的广东,看了看身旁的这位才华横溢的弟子——梁启超,他突然回忆在万木草堂时,他考梁启超的一对子,他看着梁启超,突然开口,用当年的口吻问道:“维新千古事。”梁启超也望着他,以当初的应对,镇定地答道:“得失康梁知。”

维新变法,乃千秋大业啊!

哈哈!二人大笑,相携下船,扬长而去……

北京,松筠庵。

康有为联动了十八省举人在松筠庵集会。

这是何故?

原来,《马关条约》的内容在未正式签署之前已传到北京,得知求和的结果是要割让辽东半岛和台湾岛,并且还要赔偿二万万两白银。正在北京应试的举人们愤怒了,康有为振臂一呼:“呜呼噫嘻,万里之广土,四万万之众民,而可有此约哉!”于是,康有为、梁启超发动广东举人集会抗议。紧接着,湖南举人纷纷响应。一时,十八省应试的举人群情激昂,不堪受辱,很快形成一规模浩大的抗议群体。

所谓忧国忧民,这是中国士大夫历来的传统,从宋朝的太学生力谏皇上,到明朝“家事国事天下事,事事关心”的东林党人,一直延续到大清帝国。每当国家危殆、社稷将覆时,中国的知识分子大多都有“天下兴亡,匹夫有责”的担当。

当割地赔款的议和内容传到京师,北京街头首先出现以康梁师徒聚集的八十多名参加考试的广东籍士子,他们群情激奋,高呼口号,拿着上皇帝的请愿书,向都察院一路走去。一时,入京应试的各省举人汇入这声势浩大的请愿阵营,就此掀开了由康有为率先策动的“公车上书”的序幕。

这就是历史上著名的“公车上书”。所谓“公车”,是指古代的官车,古代朝廷多以公家车马送递应试举人。因此“公车”便成为举人入京应试的代称。而康有为因势利导，他一天两夜没合上眼，奋笔疾书，写下了一万八千多字的万言书，此书由“笔端常带感情”的弟子梁启超抄写，成为震古烁今的《公车上书》。

但是，大清帝国的律令中有“士人不许干政”的约束，举人不能直接上书给皇帝，只能写成公文形式呈递都察院，由都察院的官吏审查筛选后代为呈交。

大清帝国的统治者们，从大明王朝那里窃取江山后，也沿袭了大明帝国的文字狱统治。“防民之口重于防川”，这些扼杀了言论自由的大大小小的统治者们，视言路的通畅为洪水猛兽，他们怎敢将举人们的上书请愿转呈代交。

当听说阻挠上书的是军机大臣、兵部尚书孙毓汶时，有举人提出“抬着棺材去孙家”的建议，举人们措辞激烈的激奋之情吓坏了这位大员，他告病回家。

十八省的举人聚集京师，群情振奋，针砭时政。上书没有答复，举人们更加悲愤，在康梁的带动下，举人们走上街头，聚集于松筠庵。

为何要到松筠庵呢？

原来，松筠庵的主人——明朝嘉靖年间兵部武选司员外郎杨继盛，这是一位耿直的大臣，他因弹劾严嵩而获罪，在临刑前，他大义凛然，赋诗一首：

浩气还太清，丹心照万古。

生前未了事，留与后人补。

为了纪念这铮铮铁骨的忠烈，其故居遂改名为松筠庵。乾隆时，被修葺一番，改祭祀杨继盛的祠堂。祠堂庭院幽幽，院内有假山回廊，林木曲篁，是为士大夫雅集所在，清流党人每每在此慷慨陈词，畅说国是，一时这里名噪京城。

康有为选择在松筠庵集会，应有其深意。

1895 年 5 月 2 日。

北京城内,"车马塞途"。康有为、梁启超邀约上千举人,手拿举人们签名由康有为起草的万言书,到都察院请愿。

据康有为回忆,他当时痛感苍凉,演讲时激动不已,恚愤至极,甚于恸哭,围绕着他上书的内容,提出"拒和、迁都、练兵、变法"等四项主张,康氏的演讲,据说感动了省举人,一时士气愤涌,莫不发愤,排着长队,到都察院递交请愿。

有关康有为的"公车上书",后来有人贬为忽悠,认为纯属子虚乌有,均是康有为自编自导的一出戏。

理由主要如下:

其一,有关反对议和,并非康氏为第一人。在此之前,钦差大臣刘坤一、两江总督张之洞、台湾巡抚唐景嵩、广西巡抚张桂联、陕甘总督杨昌、盛京将军裕禄等大员就纷纷上奏。据不完全统计,京官中,反对签约的宗室贵胄及二品以上的大员有十余人;二品以下的多达 50 多人。甚而要求变法维新也非康氏首先提出。

其二,康氏所宣扬的"公车上书",没有那样多人。根据 1895 年夏出版的,署名为"泸上哀时老人未还氏"所作的《公车上书记序》载:"于初八(5 月 2 日),请将和教盖用御宝,发使赍行。是日……松筠庵座中议事尚数十百人,……则闻局已大定,于是群议涣散……"可见,群议涣散,上书未成。

其实,康有为"公车上书"一事,并非康氏的《康南海自编年谱》一书独有,记载上千举人"公车上书"的史书比比皆是,就连对康氏变法较为反感的民国时期的很多史书亦有记载。史称"公车上书"之影响,不是康氏一人可以编造。上千举人的游行,或许在康氏笔下有气壮山河式的夸张,但当时的大清帝国,已有各国公使与各国商人在京,不可能任由康氏一人瞎编,如是康有为无中生有,本来怨恨他的人就很多,肯定会有人直接戳穿。何况此事不久,康氏在"维新"失败之后,已仓皇逃窜,国人又有痛打落水狗的恶习,在无任何顾忌与害怕的情况下,为何不大肆指责康氏作伪?窃以为,康氏并非完人,但作伪之事,有可能发生在学术考据或宫廷秘密之类。康氏还不至于傻到将“公车上书”这类在光天化日之下发生的事拿来作伪,忽悠得如此言之凿凿?平心而论,梁启超在中国近代史上还是一位公认的诚实的学问大家,他不会跟着康有为作如此弥天大谎,将如果是子虚乌有的“公车上书”记入相关论述,他承担不起说黑道白乃至撒谎的历史责任。

至于在康氏上书之前,就有朝廷的二品或二品以下大员反对议和之事,这些大臣上奏反对议和与康有为及各省举人“公车上书”反对议和是两个概念,是孰先孰后的问题,不关乎二者是真是假的问题。有关在康有为之前就有很多大臣提出维新变法之事,这也不能否认康有为变法的独创性与影响力,盖康氏在这一时期获得变法维新第一人称号,是有其历史的内在与外在因素的。

撇开康有为“公车上书”的褒和贬,仅一纸笔墨,于一昼二夜间拟就的万言书,确能振聋发聩,可见这是康氏厚积薄发的成果。该万言书措辞激烈,情词慷慨。在康有为看来,求和并不能真正解决危机,相反会“解散民体,鼓舞夷心。”不仅使国人丧失斗志,且助长列强野心。大清帝国要真正摆脱危机,只有变法图强。

康有为“公车上书”的内容,概其大要,他为光绪皇帝支招三箭,其一“罪己诏”,即中日甲午战争,中国惨败,群情激愤,皇上应深刻反省,主动担责,以激励国人,抵御外侮,雪耻华夏。其二“明罚诏”,对那些阵战不力、闻风溃败、克扣军饷的贪腐怕死的将帅,无补时艰的昏庸大臣,要严加惩处,以儆效尤;对有功之臣,应于奖赏。明赏罚才能使人思进取而报效国家,畏狱罪则不辱朝廷。其三“求才诏”,建议朝廷广罗人才,不唯科举,破格提拔有真才实学的知识分子入仕报效国家,正应了龚自珍“我劝天公重抖擞,不拘一格降人才”之愿景。

康有为认为,拒绝议和,关键在于砥砺士气,除此之外,应迁都西安。因北京近海,现在旅顺、威海的海防屏障已失,京城无坚可守,迁都可以缓解直接的威胁。

当然练兵甚为重要,康氏认为,要扭转当前屡战屡败的局面,当务之急在于选将与购买武器装备;所谓选将,则是挑选精壮勇武之士和举办地方团练,层层选拔,必能挑选出优秀将帅;至于购买武器装备,则是向列强购买精良枪炮,精利器械。这样,精兵猛将与精良利器才是抵御外侮的首要保证。

然而,上述的建议,最为关键的仍是"变法",因清朝沿袭明朝旧制已有数百年,积弊已深,历代朝廷虽不乏有识之士提出变法主张,盖因小修小补,未能成就图强大业。现今世界局势大变,各国列强虎视眈眈。因此,康氏的变法一词,言之恳切,情深意长,他说:"今之为治,当以开创之势治天下,不当以守成之势治天下,清朝应更新百度,再不能率由旧章了。"

三

由此而知,变法的必要性毋庸置疑。

换句话说,康有为的变法不是空穴来风,他是有备而来,他"纵览群籍,贯穿百氏,通中西之邮,参新旧之长"。1891 年,康有为所著的《新学伪经考》一书,就是为维新变法所作的思想理论准备,此书一出,在学术界掀起波澜,引起的震动非同凡响。《新学伪经考》与其说是一部辨伪的著述,毋宁说是一部以今文经学攻击古文经学、抨击时政的著作。这是康有为为维新变法所作的理论铺垫。

何为今文经学?何又为古文经学呢?

康有为下大力气辨析二者之关系,就是在为维新变法寻找思想武器。

所谓经学,先秦时有"六经",即"诗"、"书"、"礼"、"乐"、"易"、"春秋",因"乐"已经亡佚,故也有"五经"之说。至于究竟有多少部"经",不同的时代有不同的解释。除"六经"之外,还有"十三经"的说法。这里暂且按照流行的说法称为"六经"。

由于经学是中国古代历史上训解和阐述儒家经典的学问,故在两汉时,因儒家经典的尊崇地位,使经学的重要性日益显现。此时,便有了古文经学与今古经学之区别。换言之，二者在字体上有明显的差别，据说秦始皇焚书坑儒时，将先秦各家的经典付之一炬，但野火烧不尽，学人们陆续地在坡崖洞壁与断垣残墙处发现前辈埋藏的经典。由于先秦的古文字所写的经书是“篆书”，故学者们称之为古文经；而汉代学人传习的官本经书大多是儒生师徒口耳相传，以回忆书写的经文，因书写文字为“隶书”，故被称为今文经。

西汉对古文经学与今文经学的态度分生分歧，争论始于西汉末年，刘歆发现古文经与今文经不但文字不同，在篇幅、内容方面出入较大。对此，刘歆认为应以古文经为官本，因今文经仅凭回忆写成，其中必有错漏。

王莽托古改制，不知是出于政治需要，还是痴迷儒家原教旨主义，便大力扶持古文经学，使古文经取得尊崇地位；东汉刘秀打下江山后，为与王莽篡汉有所区别，加之利用今文经学中的谶纬之语可以巩固政权，便大力倡导今文经学。一时今文经学风靡东汉。然而，东汉中叶以后，古文经学的影响盖过今文经学。据说到了西晋末年的永嘉之乱，今文经几乎毁灭殆尽，只有古文经存留于世。

到了大唐王朝，唐朝统治者主张摒弃门户之见，做统一之努力。宋代文化昌隆，抛开旧注，从经文中寻找义理，成就了“宋学”。清代，因文字狱盛行，知识分子规避国事，出现乾嘉学派，以古文经学为时尚，以文字训诂为“实学”、“朴学”，这一时期，应是古文经集大成的时代。

康有为生于南海书香世家，自幼接受正统的儒家教育，5 岁时他已能背诵百余首唐诗宋词，6 岁时开始接触儒家经典。他少年老成，始览《纲鉴》而知古今，次观《大清会典》、《东华录》而知掌故，遂读《明史》、《三国志》而识权变。他“心若有所得，笔始如神挥”。故有神童之称，因而年少张狂，大有霸视之气。

本来，康有为受古文经学的影响远胜今文经学，他曾撰写《何氏纠谬》一书批判今文经学家何休。但其师朱九江的“通经致用”给他以启迪，他开始反思古文经与今文经之争。古文经学讲究训诂考据，今文经学则倡导“经世致用”。看来当今天下大势,今文经学对维新变法有指导意义。故此,康氏要对当前已占据垄断地位的古文经学予以沉重一击。于是他写出《新学伪经考》一书全面否定古文经。他的《新学伪经考》石破天惊,他从《史记》入手,在《史记》中寻找证据。他认为,《史记》中未记载发现古文经之事,而在《汉书》中却大量记载发现古文经。对此,康有为十分怀疑,他认为如果有发现古文经这样重要的大事,司马迁不可能不关注,也绝不会遗漏。为什么《史记》中没有,《汉书》却大量记述呢?

在康有为看来,秦始皇焚书坑儒并不是一时的心血来潮,在此之前就有商鞅的焚书事例,因而,康有为认为秦始皇的“焚书坑儒”是深思熟虑的,于是他在《新学伪经考》的开篇即写出“秦焚六经,未尝亡缺”的惊人之语。

康有为在书中写道:“焚书之令,但烧民间之书。若博士所职,则《诗》、《书》、百家自存。夫政,斯焚书之意,但欲愚民而自智,非欲自愚。……然则谓‘秦焚《诗》、《书》,六艺遂缺’,非妄言而何?然而二千年之学者遂为所惑,虽魁儒辈出,无一人细心读书,祛其伪妄者,岂不异哉!”

从《新学伪经考》中可看出康氏的新观点,康氏认为,秦始皇既然焚书坑儒是深谋远虑,非一时的冲动,他必然要保留部分经书留在官府,因为秦始皇焚书的目的是愚民,而不是让自己更愚蠢,故他所烧毁的只是流传在民间的经书。最有说服力的是,康氏在《史记》中考察出秦代的几位大儒并未被坑,因而他们的学生自然是正统的儒家衣钵传人。据此,康氏得出结论,儒家经典香火未断,文脉尚承。而中国古代又多有文人伪造经典的事例。因此,康有为运用了大量的史料,推断刘歆是伪造经书,其目的是帮助王莽篡汉。刘歆建立的学问,之所以称为“新学”,也就是为王莽新朝篡夺汉家江山服务的。对此,康有为毫不客气,他的犀利文字直指刘歆,他在《新学伪经考》的序言中写道:“始作伪,乱圣制者,刘歆也。”继而,康氏义愤填膺,他指出:“刘歆之伪不黜,孔子之道不著,吾虽孤微,乌可以已!窃怪二千年来,通人大儒,肩背相望,而咸为瞀惑，无一人焉发奸露覆，雪先圣之沈冤，出诸儒于云雾者，岂圣制赫闇有所待邪？不量绵薄，摧廊伪说，犁庭扫穴，魑魅奔逸，雺散阴翳……冀以起亡经、翼圣制，其于孔氏之道，庶几御侮云尔。”

康氏《新学伪经考》的序文，一竿子把两千年来尊儒的统治者和学者大儒们悉数扫翻。康有为批判刘歆不仅作伪，且将伪经典奉为圣统，使“六经颠倒，乱于非种，圣制埋瘗，沦于雺雾”。他认为，不罢黜刘歆的伪经，圣人之道便无法光大。康有为的这一挑战，让儒学界瞠目结舌。他的这一石破天惊之说，无疑给思想界扔下一枚重磅炸弹，人们惊诧莫名，如果是一位外行或初入儒道的小生如此乱言，也就作罢。但康有为学富五车，饱览经典，他在《新学伪经考》中引用了大量的史料，他引经据典，寻章摘句，他的考据功夫和博学广识，让众人惊叹；但他的张狂，他的武断又让人难以接受。

窃以为，康有为的《新学伪经考》作为维新变法的思想武器是应时代之需而作，该书虽展示其博学，但“全信书，等于无书”。康氏在批判刘歆作伪时，断然将之列入为王莽篡汉服务的“伪新学”。他在大肆引用班固《汉书》时，殊不知也陷入二律背反的旋涡。《汉书》论述古文经的发现是为东汉刘秀政权张目而宣扬今文经的，《汉书》以古文经的发现反衬今文经的存在。而康氏则认为太史公的《史记》都没有记述古文经，《汉书》记述古文经是无中生有。可见，二者都宣扬今文经，但康氏与班固走的不是一条道，康氏对古文经是持完全否认的态度，是有或无的问题；而《汉书》则是通过发现古文经来反衬今文经，是劣或优的问题。

康有为认为，秦始皇焚毁经典只在民间，上层社会知识界仍有大儒及其相传的经典。那么，这些流传下来的经典怎样与刘歆所述的发掘出来的古文经进行区分呢？这就钻进了康氏认为的未坑大儒流传的“古文经”不是古文经，刘歆论述的“古文经”也不是古文经的怪圈。换句话说，就是没有古文经了。既然没有古文经，那康氏考证的没有被秦始皇坑掉的大儒传下来的“古文”又是什么经呢？如果没有古文经，又怎能反衬出今文经呢?

在这里,康氏指责《汉书》发现古文经,却忽略了如果《汉书》不发现古文经,它又何以宣扬今文经呢?因为高扬今文经必然要以古文经作为铺垫,否则,今文经失去了古文经的反衬,它无法被宣扬为最正确的经典!退一步讲,如果没有古文经,今文经的名称都存在问题。

然而,康氏不管这些,在对待刘歆质疑今文经的态度上,康氏将刘歆列为伪经(古文经)的始作俑者,他将刘歆的一切统统批判为"作伪"。康有为的武断让人难以接受,就连他的弟子,对他崇信有加的梁启超也指出他的问题所在。梁启超在评论《新学伪经考》时提出:"《伪经考》之书……乃至谓《史记》、《楚辞》经刘歆羼入者数十条,出土之钟鼎彝器,皆刘歆私铸埋藏以欺后世,此实为事理之万不可通者。"梁启超认为,乃师这样说刘歆,不符事理,万不可通。而且梁启超认为,之所以如此,是"有为必力持之",这是康有为的执著。他的这些强辩,是"有为以好博好异之故"。故"往往不惜抹杀证据或典解证据,以犯科学家之大忌,此其所短也"。在梁启超看来,康有为之为人也,"万事纯任主观,自信力极强,而持之极毅。其对于客观的事实,或竟蔑视,或必欲强之以其我。其在事业上也有然,其在学问上也有然,其所以自成家数崛起一时者以此,其所以不能之健实之基础者亦以此。读《新学伪经考》而可见"。〔2〕

由此可知,康有为因变法维新而撰写《新学伪经考》,是为了变法大业,他万事纯任主观,这种将经世思想服务于政治主张的做法,并非康氏独创,但不能"抹杀证据或曲解证据"。康有为为尊"公羊学",却背反"公羊学"之精髓及原则。比如,他认为王莽立新朝就是篡夺刘氏江山,实属大逆不道。殊不知"公羊家"们向来主张"帝王非万世一姓,及其德衰,必择贤禅让"。

可见,康有为的《新学伪经考》之所以出现如此之多的尴尬之处,就

〔2〕 梁启超:《清代学术概论》。

在于梁启超所说，他的崛起在于万事任凭主观，不能客观看待问题，因而脱离“健实之基础”。

诚然，因文字狱的因素，大清王朝乾嘉学派考据成风，大多数士人不敢关心时政，脱离了经世致用。文人们埋身于故纸堆里，醉心于训诂考据，使古文经学占据学术的主导地位，这样的文风在乱世衰世之际，是需要引导而走向经世济民的现实的。

今文经学始于董仲舒，完备于何休，然而，在漫长的历史岁月，竟无法与古文经学相抗衡。康有为的时代，正是两次鸦片战争、太平天国运动、中法战争等危及大清帝国政权的时代，如果一味埋头于故纸堆里，两耳不闻枪炮声，显然不能适应当时的政治气候。

而几乎淹没于历史的今文经学，以尊孔子为素王，不讲究寻章摘句，考据训诂，其要义在于“取法致用”。以《春秋》大义，存乎《公羊》，目的在于尊王攘夷，定名止分，强调《周易》所言：“穷则变，变则通，通则久。”

今文经的理念，如董仲舒的“所见”、“所闻”、“所传闻”形成的“三世”说，经何休创造性地发挥，成为“衰乱世”、“升平世”、“太平世”。这“张三世”的理想是一种愿景，给衰世之中的人极大的自励。康有为的时代，堪称衰世，今文经学及其“张三世”的理念与愿景，无疑是变法维新的一大理论法宝。

因此，康有为的《新学伪经考》横空出世，无异于在思想界刮起一阵“大飓风”，在风雨飘摇的满清末年，让政坛、文坛掠起一阵阵的惊惧！

无可否认，《新学伪经考》的出世，的确给维新人士打了一针强心剂，让追随康有为的维新变法人士有了一把理论板斧。只不过，在举起这把并不锋利的理论板斧挥向“笃守旧法”的保守人士时，也留下了立足未稳的踉跄形态。

或许，康有为感到《新学伪经考》学究气太浓，古文经与今文经之争只能在学界引起震动，至多在政坛上吹起一片涟漪。《新学伪经考》作为维新变法的理论著述，其真正着力点在于“破”，即否定并驳斥古文经为“伪经”，但在“立”的方面却有所不足。康氏审时度势，他开始起草《孔子改制考》。因为，他认为，中国人看重君权，皇权至上已有二千多年，在中国人思想上已经根深蒂固。突如其来的改革，一旦革掉皇上，中国人无法接受。基于这一层面的考量，康有为选择儒家思想的核心人物孔子。他将孔子装饰成一位具有改良思想的改革家，以阐述孔子如何改制立度，影响后世。于是，他托孔子而改制，悉心专注《孔子改制考》。

四

然而，时事变迁，在康有为时代，思想的变化没有现实变化快，继《马关条约》签订后，又发生德国人强占胶州湾之事。短短数月，“失地失权之事二十件”，赔款、割地的信息纷至传来，无不刺痛国人的心，康有为的书桌在旅顺口、胶州湾隆隆的枪炮声中已不能平静安稳，他拍案而起，喝道：“人生原逆旅，我身非我有！”看来想醉心于儒学、以孔子改制为变法作思想准备的时间必须提前。现在的时局，不是朱老夫子的大宋王朝那般宽松，可以让他优哉游哉地“格物致知”，慢功出细活地端出“理学”这样精致的一道大餐。时局动荡，只有“知行合一”，走出书斋，为民请命了。对于康有为而言，他注定要为这个多灾多难的国家奔波一生了。

康有为认为，胶州湾事件不是孤立的，而是列强瓜分中国的导火索，以事论事无济于事，当务之急，必须变法。

如何变法？

康有为写出奏折，提出上中下三策：

上策：取法俄、日以定国是，铲除旧制度根基，建立君主立宪制。

中策：大集群才而谋变政。

下策：中央政府拱手无为，听任疆臣各自变法。

可是，康有为颇有预见的变法大计，盖因大清规则，呈递上书不能越级言事。而康有为 1895 年考中进士，被任命为工部主事，他虽未供职，奏章仍应以工部名义转递上呈，但工部尚书认为康有为言辞过于激烈，有犯上嫌疑，不愿转递。

康有为无奈，遂将上书分抄多份，通过朝中多方人士代为转呈。

终于，光绪见到了康有为的上书。

康有为的文字披肝沥胆，他那些直陈危亡弊端的犀利言辞力透纸背，光绪皇帝虽然自幼功读经典，熟识史籍，看到的奏折多是一些歌功颂德的谄媚之词，哪里见过这等直截了当地痛陈国是的文章？康氏的强国之策新颖直观，让光绪在其上书中看到了治国的方略，虽然有“独立飞来缥缈峰”的云遮雾罩，但“纵横宙合”的自信还是让光绪皇帝眼前一亮。对于光绪而言，马关议和，使他痛哭涕零，亡国之危的痛楚，他比谁都悲切。此时，他正穷途末路，而康有为的变法大计简直就是他眼前的一条生路，不能让康有为“抚剑长号归去也。”光绪皇帝问翁同龢，“康有为是什么人，学问如何？比师傅你如何？”光绪皇帝一连几问，发问之急促之迫切可见其焦虑。翁同龢答曰：“他是新中进士，被选做工部主事。此人学问渊深如海，精研强国治世之术，实为当今最为杰出的人才。于我而言，我只知圣贤之道，于战乱国亡之国事无补。康有为学兼中西，对列国的强国之术，亦有研究。此人时常盼望有朝一日能报效国家，中兴大清。”光绪一听此言，苍白的脸上竟泛起红光，他血脉贲张，大喜过狂，大声说道：“快快召他上殿，我要见此人。大清居然有此强人，为何不用？”

第二天早朝，光绪登殿，心情激动。群臣山呼万岁刚完，他便要传口谕召见康有为了。哪知兵部尚书孙毓汶启奏道：“皇上，为表示对太后的忠心，兵部愿拿出一百万两，补户部不足，以供颐和园内的万寿山工程使用，请皇上恩准。”

孙毓汶话音一落，光绪皇帝气不打一处出，太扫兴了！光绪刚想召见康有为，被这家伙一席话打断，引出一大堆不愉快的事。光绪心想，你这孙毓汶，当初签订《马关条约》时，完全不顾朕的悲哀及受辱的心景，竟几次伸手去拿玉玺，逼得朕绕殿急走，最终呜咽签字，让你急匆匆地在《马关条约》上盖上大清国的玺印。虽然签约是日本人所逼，城下之盟不得不签。但你这孙毓汶，为保你身家性命，怕日本人打进京城来，也太猴急了吧。一想到这里，光绪皇帝苍白的脸鼓起青筋，他拍案离开御座，指着孙毓汶的鼻子怒斥道："中日开战时，需要购快艇参战，户部没有钱，你到处说，要打仗又不给钱，这仗没钱怎么打？如今议和成了，你却说有银子了。朕问你，你的银子从哪里弄来的？"

孙毓汶面红耳赤，跪在地上，低头无言。

忽然督察御史越众而出，高声启奏，提出罢停颐和园万寿山工程，并弹劾孙毓汶的兵部尚书之职。

颐和园工程关乎太后，光绪皇帝很难处置，他左右为难，十分尴尬。孙毓汶急了，他启奏说："皇上，御史他与奸人康有为勾结，乱我大清江山。这康有为当年发动举子上书，妖言惑众，是个大逆不道之徒。"

提到康有为，光绪皇帝暴怒的面孔反而变得温和了，他很愿引向这个话题，他明知故问，慢吞吞地对着孙毓汶说："康有为有何妖言？你详细奏来。"

孙毓汶哪里说得清楚，他汗流浃背，慌乱说道："康有为崇洋媚外，一心要向洋人学习，还要学洋人变法，让我大清亡国，请皇上明察。"说着，汗珠从脸上掉下，他又羞又怒，急忙擦汗。

光绪冷笑一声，高声说道："朕的大清之所以打不过弹丸岛国日本，就在于言路不通。你们这帮人把执权柄，堵塞言路，不许有才学有智慧有识见的人说话。当今能在朕的殿堂上议论国是的，又大多为不学无术之人，溜须拍马之辈。有本事的大臣，如李中堂李鸿章、湖广总督张之洞都主张向洋人学习，提倡洋务运动，康有为向洋人学习怎么成了大逆不道？"

光绪皇帝越说越来劲，他提高了嗓门，大声说道："凡是向洋人学习的人，你们就说是妖人；凡是与圣贤之道不符的话，你们都说是妖言。既然你们都是正人君子，为何打不赢日本？大清为何不盛不强？你说康有为是妖人，朕说是才子佳人，朕正要召见他。”“来人呀，给朕下旨召见康有为。”

光绪皇帝话到这里，出了一口大气，他站在龙椅前，气宇轩昂。

此刻，恭亲王奕慌忙出来启奏，“大清有例，祖法在上，皇上乃万乘之尊，四品以下的官员不能觐见。”

恭庆王反对召见康有为，有清廷成例，光绪皇帝难违祖制，无奈，只好命大臣在总理衙门与康有为见面，代为问话。

总理衙门西花厅。

这是深冬北京的一天，下午阳光微熏，天气晴和。康有为心情很好，他乘着马车来到总理衙门。此时的康有为兴致高昂，他很激动，他终于被召见了，虽然还不是皇上亲自面见，但这几位代皇上见他的大臣也是权倾朝野、声名显赫的大人物啊！康有为意气高扬，他步履匆匆进入总理衙门，在下级官员的引导下，穿过宽敞的石砌过径，他也顾不得欣赏这北方皇家园林的雅韵，便绕过假山奇石，在古拙盘曲的紫藤与松枝的半敞半蔽中进入西花厅。

西花厅内，大清王朝汉族大臣中最有权势的人物李鸿章，两朝帝师翁同龢，满族权贵的最高代表人物荣禄，大臣廖寿恒、张荫桓，这五位重臣正如临大敌地等待着他——传说中的维新人士。

眼前这位貌不惊人的41岁的男子就是大家常说的康有为？

是妖言惑众的狂人，还是学识超群具有真知灼见的超人？

严阵以待的大臣除了翁同龢认识康有为外，其余四位满脸的疑惑。

五位大臣神态庄重，端坐在正厅上面。荣禄是慈禧太后的亲信，他本来就对变法不满，一见康有为，他就按捺不住，他眯缝着小眼睛，端起冒着热气的茶杯，瞥了康有为一眼，似看非看，冷冰冰地问：“祖宗之法也要变，如何能变？”荣禄这是先下手为强，与其说他在发问，不如说他已经定调，祖宗之法不能变！荣禄的质问已表明祖宗之法的神圣，这是原则，看来荣禄想三下五除二地用几句问话打发康有为。哪知这康有为生性耿介，志大才高，他为变法维新已是处心积虑多年，也是见过世面的人物,哪能被荣禄这句话难住。他不慌不忙地回答道:“祖宗之法,以治祖宗之地。今祖宗之地不能守,又怎能不变呢?因时制宜,因地制宜,岂能墨守成规?变法也是迫不得已之事,诚非得已,乃中国精神之日日新日又新矣!”

康有为的不卑有亢、沉着应对果然有大丈夫气概,位高权重的荣禄一时竟说不出话来,场面显得有些尴尬。军机大臣廖寿恒为解荣中堂之窘状,不失时机地插入一句:“既然法必变,那么从何入手呢?”这句话正中康有为下怀,康有为为变法而来,说变法大计,他胸有成竹;讲如何着手变法,正是他胸中所想,日夜所思,一旦开闸进入这变法议题,康有为便游刃有余。对于他来说,变法如开刀,康有为手起刀落,只寥寥数语,便将心中识见一语中的。他从容说道:“宜变法律,官制为先。”

李鸿章老谋深算,心想,你这康有为,一位六品小官,且未正式供职,竟在总理衙门口出狂言。要改革,先动官制,这样大的题目,你也敢讲?让我问一问,试一下。李鸿章把脸一沉,故作惊讶,问道:“如果把六部都撤了,这朝廷现有的体制岂不全废了?”李鸿章这是在装傻,实际是在投石,他在试水的深浅。康有为好不容易熬到今天,为的就是在朝廷一展才学。这时,他兴致高昂,气贯长虹,侃侃而谈:“当世之时,各国并立,原非天朝上国政体,然中国法制官制皆过去一统时代之旧制。旧制、旧规、旧律不变,新政则难以推行。非一时尽废,但需斟酌改定。”

李鸿章毕竟是久经官场历练的政坛老手,他的势力在甲午战败之后虽有所下降,但影响力不可低估。精明练达,这朝中有几人能与他相比?其实他在内心里是很赞同康有为的变法图强内容的,但兹事体大,不可能一蹴而就,他得观察,因此他不动声色。毕竟康有为这些言论已经触动大清王朝的政体根基,他不能在面相上流露出赞赏的神态,他一言不发,面无表情,问话问到这里似乎陷入僵局。

翁同龢因兼户部尚书之职,此时便将话题转移到筹措银两以及如何解决赔款后的财政危机上。康有为对此问题也早有思谋,他提出,取法西方，学习日本设立现代银行体制，在税制方面法兰西的印花税以及英吉利在印度开征的田税等财政政策也是应该效法的措施。

两朝帝师翁同龢没有李鸿章那样深谋远虑，康有为关于学习西洋的财税政策的一番建议，犹如打开一扇清新空气之窗。翁同龢看了看墙面青砖上镶嵌红木框边的窗格，透过框景，他感到康有为的变法思想正在框格中变成一幅画，这是一幅改革的图景，他感到前程有望，便不住地点头赞许，大有蓦然心会、妙处与君说的玄奥！

茶杯里蒸腾着的热气，一会儿没了，一会又升绕，一杯又一杯的茶，换茶冲水，热气始终在蒸发着。窗外，日光已从柏枝松针中落下。西花厅内的一问一答，一会热烈，一会沉默……

天色已暗，西花厅问答堪称精妙绝论，双方的思想交锋在谈笑间暗藏玄机。康有为作为一介布衣，凭着自己的机敏才智、博学多识在这里舌战群儒。可以说，西花厅问答标志着不同朝廷主流思潮的另类主张已经登堂入室了，这在满清二百多年的统治过程中是不可想象的，无疑这是维新变法的一次重大的胜利。在专制朝廷里，西花厅思想碰撞深具历史意义！

遗憾的是，有关西花厅问话的记录，我们只能从当事人以及一些零星片断的史料中了解。

这次谈话从下午三点开始持续到天黑。

荣禄不满康有为的侃侃而谈，他先行离去。

第二天光绪皇帝迫不及待地召见这几位重臣，了解西花厅问话的情况。翁同龢详细地汇报了西花厅问话的经过，并且，他还借此向皇上举荐了康有为。

从此，康有为如有条陈，有上书启奏，便能即日呈送。

光绪皇帝看康有为《上清帝第五书》后，掩卷叹息，他指着康有为在篇中“不忍见煤山前事”一句，肃然动容，光绪皇帝长叹道：“非忠肝义胆，不顾生死之人，安敢以此直陈于朕前乎？”

五

光绪皇帝与康有为的见面已是水到渠成。

在中国的历史上，冷然回眸，三尺龙椅上确有不少昏君，但光绪皇帝不是，他面色白皙，举止温和，目光细腻。此刻，他身着皇袍，望着康有为……

光绪皇帝似乎生错了人家，他不该在帝王家，甚至不该当皇帝，他的样貌俊秀，看他的面相，撰文著述，写诗作画，可能尚有机会青史留名。比如南唐后主李煜，做皇帝不怎么样，写诗填词何等了得！可光绪却在一个错误的时刻当上了皇帝，他虽在帝师的教导下熟读儒家经典。然，时局危殆，四周虎狼之师日益逼临，他哪能像李煜那样风流倜傥，居安不思危。他不能怀抱爱妃，沉淀在瀛台殿亭水阁的富贵温柔之中，他的时间不多了，让他居安不思危，显然为难他了。他外表柔弱，举止文秀，但内心却刚烈火性，他面对危亡的时局，内心焦虑不安。为了富国强兵，一雪甲午战败之耻，他也仔细阅读康有为的维新变法的上书。

康有为提出的富国、养民、教民三策，他反复咀嚼。

康有为说，富国之策，效法西洋，可采取发行钞票、修筑铁路、发展民营轮舟公司、开矿、铸银、邮政六项措施，这些都是先进的西方式的富国经济政策。

所谓养民之策，康有为指出，务农、劝工、惠商、恤穷四项政策必须齐头并进。这里的务农，已不是古代单纯地重视农业了，康有为在这里提出，引进农业科技指导，发挥农具的运用，已经有近代农业的特点了。所谓“劝工”，康有为认为中国工业落后，是重技术轻理论、重经验轻创新，因此，应在“劝工”中鼓励创新。至于“惠商”，则是康有为一反古代“重农抑商”的思想，他提出“并争之世，必以商立国”。这是他已经看到资本输出的意义了。在“恤穷”一策中，康有为提出基本生活保障对于社会安宁和稳固人心的重要意义。

在关于如何“教民”的问题上，康有为的思想颇具前瞻性。他提出要普及教育，改革科举，量才录用，开设报馆，改变风俗，倡导孔教，弘扬传统文化。

康有为这些维新变法的思想，现在看来，仍不失先进性。如他在《公车上书》提出的“议郎制度”之建议，颇具新颖。他认为，国人每十万户公举一名“博古今、通中外、明政体、方正直言之士”作为“议郎”，行使“上驳诏书，下达民词”，享有商议决策国家大事的权力；并且为符合民意，具有民主性质，“议郎”每年应更换一次。“议郎”虽古已有之，但在康有为的设计中却包含并借鉴了西方一些议员性质制度的因子。他认为，如能有效地实行议郎制度，中国即可出现“君民同体，情谊交孚，中国一家，休戚与共”的政治局面。

光绪皇帝读康有为的上书，越读心头越热，他决心变法维新。因此，他亲自召见了康有为。

光绪坐在大殿的龙椅上，深情地看着康有为，亲切地问及康有为的出身及家事。哪知康有为是急性子，体制外的边缘人物不谙宫廷繁琐礼仪，他迫不及待地反问皇上，大清帝国的现实处境危在旦夕啊！

光绪皇帝收敛了和颜悦色，一脸尴尬。他也深知时局的艰危，他无奈地说：“这一切都是守旧不愿变法导致的呀！”

康有为见皇上为难，也动容地说：“皇上圣明，既知病源，则药已在此。可见守旧之导致祸败，必行变法与维新，否则不能自强。”光绪皇帝听康有为如此一说，更深为感动，表示从今日起即启动变法。康有为一听，趁热打铁，他紧接着强调，变法必须彻底。如果“少变而不全变，举其一而不改其二，连类并败，必至无功。”康有为对变法的彻底性、全面性的表述可谓慷慨陈词，掷地有声。光绪皇帝深有同感，实际上他早已深受康氏变法思想的影响。

康有为越说越激烈，恨不得立即着手施行。他站起身来，急切地向皇上问道：“皇上，既已表示今日当变法维新，何以久掩不决？”

一旦双方的对话离开了宏大叙事的主题，进入了具体的变法步骤，光绪皇帝一下子变得有些不自在了，他神色略显紧张，向大殿四面望了望,停顿一下,叹了一口气,低声说道:“奈掣肘何?”

康有为可能并不深知皇上此说背后的极大压力,他无法感知,更不可能深知太后权力的触角如何网络宫廷上下左右。他仍然喋喋不休:“以皇上之权,行可变之事……”

光绪皇帝已陷入深思,心想,宫廷内的权力演绎你外人哪能知晓?你康有为可以高唱维新变法,朕却不能空谈,变法必须亦步亦趋,步步要落实。但这是变法,非同儿戏,要有执行力,依靠的力量何在?要维新变法,按理应依靠汉人,有开阔眼界的汉人,能够推行新法。但完全重用汉人,前朝没有先例。何况,在此危难时局,一旦失控,弄不好断送祖宗江山。如果仍然重用满族权贵,这些利益权势集团,必然为既得利益而反对新法。那变法大业,何能图之?

光绪皇帝坐在龙椅上,他的苦楚他的困境何人能知?

光绪皇帝长叹一声:国事都误在这般守旧大臣手里,朕哪能不知?给你明说吧,朕的权力一时还不能解除他们,当前之难,当奈之何?

康有为见光绪一脸愁容,恐他知难而退,便也收敛了自己的锋芒说:“诸大臣年事已高,又身兼数差,新务不通,故不知所措。”怎么办呢?康有为提出新的建议:“变法欲行,宜举新人……请皇上勿去旧衙门,而唯增置新衙门;勿黜革旧大臣,而唯渐擢小臣,多召见才俊志士,不必加其官,而委以差事,赏以卿衔,许其专折奏事足矣。”

平心而论,康有为的这一建议还是表现出他的灵活性,他的这种用新不弃旧的折中建议,如果运用得当,不失为一种循序渐进的实用方法。

康有为见皇上对他的用人策略表示赞赏,便趁机提出:民智不开,乃是八股之害,而对八股之害,请皇上即时废之。

光绪皇帝当即表示可以废除八股。

所谓八股,应是科举考试的规范程式文章,科举考试自隋唐创立以来在中国已延续了一千多年,中国的官僚制度通过开科取士,获得源源不断的人才。从隋唐至宋明,无数出类拔萃的英才正是通过科举入仕,既报效国家，又留名青史。

这一制度形成的官僚体制，给中国的知识分子一条出路。康有为此人生性孤傲，他学富五车，居然屡考不中，最后考中进士，也只是被任命为工部主事这样的六品小官。于他个人而言，对科举八股之痛恨亦有切身感受。同时也反映，科举制到了满清末年，弊端更多，严重地阻碍了人才的选拔。

窃以为，对科举制也不能因噎废食，连根拔除。废除了科举制的中国官场，更为黑暗，优秀人才更无出路。才俊志士如没有科举的路径，上层官员如何认识？如何选拔？在废科举之后，溜须拍马之徒与官宦权贵子弟大批涌入官场，整个中国官场，几乎被此两类人物充盈；而人杰才俊如不结党营私、攀龙附凤、吹牛拍马，如何上得官场？可见，改科举为官场小范围内的推举，比魏晋的九品中正制还要落后。

实际上，设立新式学校，创置门类齐全的新学科与科举制并不矛盾。应当在大学毕业之后，准许每一位知识分子参加科举，在改革八股的基础上，增加哲学和自然科学的一些内容，使吏部或组织部门能够通过科举发现人才。在科举考试发现人才的基础上，再制定严格的推举制度，推举人才或选举人才担任国家要职，使科举、推举、选举相得益彰，互为补充。可惜，康有为的建议剑走偏锋。光绪皇帝因变法在重大问题上受阻，便也同意康有为建议，即设立京师大学堂，废除八股。[3]

光绪皇帝与康有为的历史性会面长达一个多小时。

随后，光绪任命康有为为总理衙门章京行走，所谓“章京”，是满语译音，实际是指总理衙门内的相当于处级的中层干部。只不过，康有为职务虽小，却享有直接报送材料给皇上的特权，这为维新变法提供了极大的便利。由于康有为有了“专折奏事”的权力，通过这上书通道，他成了光绪皇帝的政治顾问，实际上操控了整个维新变法运动。

终于，康有为从体制边缘走进了中国政治权力舞台的中心，他意气

---

〔3〕 当然，正式废除科举还有时日，但此废除之建议影响重大。

风发、迫不及待地在这里拳打脚踢，施展着变法维新的身手。

他急功近利地拉开了“戊戌变法”的大幕。

光绪皇帝毕竟还很年轻，他还不懂什么是政策与策略，就跟着康有为的快节奏，大刀阔斧地进行了一系列的改革，在经济、政治、军事、文化、教育等领域，展开一系列新的变法措施：以设立新式学校，如开办京师大学堂，提倡西学，进而废除八股，改革考试制度；以奖励发明，提倡言论自由，鼓励办报和准许人民向皇帝上书；以编制预算，设立预算财会制度，以改革旧有的财政；以兴修铁路，开办矿山，设置邮局，奖励工商业；以制订西洋用兵制度，实施新法练兵；以裁撤冗官，制订新式的官僚体制，精简机构。

康有为的这一系列变法，内容之多，涉及面之广，超过历代变法，加之变法内容多借鉴西洋之法，因此，康氏维新变法的内容及影响可谓前无古人。

由于康有为在变法中行为过于急躁，言论过于激进，而光绪皇帝长年沉闷于宫中，甲午战败后割地赔款又深深地刺痛他的心，他也急于求成，幻想一夜之间，大清帝国通过变法维新，成就图强大业，使他能光宗耀祖，成为一位有所作为的英明君主。于是两个急于求成的男子凑到一块，在百日之间所要干的事，超过历朝历代所要谋划的任何改革的时间。

可是，光绪皇帝与康有为操之过急，就他二人的权限而言，又极为有限。光绪皇帝太年轻了，他没有经历太多的磨难，他还不谙熟朝廷与官场的潜规则。康有为亦如此。

由于康有为的急于求成影响了光绪皇帝，加之康氏变法触动专制帝制，这需要有巨大的权力及相应时间的适应度。因此，康氏幻想“转基因”快速变法在策略上程序上注定也是“短命”的。这一点可以比较历史上几位变法者。康有为与商鞅相比，他不需要商鞅变法那样的严酷，商鞅为新法的施行不惜大开杀戒，以残酷的刑罚强力推行新法。他也不需要像商鞅那样颁布《垦草令》，以激励三晋之民到秦国开垦荒地以增加人丁及赋税。他借鉴西洋之法,鼓励工商业,兴修铁路,开采矿山,设立银行不仅能增加赋税,也能发展生产,使社会受益。可是,康氏变法的内容虽比商鞅全面,但在执行层面却不能同日而语。商鞅变法获得秦孝公的支持,官至大良造,相当于后世的宰相,其权力之大,在一人之下,万人之上。而秦孝公之权力在秦国至高无上,光绪皇帝不能望其项背。事实上,光绪支持康有为戊戌变法并无多大权力,真正的实权在慈禧太后手中。光绪连二品以上官员都无任命权,其权力几乎虚置。可见康有为本身无任何权力,支持他的光绪皇帝又无实权,他的维新变法在权力及执行力层面,根本无法与商鞅相提并论。因此,维新变法不可能强力推行。

同样,康有为也没有王安石、张居正那样的权力实施变法。

康有为、光绪皇帝与王安石、宋神宗相比,王安石实行变法得到宋神宗支持后,有职有权,因而推行新法雷厉风行。虽然宋神宗享有皇权,王安石执掌相权,二人实行变法的决心也大,但心急火燎地推行新法仍然受阻,他们也感到不能急促冒进,改革与变法尚需时日。哪能像光绪皇帝、康有为这样迫不及待,在短短的几个月时间内一口气全面推行新法,内容之多,涉及面之广。从历史上看,宋神宗与王安石实行新法是真正有权有势,但遭遇强大的保守阻力后,尚且有所妥协,最后也因急于求成而使变法流产。光绪皇帝与康有为在权力有限的条件下,实施变法比宋神宗、王安石更趋极端,焉能不败?

至于张居正的变法,其权力之大,就不是康氏所能幻想的。张居正是万历帝师,万历皇帝年幼并未实际亲政,大权几乎完全归于张居正之手。因此,张居正的变法实施较为顺利。但张居正变法的内容,也达不到康有为这样的高度与广度,其变法触及统治权势集团的利益也没有康氏这样严重。当然这里有时代的局限,即令如此,张居正也要循序渐进地推行变法。他即使权力再大,也不敢像康有为这般急迫。因此,康有为的变法维新过于激进而急迫,在执行程序上欠缺策略,康有为甚至说出"杀几个一品大员,法即变矣"的激愤的话。可见其操之过急而缺乏实际变法的经验。

由于康有为的变法来势汹汹,百日维新期间虽一时呈现革故鼎新的局面,但毕竟触动利益太大,不仅保守势力反对,温和改革派也不能适应这一暴风骤雨般的改革。

最后,被触怒的西太后发动政变,将光绪皇帝囚禁于瀛台,并杀害谭嗣同等“戊戌六君子”,康有为、梁启超慌乱出逃,流落海外。至此,历时一百零三天的轰轰烈烈的“百日维新”或称“戊戌变法”,以失败告终。

六

维新变法失败后,留给国人无穷的想象,痛骂康梁的有之,忏悔的亦不在少数,而惋惜者大多又指责康有为急功近利,把维新变法的事业断送。

其实,中国的历史既是王朝兴替的历史,又是一部不断改革的历史,之所以改革变法持续不断,其目的就是为了挽救一家一姓的王朝。实际上,在政体未发生根本性变革之前,一切的变法维新无非是使统治更高明、更合理、更稳固;历来改革的核心都离不开以下选择:是实行分封制,将打下来的江山即征服的领土分给有血缘关系的皇族,还是采取中央集权式的郡(州)县制,由皇帝任命异姓的功臣或有能力的文臣武将管辖?此外,在官僚制度上,也围绕着是强化宰相的权力还是弱化宰相的权力而展开。可见,无论如何改,在大一统的江山内,即使是英明的君主抑或是人中豪杰的改革者,其视野都不可能穿越一家一姓的江山而超然于中国的历史之外。在君权与民权的问题上,统治者与改革者始终防范民权,视民之权利为一种赐予,即老百姓的权利,不是天赋的,而是君主皇帝赋予的:给多就有多,给少就是这些,不给也是应然。因此,所谓百姓的权利只是一种手段,君主的权力才是目的。只有君主权力牢固,江山才能稳固。从这个意义上讲,中国历史上的改革变法,都是为了清除政权面临的危险,确保其江山稳固而实施的。康有为的变法也没有脱离这一轨迹,只不过,他借鉴西法的内容过多已使他滑向专制的边缘。

换句话说,康有为的禀赋性格,是不适应这个国家的官场规则的。事实上,偌大一个国家,通过对儒家经典的熟悉程度将人才汇入科举的渠道,在这个逻辑的思想链条上,官方用语,说了前半段,后半段不说也就默契了。因而,韬光养晦、老谋深算是官场运作的潜规则。康有为属于另类,本来他研习儒家经典,理应埋头考据训诂,寻章摘句正是他的强项,可他偏偏要怀抱经世济民的思想。这也罢,你要改革,你学学张居正,沉着应对,等待时机。你熬一熬,天时地利人和。起码天时对你有利！古人说,天时不如地利,地利不如人和,非也,人怎能胜天？光绪皇帝比之万历皇帝,万历皇帝还可以拖一拖,硬撑也可传几代。而光绪皇帝则拖不下去了。光绪也好,慈禧也罢,抑或宣统小皇帝,不改革能行吗？不变法能过得去吗？甚至有人说康有为逃跑了,慈禧太后改革的力度比康有为大,还制定钦定宪法大纲。清廷新政的实施,乃至发布预备立宪路线图(被迫),不正好说明时机的重要性吗？康有为再熬几年,机会大多了,成功的机率也大多了！可惜,康有为是个急性子,他不懂或者不愿意韬光养晦,慢三步他走不来,于是,他对心急火燎的光绪皇帝火上浇油,君臣二人想在百日之内干出轰轰烈烈的维新变法大事,真是白日做梦!

康有为变法的失败,归结起来,在于权力有限,行为激进,执行失当,贪大求全,谋动失策,当然也有性格桀骜之使然。

康有为逃亡了。

他被骂得狗血淋头,不仅保守人士恨之入骨,温和派也斥之为乱臣贼子。

郭世佑教授在《在历史进步的背后——清末新政初期困境浅析》一文中分析道:“古往今来,政治体制改革从来都不是一盘取之轻便而且美味可口的菜肴,顶多只是一串酸葡萄。它意味着政治权利的再分配,既需要改革者向社会向人民作出相应的让步和牺牲,也需要改革者彼此之间作出相应的妥协。”从康有为的变法来看,完全指责他失败的必然,有事后诸葛亮的圆滑;贬责他为乱臣贼子则有失公允;甚至如章太炎那样责骂他"国之将亡,必有妖孽"又太过分。须知,改革变法之难,远胜暴力革命。亨廷顿说:"改革者的道路是艰难的,他们所面临的问题比革命者更困难……首先,他们必须两线作战,同时面对来自革命和保守两方面的反对。他的确要进行一场多条战线的斗争……革命者的目的是使政治两极化,因此他们总是试图用泾渭分明的二分法把多种政治问题简单而戏剧性地归并为'进步'势力和'反动'势力之间的斗争。革命者总是尽力积累分裂,而改革者则必须努力分散和消弥分裂。"就康有为而言,他的性格偏激,自负执拗,使他不能成为一名合格的改革者。梁启超评论他说:"他所坚持的主义,无论任何人都不能摇动。在学术上是这样,做事情也是这样,从来不肯做事而让自己的主义有所迁就,但却每每曲解事实来迁就他的主义……所以批评先生的人,总说他武断、执拗、专制。"

可见,康有为是革命者的性格行改革者之事,他没有妥协,不懂得退让,他一根筋地往前冲,是那样固执、自傲、武断而专横。他操之过急,没有劝引、诱导、抑制光绪皇帝的焦虑与急躁,让维新变法徐徐推行。相反,他的激进与光绪的急促一拍即合,叠加在一起,便促成了"百日维新"的短命。

七

历史就是历史,戊戌变法的历史似乎已成为失败的代名词。但是,用成王败寇来盖棺论定逃亡的康有为或许并不客观。

维新变法闪烁在史书上的光泽不会像彗星一样一晃而过,它留给我们的经验、教训并不仅仅是上述那样负面的失误。我们如果不无偏见地翻阅记载维新变法的史书,我们会发现康有为的变法思想不乏闪光之处。

康有为在变法策略与执行层面的失当以及在行为上的操之过急并不影响他变法内容的精彩。

平心而论,康氏维新变法的内容已然超越前人。在康氏之前的历朝历代之变法,无非是解决王朝的危机,虽然其间有与民休息或为民谋利的所谓福利法则,但目的仍然是为维护专制帝国一家一姓的统治。由于中国的专制王朝是产生权力寻租的腐败温床,这种垂直的几乎无监督机制的官僚体制,官员的任命来自上级,因此,下级官吏只能对上级官员和皇上负责。加之,强大的官权又无舆论制约,故贪腐在"暗箱操作"的行政运作中成为一种普遍现象。而在王朝的初期,贪腐现象并不严重,有时贪腐也是一种激励,它是专制制度的必然衍生物,下级官吏在贪腐的刺激下,往往有着极大的工作热情与业绩动力。但物极必反,一旦腐败过头,贪赃枉法对专制王朝的正常管理也会造成严重破坏。对此,承继大统的君主此时也会举起反贪利剑。于是,滋生贪腐到打贪整肃遂成为中国古代一条循环往复的改革变法的逻辑链条,一旦改革变法成功,王朝旧貌换颜,新君新气象,又可持续维系一段时间;如改革变法失败,法度凌夷,纲纪颓坠,王朝被推翻,江山易主,政权改姓,历史又进入一个新的循环。

康有为的变法与前人的不同之处在于:康有为的时代,国门已被列强打开,他能阅读到来自西洋的一系列富国强兵的书籍,因此,康氏在维新变法中提出了多项借鉴西方的措施,如创办京师大学堂,废除八股,改革考试制度;又如设立银行,兴修铁路,开办矿山,创设轮船公司,实行预算财会制度,这些维新变法的内容均是前人改革所没有的。康氏维新变法中所提倡的教育体制、财政体制、银行体制的改革与创立都是大手笔。从他的经济政策及其措施来看,与商鞅变法实行的废井田、倡垦田,与王安石的青苗法、市易法,以及与张居正的"一条鞭法"等相比较,有显著的变化。康氏的经济改革在于鼓励工商业,着眼点在于发展并不着重考虑赋税问题;而商鞅、王安石与张居正的上述经济政策,着眼点几乎是以专制王朝的赋税增收为其要义。因此,康氏变法内容的进步性显而易见。当然这也是时代不同的特点使然。

在倡导舆论渐开、言论自由方面,康有为的维新变法思想已然越过专制帝国的底线。由于专制政府的权力来自于世袭继承或暴力获取，因此执掌权柄的专制统治者必然在政治运作中热衷于集团或政治小团体的"暗箱操作"，它与民主政体的政府不同，在被选举而产生的民主政府中，政治的博弈对手都在明处，双方按既定的法制进行竞争，即使失败也不会给对手造成意料之外的人身伤害或暗算迫害。专制统治者则不然，他的对手多在暗处，他们可能永远也无法准确地判断敌人来自何方。于是，专制统治者小心翼翼，四处设防。因为他们把国业当成家业，对于家业家产的国家江山，他们怎么能放弃？否则，就愧对祖宗。因为江山是从祖先那里承袭下来的，不是百姓的，专制统治者不可能愧对百姓。既然江山是一份看得见摸得着的家业，当然要尽力维系，以免他人——像自己的祖先一样——来占领。因此，不仅要武力维护，在舆论宣传上也容不得有丝毫的疏忽，于是禁言封口、焚书毁籍、大兴文字狱几乎充斥着中国历史的绝大多数王朝。然而，康有为提出鼓励办报，倡导言论自由，甚至建议人民可以直接向皇帝上书进言，虽然康氏本人有武断作风，听不得不同意见，但康氏的这些维新思想，不要说在当时让世人耳目一新，即令当下，也属难能可贵。在今天看来，康氏提倡自由办报、鼓励言论自由已经近乎于奢侈了！

康有为的维新变法，也蕴含着康氏的大同思想。

康有为在青少年时代就开始思索《礼运》大同，在"中法战争"爆发后，残酷的战争现实促使康有为在这一年开始"演大同主义"。他在上书变法期间，便将大同世界的构想稀释于变法的各类文稿。逃亡之后，在日本已写成关于大同构想的手稿二十多篇。最终在印度完成他的《大同书》。

康氏的大同思想与王莽托古改制追求的大同有很大的不同，王莽基本上是对《礼运》大同照搬照抄，食古不化；而康有为大同思想既借鉴严复、谭嗣同等人的设想，又通过圣西门、傅立叶、欧文、康帕内拉等人的乌托邦了解空想社会主义思潮。他最终的落脚点是运用了今文经学中人类历史的三个阶段，他由"据乱"而"升平"（小康），再由"升平"继而“太平”(大同)。康氏的大同,不仅渗透了悲天悯人的佛家慈悲情怀,还吸收了西方的自然科学知识以及欧洲的空想社会主义思想。因此,康氏的大同思想最为丰富,他不仅批判现实专制统治的各种弊端与危害,还高扬了忧国忧民的文人悲智情怀。康有为的《大同书》,笔墨间无不闪烁着自在自为的大同世界的良好愿景!

其实,所谓“大道之行,天下为公,选贤与能”,已经包含有选出贤者能者的选举思想,康有为在强调大同思想时不会忽略“选贤与能”的民主选举的内涵。但是,康氏十分明白,大同应在小康之后,因而康氏的大同是有阶段性的。不理解康有为宣扬今文经的“三世说”的三个阶段,怎能领会其大同思想。人民公社在大跃进时开办的公共食堂,并不是马克思的共产主义,而是在践行“不独亲其亲”的“大同”社会。只不过,超越了小康(升平)阶段,不幸被康有为预见为“洪水猛兽了”。当初,康氏所言:“今方据乱之世,只能言小康不能言大同,言则陷天下于洪水猛兽。”至今想来,康氏之断想,极具历史的穿透力,若非若干年之后人民公社大办公共食堂造成的“大同”灾难,谁能相信康有为的阶段性预见性警告!

通观康有为的维新变法,他的托古改制,以及他对维新变法的执著追求,即使在变法失败最为艰难的时刻,他也没有人云亦云。他的变法内容,在今天也没有过时。他虽然因急功近利、操之过急而使戊戌变法功败垂成,但他没有因失败而气馁。他的偏激执著,使他往往没能与历史的演进合流,他在历史的时间节点上,总是与大多数人不合拍,如在打倒孔家店的所谓反封建浪潮中,他却逆流而行,坚定地捍卫孔子,倡导孔教。事实证明了他的预见。同样,当他从维新变法的政治大舞台跌下来,成为亡命海外的朝廷钦犯,他也没有与孙文的革命党联手,他矢志不渝地为保皇事业奔走呼号,痴心不改。事实也证明,暴力也好,革命也罢,其成果至今仍未能达到康氏变法的内容与要求。

康氏的深刻洞见,已逐渐被历史证明,他对中国向何处去的路径选择,在一百多年前,他居然如此坚定地主张君主立宪而非民主共和。这在当时特别是清廷已经摇摇欲坠甚至败亡已定之时，他在缺少同盟军，甚而大多数原来志同道合的友人均离他而去的时候，仍然坚信君主立宪是中国的政改方向。他的保皇，不是外人所说的盲从。他不同意非布衣自下而上的革命，他认为那是一种暴力，暴力战胜改革会使新的野心家窃取革命果实，国家又重回专制的老路。因此，国家需要奉立有德的圣主实行开明的政治，康有为强调用非暴力的形式改变皇权的专制，进而达到西方式的君主立宪制。

康有为的这些思想，撇开以成败论英雄的恶习，即使在今天也不落伍。对于处在历史十字路上的思想者来说，他作出的判断与预见，遭遇谩骂，在责难如潮水般地向他涌来时，他孤寂地站在保皇的礁石上，痴恋于他的非暴力主张。你可以不赞同他的观点，但你不得不佩服他一根筋地执著追求，他的坚定连梁启超也不如他。他追逐“小康”与“大同”的循序渐进，在今天看来仍有超前的预见性。1927 年 3 月，他住青岛的天游园，据说他晚年很痴迷中国古代的风水命数，他对古代的法天象地亦有研究，他精通古天文。一天夜里，他观看天上的星象，看了很久，他对身边的仆人说：“完了，我在中国已没有一席之地，但我不能死在国外。”康氏寥寥数语，已知命数已定，虽然他知大限将至，但以保皇维新变法为务，却痴心不改，仍然坚守着那样一份孤独。几天之后，康有为离奇死去。他的执着，他的桀骜似乎在提示一个道理：也许真理真的在少数人身上！

第九篇　梁启超变法

把大学问家梁启超列为变法者并非一家之言。在梁氏看来，变法诸事，痛感苍凉，不是执政者一脉独大可以顶层设计而了断的！冷眼观察古今之法，以饱谙世故的在野之身高举变法大旗的，非梁启超莫属。梁氏“变法图存救亡”的思想深入人心，虽契入“君主立宪”的制度框景有些许的幻觉，但梁氏长于论事的大处落墨，已将宏阔的变法思想融汇于波澜起伏的社会变革浪潮之中，历史感酝酿现实的变法思想，竟激励出不少意气感激的生命，因而，有时也一发不可收拾了。

这些，都是执政的变法者望尘莫及的。

一

精神上的强大在于他的精神记忆与思想储备,梁启超的思想光芒在穿越波诡云谲的近代史风浪后,于思想意志与社会变革的契合处,不时地掀起落差巨大的言词风暴,这之间因理性形成的在野力量的张力,给予了他那个时代若干名人志士不可思议的力量源泉。很难想象,如果不是上天的馈赠,瘦弱的身躯哪能有这样大的力量?一颗不太大的头颅哪能产生那样多的思想?

说梁启超是中国的亚里士多德,近代史上首屈一指的百科全书式的人物,恐怕不会有谁反对。

"在20世纪20年代,当瑞士皇家科学院请德国最有声望的汉学家之一的卫礼贤举荐中国作家为诺贝尔文学奖的候选人时,梁启超赫然名列榜首。"〔1〕

但是,把梁启超说成是法学家,一出口,就让人感到有些以偏概全,因为梁启超涉猎的领域实在太广了,他对中国近代哲学、经济学、社会学、政治学、史学、文学、儒学、宗教学、新闻学、伦理学都有开创性的贡献。反而,在法学方面,人们因宣传的因素,不识他的庐山真面目。其实,梁氏在法学方面的贡献,可以说在近代史上是无与伦比的。"他在法理学、法史学、宪法学、行政法学的著作,以及引介西方法律制度等方面的著述多达300多万字。"〔2〕他的法学著作与文章结构规整,体例完备;辨法析理,丝丝入扣;对比分析,观点新颖,洋溢着法学天赋与远见卓识。黄遵宪说他的文字,"一字千金,惊心动魄;从古至今,文字之力之大,无过于此者矣。"胡适说读梁氏的书"受他无穷的恩惠"。而郭沫若则说:"当时的青年,无论是赞成还是反对,没有一个不受他的思想或文字的洗礼。"著名近代史学者郭世佑说:"尽管后世学人还不一定都能

〔1〕 郭世佑:《历史的误读》,三联书店2014年版,第184页。

〔2〕 范中信编:《梁启超法学文集》,中国政法大学出版社2004年版,第2页。

掂量出他的分量与价值，误解总是多于了解，但梁启超的人格魅力与事功可望同《饮冰室合集》一道泽被后世，存之久远，他像一瓶时间与醇香成正比的陈年老窖，他是一部读不完的书。"[3]

可以毫不夸张地说，梁氏以精深的中式古文笔力，书写出恣肆汪洋的西式宪政思想。他的更新气象的法学著作，使他当之无愧地作为一位出色的法学思想大家屹立在晚清和民国两个朝代的时空。

无可否认，梁启超的变法，横跨两个朝代，在实践与理论两大场域纵横驰骋！

如果说早期的梁启超因追随康有为，投身维新变法，尚且作为一位孜孜以求的社会变法改良者；那么，后期的梁启超因看透清廷腐朽而与康有为分道扬镳后，他俨然是一位以笔为旗的宪政思想探索者了。

通观梁氏一生，无论他撰写了多少著述，他涉猎的领域有多广阔，在他毕生上千万字的文字海洋中，"变法"二字并未离他而去。他的一生与"变法"紧紧相连，即令跨越满清与民国两个朝代，变法的内容也由表入里，由简而繁。但在梁氏变法的意义脉络中，他作为一位杰出的社会改良者和维新理论思想家，始终对"变法"（包含后期的宪政思想）的追求矢志不渝。

梁启超之于变法，他在理论宣传上的作用应大于变革的实践。

二

早期的梁启超，在维新变法时期，他紧紧追随康有为，是以康有为的助手而存在的。因此历史上有"康梁"之称。

广东，万木草堂。

这里树木幽幽，环境静逸，是康有为为培育维新志士开办的学堂。身临其间，让人很快进入行吟抒怀、思接千古、志存高远的境界。梁启超来到万木草堂，在钟灵毓秀之地，吸大地草木之精华，吐山川森林之

〔3〕 郭世佑：《历史的误读》，三联书店2014年版，第185页。

灵气。

在这里，学养深厚的梁启超积淀了维新变法的思想积蓄，产生了匡世济民与图强救国的思想萌动。

梁启超回忆起他当年第一次见康有为时的激动心情，他听康有为对变法大计侃侃而谈，康氏对维新变法的讲解，妙趣横生。康有为脑中那条清晰的变法脉络，不仅把变法和国家与社会的关系厘清理顺，且将变法的必要性详尽阐释，使梁启超听后如醍醐灌顶，冷水浇背，激动万分。他毫不犹豫，竟以举人身份拜只是监生的康有为为师。梁启超追忆这段往事，他说："时余以少年科第，且于时流所推重之训诂章学，颇有所知，辄沾沾自喜。先生乃以大海潮音，做狮子吼，取其所挟持之数百年无用旧学，更端驳诘，悉举而摧陷廓清之。自辰入见，及戌始退，冷水浇背，当头一棒，一旦尽失其故垒，惘惘然不知所从事，且惊且喜，且怨且艾，且疑且惧，与通甫联床，竟夕不能寐。明日再谒，请为学方针，先生乃教以陆王心学，而并及史学西学之梗概，自是决然舍去旧学。自退出学海堂，而间日请业南海之门，生平知有学，自兹始。"从此，梁启超这位春风得意的少年举人，"修弟子礼，事康南海先生"。

万木草堂，可以说是康有为创办的"黄埔"。在这林木幽森的学堂，梁启超可谓如鱼得水。他在这里研习维新变法大计，不需要一味机械地背书，而是在康有为的引介下将书本知识与时政要义结合起来，以改造社会为己任。这里的学习，时而啸诗为歌，踽踽徘徊；时而思接千古，贯通中西；时而又砥砺切磋，相互辩论。对此，翰林梁鼎芬写一首诗《赠康长素布衣》，赞万木草堂：

九流混混谁真派，
万木森森一草堂。
但有群伦尊北海，
更无三顾起南阳。

康有为取诗中"万木森森一草堂"中的一句，将学堂命名为"万木草堂"。意思是"树人如树木，培植栋梁"。

少年得志、才识卓越的梁启超此时对康有为崇信有加,钦佩至极,他退出“学海堂”,入康南海之门,进万木草堂。

梁启超在变法路径上的周旋,显然与乃师康有为一以贯之的保皇脉络不一,梁氏在捐旧趋新途中,因与旧学文脉及书生秉性难以决绝,其“且疑且惧”的生命智慧与饱读诗书的文化心灵感应,都比康有为的武断、任性、执拗要复杂得多。

但不可否认的是,梁氏的成名之路在于他前期对康有为的追随与合作。他的早期变法实践乃至社会改良活动的出彩之处,概其大端,主要有三:其一是随康有为公车上书;其二是办报宣传维新变法思想;其三是参加百日维新活动。

通过“公车上书”,梁启超紧随康有为在京师崭露头角,从此中国近代史上谈变法,不能不说“康梁”。

而办报宣传维新变法,则大有慧观西法东渐,普及变法情由,通达上书之径,开一代言论自由之风气。其间,康有为创办《万国公报》影响为甚,《万国公报》是木板雕印的两日刊,梁启超以“笔端常带感情”的笔触在《万国公报》上追风驰骋,梁启超的一支笔,下笔若有千斤,笔力沉厚,可谓惊心动魄。畅谈变法之义,大有弦歌不辍,清音九天;直陈国是,却悲情袭来,痛感苍凉。

由于《万国公报》转载并引介了大量的西方政治法律制度,宣传“富国”、“养民”、“教民”之法,加之短篇多由梁启超主笔介绍变法主张,而该报又免费向朝中士大夫分送,一时,梁启超名声大振。以后《万国公报》改名《中外纪闻》,成为康有为筹办的强学会的机关报。《中外纪闻》是一份介绍西方政治法律经济制度与传播新学的报纸,是维新派宣扬其思想最主要的舆论阵地。《中外纪闻》由梁启超主笔,每次发行量当在三千份以上。这种新式办报的舆论宣传,别开生面,加之梁氏之笔,雷霆万钧,词章中不仅观点新颖,“见解亦有多所发明”,且以圣贤学脉之缀续,为民众开天地正气之转移。可以说,梁启超的文字如同炸雷,当时的士大夫与学人们哪里见过这等文章?他们惊叹梁氏的振臂疾呼:“变也变,不变也变。”梁启超举起如椽大笔,奋笔一挥:“变而变者,变之权操诸己,可以保国,可以保种,可以保教。”他挥斥方遒,不容置疑地指出:“不变而变者,变之权让诸人,束缚之,驰骤之。呜呼!”梁启超在报上洋洋洒洒,慷慨陈词。一时,上上下下,林林总总,通邑大都,穷乡僻壤,“无不知新会梁氏者”。

严复赞梁启超:“一纸风行,海内外视听为之一耸!”

那张之洞是何许人?官至湖广总督,有近代钢铁之父、武汉之父之称,他竟然以总督之尊,亲笔写信致梁启超,公然将24岁的梁启超称为“卓公”,可见梁启超“报开数月,议论渐明”,影响之大,无以复加,已然达到“欲开民智先开官智”的巨大效果!

舆论宣传的重要,使康梁在中国政坛上声名鹊起。梁启超也因紧紧追随康有为,而使“康梁”成为一个改良变法的政治组合。自此,二人闪耀在中国近代史的政治文化舞台上,成为活力四射的变法之星!

在梁启超早年的改良变法活动中,他在百日维新的作用反而不及他在办报宣传方面的业绩。

在百日维新期间,梁启超也曾受到光绪皇帝的召见。召见之后,他被赐予六品顶戴办理译书局。

事实上,在百日维新的舞台上,主角是康有为,梁启超只是配角。因谭嗣同、刘光第、林旭、杨锐四人被皇上任命为四品卿衔,在军机章京上行走。特别是谭嗣同的出场,其雷厉风行、果敢刚烈的行事风格,气场之大,足以搅动清廷政坛的一池深水。很快,谭嗣同便成为一位超常擢升的维新派新星!此时的梁启超甘当陪衬,他在维新舞台上的表演,似乎不如报刊杂志上那样抢眼。

这场震惊中外的百日维新活动,可以说雷声大雨点小。下级官吏深谙中国官场及政治的潜规则,一道道传出宫廷的变法圣旨,被束之高阁,下级官员睁一只眼闭一只眼的态度,使变法的旨令几乎成为一纸空文。终于,一百多天后,掌握实权的慈禧太后不耐烦了,她操刀一击,顷刻瓦解了变法大业,光绪皇帝危在旦夕。

据说光绪皇帝写给维新人士的诏书即求救折传到康有为手上时，康有为和谭嗣同抱头痛哭。此刻，康有为与谭嗣同及大多数维新人士都感到举兵勤王刻不容缓。谭嗣同性格刚烈，他是急性子，他在初三晚上径直到法华寺见袁世凯。在维新人士看来，袁世凯操练新兵，平常多赞同维新变法，当初康有为设立强学会时，袁世凯即签名支助。因此能得到袁世凯的支持，变法大业可成。

对于谭嗣同的深夜来访，袁世凯深知此事非同小可，便屏退左右（有的书上说只留下心腹幕僚一人，也有的传记否认有人在场。甚至还有传记否认此事），将谭嗣同请进内室。

寒暄之后，谭嗣同见袁世凯正襟危坐，一副气定神闲的模样，他哪里等得及，救人如救火，何况当今皇上。

谭嗣同急切地问道："你觉得当今圣上如何？"

这句话有些突兀。袁世凯不加考虑地回答："旷世圣主！"

谭嗣同紧接着说："太后欲在天津阅兵时，废皇上！"

袁世凯不语。

此时，谭嗣同拿皇上密诏给袁世凯看。

谭嗣同神态凛然，一脸正气地说："只有你能救皇上，如你不愿营救皇上，可到颐和园告发我。"谭嗣同边说边比划着在自己脖子上做一个杀头的动作："你也可以向太后告发杀我，凭此你能大富大贵。"

袁世凯正色厉声道："你把我看成什么人？救护圣上，不独你的责任，也是我义不容辞之事。如有什么赐教和安排，愿闻其详。"

谭嗣同心里的一块石头落下来，于是他将荣禄在天津的密谋和盘托出，要求袁世凯举兵救驾，恢复皇权，整肃后宫。

得到袁世凯掷地有声的允诺后，谭嗣同起身告退。

谭嗣同的复命，使光绪皇帝宽了心。

谭嗣同说："袁世凯愿为皇上肝脑涂地，其忠心可嘉，苍天可鉴。"光绪皇帝心中的石头落地了。

然而，光绪皇帝做梦也没想到事情会发展到如此糟糕的地步。

三

这几年,慈禧太后大多住在颐和园。不知怎的,这段时间,她看这秀美的园林也有些不顺眼了。仙境一般的天光湖水,清澈晶莹,殿阁亭榭倒映水中,一动一静,湖中的亭阁微微晃动,湖畔的亭阁静逸侧立。微风吹过,葱郁的林木树叶发出轻微的呻吟,就像太后此时的心境,她的内心在隐隐作痛。不久前,北洋水师全军覆灭,大清帝国败于小小岛国日本,甲午战败已将大清帝国的海军踢出历史。而甲午战败的另一重要原因,别人不敢明说,但她已听到风言风语,说她假借办海军的名义,先后挪用了一千多万两白银。尽管在太后看来,这些银子不拿来修颐和园,也未必全花在海军建设之上。可是,当看到光绪签批耻辱的《马关条约》后被折磨得天颜憔悴的样貌,她从心底还是生发出一种深深的懊悔。

她不愿看到光绪皇帝悲怆而惨白的脸,她始终把光绪看成孩儿,这可是在光绪 4 岁时,就被她抱来,在她怀中长大成人的啊!

慈禧太后想起变法维新的事来,她在颐和园的长廊来回漫步,很长时间,她一直在琢磨恭亲王的话。

当时,恭亲王因提出有违祖制,阻止了康有为进宫。但对康有为仍不放心,特到琉璃厂去听康有为的演讲。

早年,慈禧和恭亲王是何等的亲近,她与他联手干掉了肃顺等顾命大臣后有过一段令人难忘的回忆。以后双方有隔阂,尔后又和好。恭亲王虽然跨入年迈的岁月,仍忠心耿耿。那天,恭亲王对太后说:“臣没有同意康有为进宫,在琉璃厂听了他的演讲,还有一位叫梁启超的,也在一起演讲。”

慈禧并不很在意,她看过康有为的上书,其中提到富国、养民、迁都、练兵之策,说实在话,她认为此人的见解还是可以参考的。

“他康有为讲来讲去无非就是‘上书’的那些内容嘛!”慈禧似答非问。

“不,他的演讲蛊惑很大。”

“你详细说来,怎么蛊惑民众?”慈禧也感到这事不了解一下好像不行了。

“他们的口号是‘均贫富’、‘削俸禄’。”恭亲王十分认真,他有些恼怒地说:“太后,如没有俸禄,谁来保卫我大清?看来,变法是要变我爱新觉罗的祖宗之法啊!”

慈禧笑了:“六爷,那康梁的变法,不就是建什么铁路、火轮、邮政、矿山,要师夷之长计么!”

“不,不!老臣认为,康梁的变法,是主张实行英、日的制度,实行三权分立。”

“什么是三权分立?”

“变法即变祖制,三权分立就是将皇上的权力分给总理衙门和议政两院。”

“依你的理解,是要我们让权分权?”慈禧此时有些不快了。

她想一想,前段时间,她听说康有为到了总理衙门的西花厅,她问过参与会面的李鸿章和荣禄。李鸿章认为康梁主张,言之有理。而荣禄不置可否。她也就没把这事放在心上。如今回忆起恭亲王一席肺腑之言,不禁心生感慨。还是爱新觉罗的子孙,才靠得住哦!

恭亲王已经逝去,靠得住的人越来越少。慈禧边走边想,缓缓地在廊厅来回踱步,她在一石桌旁坐下,叫人送来一份《中外纪闻》的报纸,这是梁启超主办的报纸,上面的文章把康熙皇帝的12个儿子每人每年的俸禄都记载得详详细细,慈禧边看边皱眉头:“原来新报的报纸都登这些,皇家的俸禄关他们什么事?变法真的要变到我大清的朝廷上来了。真是岂有此理!看来,不可不防。康梁这些所谓的维新人士,都是汉人,是不是说的是一套,干的是推翻我大清江山的一套。”慈禧站起身来,她有些恼怒了,望着波光晶莹的昆明湖水,她在思索怎样对付这帮汉人。还是赶紧把荣禄召来,看看用什么办法治一治,绝不能让这些汉人打着维新变法的旗号,妖言惑众,扰乱我大清。

她想起不久前,荣禄曾上折子恭请她和皇上到天津阅兵,好像日子就定在九月初五,按荣禄那天的设想……哦！原来他还是有预见性的啊！看来,有关的细节,要和荣禄仔细谈谈……

这晚,慈禧睡不着觉,她感到维新变法越演越烈,不是好兆头。她最近学会用牌卜卦,可今晚测来测去,总测不满意,她就这样不停地玩牌,一直测卦到满意时已经半夜了。

她迷迷糊糊地睡了。

刚睡不久,听见李莲英高声呼唤。

她睁开眼,心想,这是什么时候,深更半夜的。

"荣大人求见,有紧急事要奏报!"李莲英来到床前,急切地说。

"哦!"慈禧预感可能出大事了,她很快起床立即召见荣禄。

荣禄将一道折子递上。

挑灯细看,见上面有光绪皇帝的朱笔密诏:朕命袁世凯即捉杀荣禄,带兵入都,围执太后……

还没有看完,慈禧一把抓起桌上的茶壶摔在地上。高声喝道:"起驾回宫。"

清晨,最后的一抹夜色被曙光驱散,瀛台的水还是那般清澈澄明,鸟雀已飞出巢穴,鸣唤着、飞翔着,自由自在。可光绪皇帝却在慈禧太后一顿怒不可遏的斥骂之后,被荣禄的亲兵押到了瀛台,望着鸟雀在自由自在地飞翔,光绪皇帝潸然泪下。他已失去自由,他是在暗恨袁世凯,还是深责自己的幼稚？无论怎样,懊悔将伴他走过自己的后半生……

政治角力的凶险吊诡,宫廷政变的扑朔迷离,使历史真相难以揭开。不知是袁世凯卖主求荣的告密,还是袁世凯自知实力不济,退避三舍？抑或老佛爷突发奇想,在这一天采取断然措施？总之,翻开这极其惊险的篇章,魔鬼的细节总是那样令人回味,随着历史的演变,戊戌政变越来越成为一种臆想、推理和各取所需的预案。

不过,透过云遮雾罩的政变迷局,虽说变法的失败因实力因素早已注定,但失败得如此之快之惨却是大大超乎人们的意料。

四

海上飘荡着雾气，云海茫茫，梁启超站在甲板上，他在谛听大海的涛声依旧，那一遍又一遍地拍打着船舷的波涛，在一遍又遍地撞击着他内心的脆弱与孤愤。戊戌变法失败的景象一幕幕昨日重现，梁启超的双眼噙满泪花……

伊藤博文说："救他吧，让他去日本，他是中国珍贵的灵魂。"伊藤博文一句话，使本来在劫难逃的梁启超大难不死，他在大难来临的前夕走进了日本公使馆。

这真是一个奇怪的现象。

日本人挟甲午战争之勇，对中国虎视眈眈，《马关条约》的割地赔款并不能满足这群虎狼之狮的胃口。按理，清廷延续其祖宗之法，秉承其腐朽的皇权专制，对胃口愈来愈大的日本是天大的好事，即对手越腐朽，自己越强大！为什么要支持康梁变法呢？难道借鉴英国、日本的法律制度，通过维新变法使大清帝国强大了，这强大的大清帝国能对日本俯首听命？

传统的观点认为，因日俄对立，康梁主张"拒俄为上"，"密联英日"，正好吻合日本拒俄的谋略，因而他们要营救康梁。

窃以为，除上述表层理由外，还应探索日本人的大和魂精神。长期以来，大和民族在海岛的风浪搏击中，积淀的坚忍与互助、崇礼与尚武、崇信与好斗的秉性，矛盾而和谐。在狭长岛国的恶劣地理条件下，只有强者才能生存，只有互助、守信才能存活。风险之大，海岛民族失败的概率远远超过中原农耕民族。因此，他们并不埋怨失败者。在日本人看来，只要是强者，无论是文人还是武士，也无论是成功还是失败，他们都给予崇高的礼数。他们认为康梁维新变法，是冒风险的勇敢者行为，不仅钦佩其行为，更钦佩其才华，而效法英日的变法，也是"英雄"所见略同，因而营救同路人，即使是失败者，也在情理之中。事实上，在抗战时，杀死很多鬼子的张自忠将军，壮烈牺牲后，日本的高级军官钦佩他，亲自为他抬棺。从这些后代的事例可以看出,他们营救康梁没有我们想象的这样功利。否则,康梁已经失败,怎么可能在“拒俄”政策上继续有助于日本呢?可见,长期以来我们用“推己及人”的思维方式看待他人是很难由表入里的。仅仅用表面上的理由是很难诠释日本人营救梁启超的种种努力。

日本公使馆。

历史在这里上演了极其悲壮的一幕。

谭嗣同携带几本自己所写的诗词及文稿在日本公使馆与梁启超见面,这真是一次历史性的见面。

梁启超面色惨白,他恳请谭嗣同留下来,一同东渡日本。有史书记载说梁启超“颜色苍白,漂浮着悲凉气色”。

谭嗣同镇定如初,他神情凝重,从容地对梁启超说:“没有你的远行,无以图将来的维新变法大业;没有我的赴难,无以酬圣主。兄此去,不为苟全而为明日之想;弟赴死,只因变法需流血,流血应从嗣同始,嗣同死得其所也!”谭嗣同情词恳切,大义凛然。他把诗词文稿慎重地交给梁启超后,二人紧紧相抱,就此诀别。看着谭嗣同抱拳转身、毅然离去的背影,梁启超泪如泉涌。

以后谭嗣同以“我自横刀向天笑”的气概为变法慷慨赴死,遂成中国历史上喋血悲歌的第一变法志士!

海雾依然在飘荡,时代的风云波谲浪诡,没想到,那云雾渺渺的东瀛三岛,却是梁氏后期探索宪政救国思潮的最大喷发地!

此时,甲板之上的梁启超泪眼朦胧,故国已在波涛迷茫中渐行渐远,终于,消失了最后的影迹,唯有海天一色。

梁启超悲愤莫名。

前面迷茫如雾,身后家国尽抛。他啸诗悲歌:割慈忍泪出国门,掉头不顾吾其东。

梁启超沉郁深思。

他在挂念康有为的生死,他在思虑这形同儿戏的变法大戏,他在哀悼谭嗣同的“死得其所”。他抒发浩志,他发誓:春回终当有东风。

就这样,他踏上了陌生而又熟悉的岛国。

本来,梁启超生性柔弱,他勤思善变,“保守性与进取性常交战于胸”。而历史的偶合或机缘,使他在彷徨求索中,与性格完全相反的康有为相遇,康有为的极端自负、固执己见给了他极大的影响。这两位性格极不相同的人,因康有为的强势,涵盖了梁启超的柔顺,两人的身影在变法初期向历史靠拢,梁启超以亲密助手、恭敬弟子、忠实粉丝三种姿态,相伴于康有为左右。可见,性格迥异成就了早期的“康梁”。

现在的情势大不相同,两位变法失败者,被历史的风浪推到东瀛三岛,康有为仍然一根筋地追逐着他的保皇梦,梁启超则不然。维新变法失败的挫折,亡命途中的凶险,同仁志士的喋血,使他有九死一生之感。磨难之后的梁启超,百感交集,他在蓄积能量,特别是亲眼目睹日本明治维新带来的大千气象,他痛感暮霭沉沉的中国灾难深重,他更加强烈地感到变革刻不容缓。但是腐朽势力在当下仍然朽而不死。民众暮气沉沉、昏昏糊糊,只有启蒙,唤醒民众,“维新吾民”才是当务之急。此时的梁启超,已不再将中国的希望寄寓好皇帝光绪一人之身。他目光犀利,从庙堂之高投射到整个中国社会大众的底座。告别昨天是很痛苦的,这种告别,必然面临与恩师康有为分道扬镳……

当年的梁启超,从万木草堂脱颖而出,在京师追随康有为崭露头角,从公车上书到百日维新,梁启超已然成为康氏的左膀右臂。当时,梁启超并非不知康有为的《新学伪经考》与《孔子改制考》存在重大的学术问题,但为了匡世济民,变法图强,他仍然一如既往地为康氏鼓与呼!

五

而今,戊戌变法失败,沦落日本,亡命海外,冷静下来的梁启超视野更加宽广。

眼界大开,使梁启超对康有为的尊孔保教产生疑问。可以说,梁启超的《保教非所以尊孔论》一书的出世,标志着师徒二人的分手势在必行。梁氏在书中公开质疑保教,他说:“至倡保教之议者,其所蔽有数端:一曰不知孔子之真相;二曰不知宗教之界说;三曰不知今后宗教势力之迁移;四曰不知列国政治与宗教之关系。”梁启超批驳康有为的这些议论,无疑公开了与康有为的分歧。

事实上,梁启超与康有为的合而必分,正是康氏在“孔教教主与维新领袖”之间的内在矛盾使然,袁伟时先生分析说:“从公车上书到百日维新,康有为及其友人写下了非常辉煌的一页,他们的历史功绩推动了近代中国第一次群众性的启蒙运动。……除了历史条件为这次中华民族的觉醒提供了客观基础外,康有为等维新志士的献身精神和他们宣扬的思想的震撼力也是不可缺少的重要推动力。”袁伟时说康有为:“他集纳成系统,反复呼号,直至广为人知。一个维新领袖矗立于历史舞台。”袁氏在赞扬康有为是一位矗立于历史舞台的维新领袖时,笔锋一转,他辩证地指出:“但在戊戌时期还有另一个康有为,这个康有为冀图创立自己的中国式的思想体系,把孔学推到国教的位置上,而自己则成为创立新孔教的马丁·路德。”用袁伟时先生的话讲“作为维新领袖的康有为与装扮成孔教教主的康有为存在着深刻的内在矛盾,前者是宣扬先进思想的启蒙者,后者却把人们引向蒙昧。康氏是介于传统士绅与现代知识分子之间的过渡型人物……康有为的维新事业被落入传统思想文化窠臼的另一个康有为亲手葬送了。”〔4〕

由于康有为的思想及行为的两面性,使梁启超对他尊孔保皇的极端产生了极大的偏离,梁启超并不遮掩这些分歧,他认为康有为的行为越来越与历史进程背道而驰,不仅“不能祛愚扫暗”,甚至可能“扼杀生机”,危害维新大业。于是他公开批驳康有为大肆倡导设立孔教会,将孔教定为国教的行为。他认为,他之所以要驳斥并批判“先生”,就在于中国文化思想界,曾有篡“六经”、造伪经的传统,而康有为在指责别人篡经时自己的所作所为亦如此。

---

〔4〕 袁伟时:《晚清大变局》,线装书局2014年版,第340~344页。

在梁启超的批判性文章中,有关驳斥康有为和斥责日本的文字应是他最纠结的。

其一批驳康有为设孔教、倡保皇以及学术上的不端,对梁启超来说是最痛苦的。毕竟康有为是他的恩师,他的出山,他初涉政坛,名动京华,走上舆论宣传的领地,成为舆论骄子,都不可能与康有为无关。但“吾爱吾师,吾更爱真理”,是梁启超秉执为人和做学问的原则底线,这也是托举梁启超日后成为近代思想巨擘的诚信底座。

其二梁启超斥责日本的文字亦有强烈的震撼力度。对于日本而言,在戊戌变法失败,清廷大肆杀戮维新志士,梁启超被钦点为政治要犯,在即将被捕杀的危亡之际,日本人伸出援手,救梁启超一命。但梁氏并没有因救命之恩而放弃对母国的热爱,当日本公使向袁世凯递交“二十一条”时,梁启超怒不可遏,他的愤怒穿越了他与日本人的情感风云,他奋笔书写《中日时局与鄙人之言论》,无情地揭露日本有剪灭中国的阴谋,他毫不顾忌他与日本之间的友谊。梁启超的“吾土吾民”情怀实在令人感佩!

变法路径上各立壁垒,梁启超在摆脱康有为的身影后,似乎愈加自信。他的自在自为,使他在思想理论场域纵横驰骋,此时的梁启超已经不在局限于维新一派一党。他那支“笔端常带感情”之笔,饱蘸着“吾土吾民”的爱国情怀,奋笔疾书“变法求亡图存”的迫切,他的笔力促成了他无与伦比的影响。此时,他宏阔的变法思想已由早期的保教保皇一跃而入波澜起伏的宪政大潮,他的虚君共和的变法愿景,已使他建构起一个庞大的思想文化体系,在这个建构的体系框架内,梁启超在法学方面的贡献尤为重要。用范中信教授的话讲:“他以朝廷‘钦犯’的身份亡命异域……他的主要事务是办报刊,联络党人,募集捐款,奔走于‘保皇’、‘立宪’事业。在这种情形下,他竟写出了数百万言在当时是最高水平的法学著作。……在今人看来,不能不说是一个奇迹。”可以说梁氏正是以“未尝一日不观书,未尝一日不命笔”,成就了他的法学权威地位。应该说“在作‘钦犯’、斗士、政治家的颠沛奔波的坎坷生涯中,把自已培养成法学学术权威人物,近代史上除梁先生外更无第二人。"[5]

六

有关梁启超的法学思想,主要体现在三类法学著作之中。

在法史学方面,梁启超可谓执牛耳的领军人物。他于1904年撰写的《论中国成文法编制之沿革得失》洋洋洒洒,蔚为大观,可谓中国第一部法制通史专著。他脉络清晰,以一种新的文体梳理出从战国前直至明清的中国成文法的线索,并以一种新的文风即借鉴西来的概念名词谈成文法的渊源、成文法的公布及成文法之得失。可以说梁氏这部中国成文法通史的开山之作,对后世的法学家影响甚大,该书不仅融汇中西法律思想、制度,展现当时的最高学术水平,且在今天读来亦有史料上的供给,论述上的新颖,观念上的引用,其参考的价值并不会因历史的因素而坠入落后的窠穴。

在法理学方面,梁启超的《中国法理学发达史论》应为中国法理学史论的扛鼎之作。梁氏以儒墨法三家之说,阐释了中国法的起因。梁氏认为,所谓三家五子(荀子、墨子、管子、商君、韩非子)之说,"皆以人类之有欲为前提。谓生存竞争,为社会自然之现象,而法制则以人为裁抑自然,从而调和之"。当然,诸家之说,也有异同,梁氏介绍说,"法制者由先圣先王之救济社会之一目的而创造之",那么,"创造法制之人,即形成国家时最初之首长也"。那么,是何因缘而成为首长(元首)的呢?墨子认为:"选天下之贤可者,立以为天子。是谓最初的首长。"依墨子的想法,应是通过选举而产生,但梁启超却认为,在法制未立之前,如何正确选举?因此,墨子的选举"不免空华之理想也"。儒家的看法与墨家不同,儒家所言是"天生民而立之君",是谓由天听命。但梁氏则认为不是事实,"不足以为事实也"。管子认为聪明的智者是利用了大众的力量以禁强暴,其说明社会形成国家之现象。但梁氏的看法却是

---

[5] 范中信选编:《梁启超法学文集》,中国政法大学出版社2004年版,第12~13页。

虽有智者,如果没有成功利用众力,那么“国无由成”。在梁氏看来,“国家为人类心理之集合体。苟其人民无欲建国之动机,则国终不可得也”。但是“虽有众力,苟无假之以行最高权者,则国亦无由成。两相待而国立焉。”〔6〕

这里,梁氏的分析亦有辩证的味道。只不过,梁氏划分“放任主义”(道家)与“人治主义”(儒家与墨家)之后,提出“法治主义”即法家的观点值得商榷。他将古代“任人”与“任法”之争,按范中信教授的说法,“是比附西方的‘法治’,将中国古代的‘则天’、‘法自然’之类的思想比附为西方的‘自然法’思想”。〔7〕由此看来,有些“武断牵强”了。

在宪政方面,梁启超的理论贡献功莫大焉!透视梁氏后期的宪政思想,在他的宪法学著作中可看出其倾向。在这里,梁启超毫不顾忌当时民主共和思潮的时髦。他对虚君共和制度的向往,在详尽对比世界各国的虚君共和制之优弊之后,陷入了君主立宪理论不能在中国付诸践行的困惑,他为虚君制设计的种种方案,因在实践中的操作不能而感到彷徨,他在论著中毫不掩饰他的犹豫。

在梁氏看来,虚君共和(君主立宪)虽不敢称为最优良的政体,但通过各种政体的比较,“则圆妙无出其右者矣。此制滥觞英国”。

这一制度的好处在哪里呢?

梁启超认为,“政无大小皆内阁出,内阁则必得国会多数信任于始成立者也。国会则由人民公举代表国民总意者也”。至于君主,“则戴一世袭之大爵主为装饰品,国民待以殊礼,且岁供皇室费若干以豢养之而已”。为什么要用血汗金钱豢养呢?梁氏解释说这是因为,革命一乱,死亡无数。如法国大革命搞恐怖,“全国民亡将半”。而中美南美,每次的总统选举都引起一次革命。“试问国家损失数几何?”因此,“以区区的皇室费与照例尊崇之虚文易之,天下代价之廉莫过是也”。由此

〔6〕 梁启超:《中国法理学发达史论》。

〔7〕 范中信选编:《梁启超法学文集》,中国政法大学出版社2004年版,第9页。

看来，革命暴力者夺取政权，易发生内乱，导致民众死亡过多，代价惨重。因此，虚君共和相对而言，因“国会实由人民选举，其得多数者，必其顺民心者也”。故虚君共和不失为实行之制。

但是，此时的梁启超远非昔日在万木草堂听康有为慷慨陈词即冷水浇背的少年举子。他此时的远见卓识非同一般，梁氏凭深邃的洞察力说出自己的忧虑，他认为，虽说虚君共和制是相对最为优良的政体，但在中国可行此制乎？梁氏打一个问号，他一声呜呼！他说这是中国的大不幸。三百年来，“异族为君主”，这是一个极难解决的大问题，虽然“确信美法之民主共和制，决不适于中国，欲跻国于治安，宜效英之存虚君。而事势之最顺者，似英如现皇统而虚存之。十年来之所以慎于发言，意即在是”。然而，梁氏又认为，“今之皇室，乃饮鸠以祈速死，甘自取亡，……直至人心尽去，举国皆敌”。怎么办呢？在梁氏看来，虽国外如比利时等国有迎立异邦人为君主，使其宣誓入籍然后即位之前例，也有中国古代北魏孝文帝改拓跋姓氏为元氏汉姓的先例，但现在的异族君主，要让以汉民族为主体的大多数国民从心理上认同是很难的。有人进言，在宪法中规定册立皇后，必选汉族名媛，经传数代之后，血统已改变。这一设计的方案虽十分精彩而有趣，但用此方式来“争取土偶之虚君，能否可行”，梁氏对此抱有深深的怀疑。此外，是否还有另外的选择呢？在皇族之外来考虑，从汉民族中选孔子之“裔衍圣公”者，这又是否可行？

有鉴于此，梁启超认为，在中国实行虚君共和制尚有三大疑义：

其一，若非现皇室禅让，则友邦不易承认。而禅让之事，恐不易期。南北相持既久，是否能保国中秩序？秩序既破，干涉是否能免？

其二，孔子为一教主，今拥戴其嗣为一国元首，是否能免政教混合之嫌？是否能不启他教教徒之疑忌？

其三，蒙回藏之内附，前此由于服本朝之声威，今兹仍驯于本朝之名分。皇统即易，是否尚能维系？若其不能，中国有无危险？

对以上三者，梁启超分析，其一项、三项则无论欲改民主，欲戴衍圣,皆同此患。其二项,则衍圣所独也。在梁启超看来,如果是虚君,采用衍圣公不如现皇室。因此,他对于在中国实行虚君共和制持悲观态度。

虽然在中国实行虚君共和困难重重,但梁氏仍坚持认为虚君共和是相对最好的政体,因为在梁氏看来,“统一国家诞生之后,决定政体进化的最大因素就在于国内统治者与被统治者之间的力的关系。专制政体之下能力(指民智、民力、民德)不断上升、实力不断增强的被统治者就开始要求实现民权,并对君主专制政体进行改造。这样,如果君主贤明,对被统治者的要求早作出让步的话,就可以维持君主制本身,而产生立宪君主制。英国的情况就是如此”。梁启超还认为,“这种政体进化是不受地域限制的普遍的社会历史法则”。但是,只有对照普遍的尺度才能明确个别的东西之意义。因此,强调中国与西方的不同就认为两者没有关系的说法受到了梁氏批判。同理,梁启超也批判将西方历史上的先例直接作为中国的样板。那么,在中国,政体进化有哪些显著的特色呢?

梁启超认为:“第一,中国君主专制的时期特别长,从秦始皇始,中国的君主专制持续了两千多年。第二,中国的贵族制消失得极早。在战国时代,各国为强化力量而实行以能力为中心的人事制度,大大地动摇了世袭贵族制的基础。而秦始皇采用的郡县制则从本质上瓦解了世袭贵族制。”因此,“缺乏贵族制的君主专制超长存在,是中国政体进化的基本特色”。[8]

无可否认,梁启超剖析中国政体进化的规律及演进越深刻,他越陷入更大的困惑。缺乏贵族制制约的君主专制在无外力的冲击下,怎能自动地放下屠刀,立地成佛?梁氏洞悉历史的智力以及中国历史的史实无情地驱使他离自己向往的虚君共和制越来越远。事实上,虚君共

〔8〕 佐藤慎一:《近代中国知识分子与文明》,刘岳兵译,江苏人民出版社2006年版,第319~320页。

和制已是梁氏的海市蜃楼!

反之,梁启超对皇权专制甚至对民主共和制都是持反对立场的。皇权专制的种种恶果,众人皆知,自不待言。梁启超对共和政体也是厌恶的。他认为,政治制度没有绝对之美,即不可能尽善尽美。那些被举为终身大统领者,必为“雄才大略之怪杰”,对内则“实行开明专制以整齐其民”,对外“则扬国威于四海”。但此种政体发展最后之结果,“必变为君主专制政体,果复为因,因复生果,必酿第二次革命”。因此,在梁氏看来,与其如此,不如“欲防选举大统领之弊,任举一中材为终身大统领”。

总之,梁启超的宪政思想繁杂丰富,他在虚君共和政体的几种方式的选择上是艰难的。他对民主共和政体的防范,对虚君共和政体的期望,体现了他非凡的历史预见性。他与康有为相比,显然他已站在若干中外巨人的肩上,他的虚君共和的图式已然超越了康有为保皇保教的乌托邦大同思想。

七

历史就是这样奇怪,人类想建立一个完美的社会与政治体制,事实上是没有一劳永逸的答案。认为一个概念、一个英主、一个领袖就能解决政体问题,如果不是无知,就是装傻,这是一种揣着明白装糊涂的神态,堪比为官心诀中“多磕头,少说话”之默契。

从历史演进的动态来回顾,康有为并非迂腐透顶,他幻想通过设立孔教,成为教主以辅佐帝王,甚至进一步成为政教分立中的至高无上的教主。康有为的幻想被无情的现实击得粉碎,但他描绘的“张三世”的阶段性社会进化图式并非一无是处。康有为关于逾越小康阶段的大同即“洪水猛兽”的警告,在他死后若干年之后的人民公社“大跃进”式的“公共食堂”中得到印证。只不过,饿死成千上万人的代价也太大了。

梁启超与康有为相比,虽然他的虚君共和制设想比康氏更上层楼,最终还是在异族统治的最后岁月,被辛亥革命隆隆的枪炮声震得粉碎。

现在看来,康梁的某些观点并未过时,吾国仍未能摆脱兴勃亡忽的周期律。啼饥而不能号寒的"文革"草民们的悲惨境遇超过除战乱之外的任何一个历史上的中国朝代。可见,谁也没有预想到换来的是一个最糟糕的结果。

从这个意义上看,中山先生倡言革命,实则变相施行党治,这有可能是一种历史的误会,显然辛亥革命的暂时成功让人误以为他的革命是历史的必然性,殊不知他之后党与党之间的战争与暴力,最终换来如此血腥的过程和糟糕的结果,反向证明了梁氏超然的洞察力,以及他对暴力革命忧虑的防范心理的正确性!

现在看来,谈梁启超的虚君共和制的确有些奢侈!连孟子的"民为贵,社稷次之,君为轻"也沦为一种忽悠了。甚至有人悲催到幻想当初袁世凯称帝成功,也有可能开启一种开明的专制。有关这一点,建言者举例说袁世凯曾用20万银元讨好梁启超,让其放弃撰写讨袁檄文,仅此一例,足以说明袁世凯天良未灭,在对待言论自由的问题上,他还不像后世之人那样荒谬无耻,虚弱到用刀斧禁言封口。

当然,用最糟糕的结果来倒推前人的路径选择的正确与否,或许有些不公平。但,这又有什么办法呢?中国人本来就看重后果而不顾及过程或手段,这,也是人们在无孔不入、无所不在的恐惧围缠下,生发出的历史性懊悔。其实更是一种因果倒置的无奈!

于是,回忆——懊悔,懊悔——无奈!人们就在这循环中重复。

历史学在这个国度,有着寻乎异常的热度,因为权力这东西,它有着魔幻般的神奇,它可以给你带来需要的一切,包括至高无上的皇冠、锦衣玉食和香车美女,甚至将一国的臣民作为你的奴仆,还有文人们趋之若鹜,对你歌功颂德的锦绣文章。因此,不是思想选择权力,而是权力太诱惑人了,乃至权力支配思想,驾驭思想。

由此看,权力的好处多多,在没有制约机制的条件下,历史上的君王热怎能降温,人们一遍又一遍地歌颂着传阅着宣传着最高的指示。有鉴于此,不得不暗暗佩服梁启超的先见之明。梁氏说,与其选择雄才大略的怪杰，让他走向专制，导致二次革命，不如“任举一中材为统领”！君强则民弱哦！梁启超深知中国的帝王情结已渗入骨髓，他的退而求其次也是没有办法的办法。

诚然，梁启超的虚君共和制设想仅仅只是一种政体优化的选择，而非中国政体进化的图式。事实上，梁启超对自己念想的虚君共和制都没有可实现的信心。可怜！这一政体形式乃是很多国家的最低政治要求，可却在梁氏的法学著作中成为吾国一种可望不可即的愿景。在梁氏看来，就国家的管治而言，功利主义无疑比儒家的仁政更接地气。从这个层面看，梁氏的焦虑，他对革命暴力的防范与愤恨，以及对虚君共和制的不自信，都体现了梁氏的深思远虑。

中国历史的悲催在于当历史每一次走向关键时刻，法治都会受阻，而在近代历史的十字路口，人们也必然会追忆梁氏的思想和言说，每每念及梁氏的担忧和疑义，又都会暗暗惊叹他过人的预见与警告。

八

然而，在梁启超后期趋于稳健平和的政治生涯中，有时也会演绎出激情的一面。

袁世凯称帝的消息披露出来后，引起梁启超的极大愤慨，他大笔一挥，声讨袁世凯的檄文即将面世，袁世凯托人送去20万银元，意图让梁氏罢笔，文弱的书生有着难以估量的精神之力，梁启超岂肯被袁氏金钱摆平，他的讨袁檄文如期刊发，转载梁文的《京报》被人们抢购一空。一时洛阳纸贵，人们辗转传阅，无不怒骂袁贼。

强悍的军中统领遭遇文弱书生，第一仗，袁氏败得如此之惨。

本来，梁启超在其论著中曾预言防范称王称霸即所谓的雄才大略之怪杰。按梁氏预见，与其让他称王实行专制，最后发生二次革命，不如立即行动，全力阻止。于是，梁启超策动他的学生，颇具军事干才且具有一定军事实力的蔡锷，转辗迂回到云南。蔡锷在梁启超的谋划和支持下，在昆明组成护国军通电讨袁，梁蔡的义举，将因称帝而丧失民心的袁世凯拉下帝制的圣坛。可见，看准了时机的梁启超谋动有术，他由保皇而走到彻底反对帝制，是被时代潮流所逼，梁启超与蔡锷的联手一击，使袁世凯在众叛亲离中忧惧而死。

强悍的军事统领，遇见了文质彬彬的书生，第二仗又败了，败得更惨，不仅丢掉了皇冠，甚而丢掉了性命！

正所谓笔杆子打赢枪杆子！

在中国历史上还有一咄咄怪事，虽然枪杆子里出政权，但在争夺和保卫江山的过程中，投笔从戎或羽扇纶巾的文人胜算之多，数不胜数。如孙膑、韩信、诸葛亮、司马懿、陆逊、谢安、王猛、刘伯温、袁崇焕、曾国藩、左宗棠，这些书生带兵征战，战功赫赫，武人不能胜之。

可见笔杆子打赢枪杆子在中国历史上是常事，但，这里仍然脱离不了一个"打"字，即江山是"打"下来的！其实你"打"不打，江山就在那里，原本就是居住在那里的老百姓的。只不过，为了一家一姓、一党一派，才需要"打"。清末至民国，本来有最好的机会，清室退位，也未遭杀戮。民国的设立，也可通过谈判，通过立宪，通过选举而使中国走出"帝王周期律"。不幸，历史拐了一个弯，因为暴力来得快一些，把皇帝的名称换成总统、主席之后，历史又重新进入一个轮回。

就在这历史拐弯的关键的十字路口，梁启超不自觉地走上了"军事斗争"的路径，他与学生蔡锷的联手，虽然属于"护国战争"的范畴，但一篇檄文，一份通电文告，几乎就奠定了胜局。以文制胜是护国战争的特点，可以说护国战争的胜利，既离不开梁启超的谋动策划，也离不开他强大的宣传舆论的影响。

梁启超的一支笔，胜过千军万马。他的声音唤醒了无数国人，激励出多少诸如蔡锷一类的意气感激的生命。即使是在思想上脱离了梁启超的虚君共和理念的革命党人，都毫无例外地坦然承认接受过梁氏思想与文字的洗礼。

梁启超如椽大笔的扫荡，使可怜的皇权帝制，在铺天盖地的革命浪潮席卷下奄奄一息……

然而，当梁氏一旦对帝制亮剑，他的威望他的影响以及他履践的行为，反而盖过了他著作中所憧憬的虚君共和理论。他在实践中的反帝制行为，与他在著作上论述的虚君共和制发生了冲撞，虽然他所期盼的是“虚君”而非“真君”（雄才怪杰），但在风云突变的时代浪潮中，观念的迷离与名词上的趋同，使人们难以区分“真君”还是“虚君”。而“虚君”又需要历史的时间进行彩排，可历史不给梁启超这样的机会与程序。因此，人们真假莫辨，梁氏的反抗实践与虚君共和理论之分离，使他在二律背反的窘境中难以抵御中山先生一派的革命言说。他的虚君共和的理论，也在他与蔡锷联手的护国旗帜下，身不由己地汇入政体变革的大潮之中，汹涌澎湃。这股驱动时代风云的大潮，没有悬念，离开了虚君共和的愿望滚滚向前，一发而不可收拾了。

于是，革命与改良的合流不可避免，一切的一切，汹涌的潮水冲决了梁氏的理论堤坝，汇入进暴力的洪流之中……皇权也好，虚君也罢，共和是假，专制亦真。一切的一切，执政者、变法者、农人、工人、士人、商人、官人都不由自主地被历史的巨流卷入循环往复的轮回之中……

第十篇　沈家本变法

沈家本的变法无疑具有开创性意义，杨鸿烈说“中国之法全在他手里承先启后”。作为一位变法修律的践行者，沈氏变法才是真正的“变法”。因而张晋藩先生说，沈氏既瓦解了传统法制，也开启我国近代法制之先河。他所修订的法律，如大清新刑律、大清民律草案以及涉及刑事诉讼与民事诉讼的法律已是脱离中华法系轨迹之新律。沈氏之法，无论从体例到内容、从实体到程序，均毅然与旧法分野。因此，于新法而言，从先秦李悝至清末，以《唐律》为表征的中华法系在沈氏面前戛然中止，中国之法当以沈氏为分水岭……

写中国变法史，沈家本是一道迈不开的坎。在晚清末年，沈氏受命主持修律，他能从旧律中脱颖而出，潜心研习古法，借镜西法，最终在晚清的落日余晖上涂抹一层不很和谐的西式油彩，使中国旧体律法落日西下，坠入历史的尘埃。

可以说，沈氏作为修订法律大臣，他主持制订的大清律典，使他当之无愧地成为中国近代法制的奠基人之一。台湾地区著名法制史学者黄静嘉先生说“沈氏是我国法制现代化之父”。台湾地区学者之所以对沈氏推崇备至，乃是沈氏之法与民国之法渊源颇深，在民国的法典律条中均能寻觅到沈氏法之影子。沈氏之法可谓民国法之渊薮。至于两岸这一边的辽阔场域，则因法脉断裂而与沈氏之法绝缘，故对沈氏之法较为陌生。

一

沈家本，字子惇，生于1840年，浙江归安人。5岁时因父沈丙莹考中进士，他随父到京读书。21岁时又到父亲任所贵州铜仁。1864年，他由监生报捐郎中，签分到刑部，作为刑部的候补郎中从此与刑律有缘，成为研修古律的人才。43岁时，他终于考中进士，正式到刑部任职，沈氏以“科第出身而服官刑部”，以“儒臣”的面目晋身于主流上层社会。

多年的科举考试，使沈家本耐住寂寞，他在刑部为官后潜心律典考证，亦有多部专业著作。其中《历代刑法考》便是沈氏的呕心沥血之作。这部洋洋大观的恢宏巨著，是为中国法制史上的一座丰碑。《四库全书》总目政书类法令目按语说：“刑为盛世所不能废，而亦盛世所不尚，兹所录者。”这种看法颇具代表性，自汉以降，除朝廷正式颁行的法典律令外，传世的法学专著屈指可数，当今注释法学派占上风的情势可上溯至《唐律疏议》。因此，沈氏《历代刑法考》的问世，在系统整理我国法制史资料方面，应该来说是一大创举。据邓经元、骈宇骞关于《历代刑法考》之点校说明：“历代刑法考的编纂，它首先表现在内容的丰富与取材的广博上。历代与刑法有关的资料，如刑法制度、刑官建制、律目变迁、各朝赦免、刑具种类、行刑方法，以至盐法、茶法、酒禁、同居、丁年等，巨细无遗,咸登毕录。书中集录的资料,按目分列,缕析条分,上下几千年,既洋洋大观,而又不显得繁杂。”由此可见,沈氏《历代刑法考》是法制史上具有总结性、开创性的专业巨著。沈氏在刑部的供职也正好为他提供研修旧律的条件,真是“近水楼台先得月”。由于他精通旧律,为人低调,品性才识俱优,因而长期在刑部供职一路顺风,他历任刑部右侍郎、左侍郎,大理院正卿,法部右侍郎、左侍郎。

沈氏在62岁时,晚清四大名臣之一的张之洞鼎力举荐,他被朝廷任命为修订法律大臣,主持修订旧律,起草新律。这一修订法律大臣的任命应为沈氏事业的巅峰,有史书据此说沈氏时来运转。实际上,张之洞等人之所以举荐,乃是沈氏对旧律旧例的整理,已有相当的业力。在同一时期,于旧律之熟悉且极具专业资格的旧体制中人,并无他人与沈氏比肩。说来也是笑话,举荐者张之洞也是后来反对沈氏新法最有力的礼教派领袖。

沈氏学养深厚,一经举荐被任命为修律大臣后,便跨出寂寞。本来他读经史子集,主要研修礼制仁政,但他的独到之处并不在于以旧学为本,他以敏锐的眼光从故纸堆投射域外,看到西法的新颖之处,他的眼睛为之一亮。于是,他组织编译西法,从中看到了不同的法律路径。沈氏与康有为不同,康有为是以民间身份上书促朝廷变法,沈氏却是奉命而为;但相同点在于:康有为要变法,沈氏也要变法,康有为要借鉴西法,沈氏也要借鉴西法。但二者又不同,康有为偏执,沈家本固执。康有为借鉴西法杂糅于孔教,显得偏执自大;而沈氏借鉴西法,却倾心于程序。因此沈氏之法特别是借鉴西方的大清刑民诉讼律典,在名称、体例、内容、编排、名词等方面都大部分引用西法,其借鉴的力度之大前所未有。因此有人批评沈氏。事实上,仔细阅读沈氏之法的案牍文本,不难发现,魔鬼就出在细节,一旦这些具体的诉讼程序的规定付之司法实践,整个西式架构的司法体系遂与满清皇权的专制制度分道扬镳。假以时日,貌合神离的沈氏新法将走向专制皇权的背反。届时,沈家本想扶住摇摇欲坠的满清专制政权已不可能了。

沈氏之法是沈家本多年来对律典考据研习的修为与博采中西之法的结果,他的洞见穿越了故纸堆而植入古老的国土,没有像康有为那样将飞腾的思想停放在故纸堆上,显得立足不稳。

清末修律,说易行难,移植西法,欲使所谓祖宗之法脱胎换骨,对于囿于传统的国人特别是那些尊崇三纲五常的皇亲贵胄、封疆大吏们怎能接受?

饶有意味的是,满清重臣张之洞,他力主举荐沈家本为修律大臣,但是当修订法律大臣沈家本奏进《新刑律草案》后,张之洞已经由支持沈氏变为反对新律的主将,此时因修订律法而展开的礼教派与法理派的礼法之争,形成以沈家本、伍廷芳为主要代表的法理派和以张之洞为主要代表的礼教派。

平心而论,礼教派主要代表人物张之洞并非是食古不化的冥顽之徒。他在《劝学篇》中就因提出"中学为体,西学为用"的观念,得到很多旧学知识分子的普遍认同。康梁维新变法,他最初还是予以支持的。于宪政而言,张之洞在清末的贡献是有目共睹的,几乎在清廷做出的每一次涉及宪政的决定中,都有张之洞的影响。他身为"宪政之枢纽"的宪政编查馆大臣,对宪政的施行是"深盼立宪之局之必成者"。因而张之洞对"宪政"是有期盼的。只不过,在沈家本、伍廷芳等人捧出的《奏诉讼法请先试办折》中,一些程序性的变动,引起张之洞及礼教派大员们的警觉。以张之洞为代表的礼教派很难接受新法中对礼教伦理的改变,最令礼教派不能容忍的是,采用各国大同良规与近世新学,这些良规新知一旦采用,必与礼教本体相悖。试想,近代新法中不分身份高低及地位的不同,采取法律面前人人平等之原则,必与礼教中的纲常伦理相冲突。即礼教以身份的不同来决定罪与非罪或罪重罪轻,这与人人平等的原则大不相同,新律人人平等的原则必然触及儒家的伦理本位,"君臣、父子、夫妇、师徒"这些人身社会关系,自汉代以降,已定格为一种伦理关系,甚至是政治关系,同时也在长期的历史过程中转化为一种法律意义的义务关系。特别是在沈家本、伍廷芳等上奏《刑事民事诉讼法》后，张之洞按捺不住，他亲自写出驳议。张之洞指出："盖法律之设，所以纳民于轨物之中，而法律本原，实与经术相表里，其最著者为亲亲之义，男女之别，天经地义，万古不刊。乃曰本法所纂，父子必异财，兄弟必析产，夫妇必分资，甚至妇人女子责令到堂作证，袭西俗财产之制，坏中国名教之防，启男女平等之风，悖圣贤修齐之教，纲沦法斁，隐患实深。"[1]应该说来，张之洞的分析是很精彩的，他的这些观点，显然得到旧学知识分子的普遍赞同，张之洞据此进行了深入的剖析，他以三纲五常为驳议的理论武器，针对新律违反礼教伦理之处逐一批驳。虽然张之洞旧学功力深厚，但他在驳斥新律时，也难免因旧律的繁碎以及礼教伦理面临西式法治的冲击而陷入尴尬之中。实际上，张之洞倡行立宪，最高限度，只能仿行英国设立上议院，而皇权与孔孟礼教则是不能突破的底线。一旦沈家本、伍廷芳把一盘真正的宪政大菜抬上晚清政体改革的宴席上，张之洞退缩了。

换言之，又想宪政，又想以三纲五常的伦理继续维系君臣之道的专制皇权，天下哪有这样两全其美的好事？当代有的学者提出"儒家宪政"的观点，就是意图将二者结合。其实这些观点康有为、梁启超与张之洞都有很详尽地阐述。因此，意图将康有为的礼教、梁启超的虚君立宪与张之洞的中体西用杂糅在一起，痴迷于"儒家宪政"，如果不是徘徊在梁启超"虚君立宪"的理论与践行不能的尴尬之间，便是坠入康有为的"孔教"幻景之中。

张之洞的礼教派在与沈家本的法理派的礼法之争中，表面上看礼教派好像处于进攻的态势，火力之猛，但却是老生常谈；沈家本等法理派似乎处于守势，在礼教派的攻击下左遮右挡，但法理派的这一对搭挡还是珠联璧合，配合有术。沈家本研习旧律的功夫十分了得，他能在回答礼教派的指责中，随时引用《开皇律》、《唐律》及《周礼》予以应答，引经据典，旁征博引，为新律的起草提供伦理支撑。而伍廷芳乃海归人

---

[1] 《张之洞全集》(第3册)，河北人民出版社2010年版，第1772~1799页。

士，在国外取得律师资格，熟悉西洋之法，也在反驳礼教中将借鉴西法的益处作一一释明。因而，处于守势的法理派通过“防守反击”，终于占了上风。何况，晚清末年，大清帝国风雨飘摇，大厦将倾，难以支撑；变法之事，已是“变也变，不变也变！”对于清廷而言，已不可能像前几年，打击康梁时那般强硬。因而，沈氏新法在突破礼教的重重围缠后，经过有限的修改，还是获得通过。

二

沈家本的变法，既不同于王安石、张居正，也与康梁有较大的区别。

王安石、张居正均具有相当于宰相级别的官位，其变法的起草与推行，具有强大的行政力量；而康梁变法，除百日维新期间获得光绪皇帝的短暂支持外，大多数时间均是在体制外进行理论宣传活动；沈氏变法是体制内的奉命而为，但变法内容仍与沈氏个人的修为、学业、品性、智识密不可分，也为形势所逼。当时各种改良思潮纷至涌来，而革命暴力的理念又颇为时尚，如孙文直接提出“驱除鞑虏，恢复中华”，这一民族主义的响亮口号震动之大，让见过不少惊险世面的慈禧太后也吓得下诏说：“我朝以仁厚开基，迄今二百余年，满汉臣民从无歧视，近来任用大小臣工，即将军都统亦不分满汉，均已量材器用使，朝廷一秉大公，当为天下所共信；际兹时事艰虞，凡我臣民方宜各切忧危，同心挽救，岂可犹存成见，自相纷扰，不思联为一气，共保安全？现在满汉畛域穷应如何全行化除？著内外各衙门各抒所见，将切实办法妥议具奏，即予施行……”从太后这一诏书可知，若非形势逼人，太后岂肯说出如此谦恭的言词，紧迫感由此可见一斑。杨鸿烈先生说：“沈家本利用这个机会，建议满汉人民在法律上应该完全平等……”于是，“他（指沈氏）先从‘刑法’方面入手”。[2]

沈氏的《大清新刑律》在中国法制史上具有划时代意义，他借鉴西

〔2〕 杨鸿烈：《中国法律思想史》，上海书店1938年版，第317～318页。

方各国的法律，如德意志、日本、法兰西等国的成文法；另因伍廷芳留学英国，也提供英美法系之翻译资料。沈家本说："依类辑译，不日亦可告成；……比较异同，分门列表，展卷瞭然，各国法律已可得其大略！"在这里沈氏对欧美法律研究之后，"发见本国法律的缺憾，而想藉欧美各国的法系加以补救改正"。

据此，沈家本通过修律，并在翻译欧美、日本法律且借鉴的情形下，编订了《大清新刑律草案》。这部"大清新刑律"，与我国历史上各朝各代的刑律均有明显的区别。

（一）部门法替代诸法合体

我国从先秦至明清，各朝制订的多是诸法合体的律典，除先秦时魏国李悝制定的《法经》、宋朝宋太祖制定的《宋刑统》因王朝名称不同，但其内容、律例、体系均大致相同外，各朝各代均以朝代之名将诸法合称为律，即以律代法，民刑不分。而沈家本制订的《大清新刑律草案》则改变了诸法合体、民法与刑法不分的传统，成为我国第一部专述刑法的部门刑法典。用现在的话讲，与国际接轨了。

（二）废除酷刑与肉刑

沈家本通过比较欧美、日本诸法，他认为："相同罪名，综而论之，中重而西轻，刑法较中国尤为惨酷。"[3]

据此，沈氏奏请先行废除酷刑。废除即删除律例内的凌迟、枭首、戮尸、缘坐、刺字等酷刑。这五类尤为惨烈的酷刑的废除，是中国法制史上的一件大事。中国法制史从隋朝《开皇律》与唐朝《唐律》设新五刑（即笞、杖、徒、流、死）改变隋之前的旧五刑（即宫、黥、劓、膑、大辟）后是一大进步。到沈氏奏请废除上述凌迟、枭首、戮尸、缘坐、刺字的五酷刑后更是一大进步，换句话说，虽然大清帝国很快覆亡，但酷刑的废除已深入人心，这一废除通过民国之刑法而得以沿续……"1930 年前后，国府时期制订的民刑及各种法典，即赖有沈氏开始之各种法规及草案为

〔3〕 杨鸿烈：《中国法律思想史》，上海书店 1938 年版，第 308 ~ 309 页。

其重要凭借。”[4]

（三）刑法奉行之主义不同

杨鸿烈先生认为沈氏之法与旧法典奉行之主义不同在于：“新刑律减轻死刑，旧法典所规定的死罪实在太过繁重，新刑律非情节重大，不科死刑；新刑律废除阶级，旧法典关于刑的适用有‘官秩’、‘服制’、‘良贱’种种加重减轻的区别颇不等，新刑律除直系尊亲属而外，就全部一律平等；新刑律对共同犯罪的‘实施者皆为正犯’，不像旧法典都是‘以造意为首，随从者减一等’；新刑律对‘二罪俱发’作并科处分，不像旧法典纯以吸收为原则，有奖励犯罪的危险。”[5]从杨文所述的内容看，沈氏新律奉行轻刑主义。除亲属外，人人不因身份、职务的不同而科处不同的刑罚，实行在法律面前人人平等的原则。在处分共同犯罪的问题上，也因公平原则而对实施者以共同的正犯予以论处。从这点看，当下刑法在共同犯罪的处置上仍遵循旧法，重处所谓的教唆犯、故意传授犯罪方法犯。相较沈氏而言，当下刑法尚有差距。

（四）编纂体例新颖、形式西化

《大清新刑律》共53章，分总则17章和分则36章。这一编纂的体例是完全照搬欧美和日本的成文法。有关这一点，沈氏毫不含糊，在《大清新刑律》的总则中就开宗明义地说明：“总则之义，略与名例相似，往古法无总则与名例之称。”这是说，古代的法没有总则，因此“故仿欧美及日本各国刑法之例，定名曰总则”。可见，总则的编纂设置，在体例及谋篇上遂与古代旧律大相径庭。故沈氏之法在体例上的仿欧美、日本，实际上就是与中华法系分道扬镳了。

《大清新刑律》总则共17章：

（一）法例　（二）不论罪　（三）未遂罪

（四）累犯罪　（五）俱发罪　（六）共犯罪

---

〔4〕 黄静嘉：《沈家本：我国法制现代化之父》，载《律师文摘》第45辑。

〔5〕 杨鸿烈：《中国法律思想史》，上海书店1938年版，第322～323页。

(七)刑名 (八)宥恕减轻 (九)自首减免

(十)酌量减轻 (十一)加减例 (十二)缓刑

(十三)暂释 (十四)恩赦 (十五)时效

(十六)时间计算 (十七)文例

《大清新刑律》的刑罚种类分主刑与从刑。

主刑种类:

第一,死刑

第二,无期徒刑

第三,有期徒刑

一等有期徒刑,十五年以下十年以上但加重及并科时以二十年为其最长刑期

二等有期徒刑,十年未满五年以上

三等有期徒刑,五年未满三年以上

四等有期徒刑,三年未满一年以上

五等有期徒刑,一年未满一月以上

第四,拘留,一月未满一日以上

第五,罚金,银一钱以上

从刑种类:

第一,褫夺公权

第二,没收

从《大清新刑律》的总则看,沈氏新律应为独立的刑法典体例,沈氏之法已然脱离旧体制的体系,成为独立的部门法。

我们知道刑法总则是统领刑法各章的根本指导原则,总则的设置使整个刑法的西化从内容到形式已然成型。这样大规模的变动与修订在我们这样一个保守性极强的国度,即使是今天要动一动既定方针中的一段文字以及触及利益的法条亦十分困难。而在当时,沈氏在满清专制皇权下能有如此大的动作,其改革变法的决心是难能可贵的。

当然,沈氏毕竟是清廷的修订法律大臣,端的是清廷的饭碗,他的

变法不可能一蹴而就,他也必须写上几句让大清王室看上去比较宽心放心的话。于是,在《大清新刑律》的分则部分,根据“春秋大义,首重尊王”的原则,在分则第一章将“危害帝室之罪”位列首位,就像此前历代王朝的刑典突出的“谋反、谋叛、谋大逆”等反叛王朝之罪那样,也犹如当今《刑法》的“反革命罪”即后改为“危害国家安全罪”一样,必须写在刑法分则的第一章,以维护统治者的根本。对此,我们不应不切实际地去苛责沈氏。

《大清新刑律》分则共36章:

(一)帝室之罪 (二)内乱之罪

(三)国交之罪 (四)外患之罪

(五)漏泄之罪 (六)渎职之罪

(七)妨害公务之罪 (八)选举之罪

(九)骚扰之罪 (十)搜捕监禁者脱逃罪

(十一)藏匿罪人及湮灭证据之罪 (十二)伪证及诬告之罪

(十三)放水决水及水利之罪 (十四)危险物之罪

(十五)往来通信之罪 (十六)秩序之罪

(十七)伪造货币之罪 (十八)伪造文书及印文之罪

(十九)伪造度量衡之罪 (二十)祀典及坟墓之罪

(二十一)鸦片烟之罪 (二十二)赌博彩票之罪

(二十三)奸非及重婚之罪 (二十四)饮料水之罪

(二十五)卫生之罪 (二十六)杀伤之罪

(二十七)堕胎之罪 (二十八)遗弃之罪

(二十九)逮捕监禁之罪 (三十)略诱及和诱之罪

(三十一)安全信用名誉及秘密之罪 (三十二)窃盗及强盗之罪

(三十三)诈欺取财之罪 (三十四)侵占之罪

(三十五)脏物之罪 (三十六)毁弃损坏之罪。

从《大清新刑律》的分则可看出,除保留少数旧律中的罪名之外,大多仿自欧美、日本刑法的罪名。其中关于选举之罪,具有前瞻性。当时的大清帝国朽而未亡,在此专制政体下,哪里来的选举?更遑论选举之罪?沈氏之法中的选举及因选举而生的犯罪只能预留给民国借鉴引用。可见沈氏立法,似有预见性。又如重婚之罪,即使大清覆亡后的民国时期也很难在实践中接受并施行,而沈氏却在晚清立法中率先提出并旗帜鲜明地反对重婚,应属难能。至于水源的保护涉及饮水安全的问题,沈氏新律中的"饮料水之罪"堪称环保与生态入刑之先例,对污染日益严重的当下,亦有预见性的警醒与借鉴。

总之,《大清新刑律》无论是总则,还是分则,其法典架构已经改头换面,即使不算彻底地脱胎换骨,与以《唐律》为代表的中华法系的分野也已成事实。从这个层面上看,沈氏之法,其意义不容低估。可以说沈氏之新法,在法统上对中华法系一刀两断,中华法系就此被划上一个句号。当然说此话可能有些绝对,或许以后会有雄才大略的专制者出现并制订专制之法也未尝可知。因此,画上一个逗号或一个惊叹号可能较为合适。窃以为,用一句话概括之:从先秦李悝至沈氏,以《唐律》为表征的中华法系戛然中止!

三

沈家本变法的另一重大特点便是制订《大清民律草案》,这是中国历史上第一部部门法意义的民法典,其内容与显露出的私权精神至今仍未企及。该法典草案的总则、债权、物权三编由日本学者松冈正义起草,亲属、继承两编由留法学者陈箓、留日学者高种、朱献文负责起草。这部民法草案的私权原则及民本精神闪烁着近代法治至上之光,沈氏能在汇总统摄时,除进行文字的酌定外,几乎全盘采纳这些与专制集权格格不入的内容,其胸怀与担当是令人赞叹的。可惜,该民法典草成于宣统二年(1910 年)十二月,经反复详为核阅,逐条添附按说,阐明立法之理,于宣统三年九月编纂完成。这部史称中国的"第一次民草"即《大清民律草案》,因清廷的迅速覆灭而未施行,但该法典举凡五编一千五百六十九条，其内容之详，体例之完备，蔚为大观。加之全面引进西方大陆法系民法典的编纂方法及体例与立法原则，对于突破中华法系的传统，具有首开中国近代民法史先河的开创性意义！

（一）《大清民律草案》的体例

《大清民律草案》分总则、债权、物权、亲属、继承。共5编：

第一编　总则共8章（共323条）：

第一章　法例	第二章　人（指自然人）
第三章　法人	第四章　物
第五章　法律行为	第六章　期间与期日
第七章　时效	第八章　权利与行使及担保

第二编　债权共8章（第324条至第977条）

第一章　通则（债之通则）	第二章　契约
第三章　广告	第四章　发行指示证券
第五章　发行无记名证券	第六章　管理事务
第七章　不当利得	第八章　侵权行为

第三编　物权共7章（第978条至第1316条）

第一章　通则	第二章　所有权
第三章　地上权	第四章　永佃权
第五章　地役权	第六章　担保物权
第七章　占有	

第四编　亲属共7章（第1317条至第1459条）

第一章　通则	第二章　家制
第三章　婚姻	第四章　亲子
第五章　监护	第六章　亲属会
第七章　抚养之义务	

第五编　继承共6章（第1460条至第1569条）

第一章　通则	第二章　继承

第三章 遗嘱　　　　　　　第四章 特留财产

第五章 无人承认之继承　　第六章 债权人或受遗人之权利

(二)《大清民律草案》的特点

概览《大清民律草案》,颇为惊讶,在晚清专制政体下能制订出这样一部至今都无法企及的宏大法典,不能不为沈家本等修订法律的"立法者"拍案叫绝!《大清民律草案》的特点,概其大要,主要有以下几点:

1.《大清民律草案》体系宏大,内容详实

蔚为大观的《大清民律草案》内容之丰富,作为专述民事法律的部门法典可以说前无古人,至今仍无来者。

首先,从体例上看,《大清民律草案》堪称结构规整,体例完备。《大清民律草案》以编、章、节、条、款、项组成其完备的编章结构及编写顺序,并以"总则"和"通则"两大部分予以构架,形成在"总则"原则统领下的各章各节的专述法条规定。在各编章内,又有"通则"予以调整,这样的体系即令规模宏大,内容丰厚,也能在有序的体例框架内形成完整的逻辑系统。

其次,从内容上看,《大清民律草案》5 编多达 1569 条的法律条款,其呈现于世的规模之大,让人惊叹!5 编内容涉及民事权利之广,涵盖了"人"(自然人与法人)、"债权"、"物权"、"亲属"、"继承权"等民法所应囊括的内容,堪称内容详实,广博丰厚!

2.《大清民律草案》结合实际,颇具特色

《大清民律草案》的部分规定极具特色,如第四编"亲属"第六章关于"亲属会"的规定,这触及村社祠堂制度、亲缘家族规则与血亲氏族组织,沈氏立法将传承千年的乡村宗法与亲属族规组织契入"亲属会"之法律概念之中,这是沈氏之法结合家族血亲之规则与组织考虑周全的一大特色。就"亲属会"的法律规定而言,民国的民法典亦未概括。

在《大清民律草案》中,将"博戏及赌事"列为专节予以规定应为精彩之笔,特别是"博戏或是赌事不能发生债务"的规定,对于社会上因赌追债导致多种案发的情势，亦有法律的处置与应对。这比通过文件禁止赌博无疑要先进得多。特别要强调的是，《大清民律草案》虽规定“因赌不能发生债务”，但却非常实际地指出，“因博戏或赌事已给付者，其后不得请求归还”。这是为维护既定的秩序及业已发生的事实采取的应对之策，为社会稳定着想。有关这一点，也得到民国的“民法典”承袭。相反，当今的《民法通则》及颁布的各种相关法律法规均不能做到这一点，实为遗憾。

《大清民律草案》在“所有权”的问题上设专章专节专述“地上权”、“地役权”与“永佃权”，特别是“永佃权”，结合中国农耕社会的实际，“以契约设定永佃权者”（第1088条）必须“设定书据”，即以书面合同的形式保护永佃权者，维护农业社会租佃关系的稳定。故还规定“永佃权存续期间，为二十年以上五十年以下”（第1089条），即称之为“永佃”的，至少二十年。这些规定，应是了解并熟知中国农耕社会及各朝代均出现过的“永佃”及雇农现象，通过法律形式固化下来，颇具特色。

从上述《大清民律草案》的“面面俱到”，可看出沈氏之法事无巨细，其特点在于注重结合中国社会的实际，并非纸上谈兵，脱离中国的情势。

3.《大清民律草案》仿制西法，大胆借鉴

沈氏在《大清民律草案》的“总则”中就明确指出，《大清民律草案》仿照西法，尤以“法国民法典”和“日本民法典”为最。

《大清民律草案》的编章结构几乎完全仿制西法，在体例上设置“总则”与“通则”，并以“总则”的指导思想及原则统领“通则”各章各节。

首先《大清民律草案》突出“民法”的“私权”性质。在“人”的一章中，强调了“自然人”的权利能力、行为能力，并对“人格保护”予以专门规定。如第五十条“人格保护”关于“自由不得抛弃”的规定掷地有声，这在满清皇权政体下，无疑敲响专制丧钟的先声；同时还进一步规定，“不得以违背公共秩序或善良风俗而限制自由”，这一针对权力者的禁止性条款为“人格保护”提供了最大的法律支持。

此外,《大清民律草案》将“发行指示证券”和“发行无记名证券”两章列入“债权”编内,实际上将“证券”的当事人——即指示人、被指示人、发行人、持有人、特定债权人以及办事人等——统统纳入平等主体的民法私权范畴,而不像当今的《证券法》,实质上是一部具有行政法性质的证券管理法——管理的行政权力之多,入围发行证券的上市公司门槛之高,审查批准的行政权力之大,都使这部《证券法》成为一部彻头彻尾的公权力行使的管理法,与一百多年前的沈氏民律草案相比,差距之大,简直让人难以置信。

平心而论,中国古代历朝律典均含有民法内容,春秋之世,刑为镇服庶民之工具,礼则为贵族生活的规范。礼所规定之人事与亲属二者,周详至极(梅仲协语),而《荀子·礼论》之论述,乃确定权利义务之所在。这些均应看成是民事法律规范之发端。以后各朝律典中户役、田宅、婚姻、犯奸、钱债、户口、田赋等基本制度,也应视为一种民事法律规范。只不过,这些民事法律规范并未专门独立立法,而是杂糅在刑典之中。由于民刑不分,私权也不可能独立显现,加之刑律公权至上,以维护私权为主的民法在刑律的公权至上的思想覆盖下,怎能形成?因此,稀释于刑律中的古代民事规范,不能称为严格意义的民法。沈氏的《大清民律草案》的出现,可以说是中国专制政体下第一部完整表露私权的法律形式的表征。有关私权的维护及其维护私权的指导思想与原则,在《大清民律草案》中夺目四射,这些均有赖于沈家本、伍廷芳等修律者的大胆借鉴。

在《大清民律草案》中,引用西方法律术语比比皆是,如对自然人的权利能力、行为能力与责任能力的界定;又如在“法人”的规定中,无论是“社团法人”还是“财团法人”,均是西方法律名词;至于“时效”之“取得时效”与“消亡时效”,更是一般人不易弄清的典型的西方法律专用术语。

《大清民律草案》对“所有权”的保护,几乎可以比肩《德国民法典》(第903条至第1011条)。《德国民法典》对所有权保护的涵盖内容是比较宽泛的,而《大清民律草案》在借鉴时并未全盘照抄。如在立法技巧上,《德国民法典》采用不少禁止性规定来设置概念的边界,以达到反向保护的目的,如"物的所有人,以不违反法律或第三人的权利为限,可以随意处分物"(《德国民法典》第903条)。这是以禁止所有权人对他人的权利不违反为限,可以随意处分所有物的规定,这种通过有限禁止后的随意处分权获得的权利,比授予式规定的权利更大。而《大清民律草案》对"所有权"的规定虽然遵循了《德国民法典》的编章结构,将"所有权"列入"物权"编内。但却因语言表述不同,而采取非禁止性的授权性方式予以规定,即"所有人于法令之限制之内,自由使用、收益、处分其所有物"。二者之间,表述方式不同,但基本精神不变,使《大清民律草案》在大胆借鉴西法时,颇有特色。从文字表述上看,法言法语略有差异,但立法本意基本一致。因此,《大清民律草案》借鉴西法的全面性,使其具有完整的系统性,从而作为第一部独立的民法典草案耸立于我国近代法制的山巅!

四

沈家本等人制订的《大清刑事民事诉讼法》,改变了千年以来诉讼断狱附于刑律实体法的传统。综观中国古代刑律,均以刑律实体法为体,以诉讼法为用,因而长期以来形成"重实体,轻程序"的观念沿袭至今。沈氏《大清刑事民事诉讼法》的出台,强调了二者相因,不可偏废。而一部诸法合体的刑律,刑部专理刑名,户部专理钱债、地产、田宅,而地方州县长官,则一身兼行政、司法之权。近代以来,华洋讼案日益增多,传统的行政与司法合二为一的弊端日益显现。故沈氏奏请将诉讼法从刑律中分离出来,作为司法程序所遵循的规定。

沈氏的这一变法改制,使诉讼法从实体法中脱颖而出,无疑在中国法制史上具有里程碑意义!

宣统二年(1910年),清廷通过了这部集刑事诉讼与民事诉讼为一体的《大清刑事民事诉讼法》。

(一)《大清刑事民事诉讼法》的内容、体例如下:

第一章 总纲

第一节 刑事、民事之别

第二节 诉讼时限

第三节 公堂

第四节 各类惩罚

第二章 刑事规则

第一节 捕逮

第二节 拘票搜查票及传票

第三节 关提

第四节 挽留及取保

第五节 审讯

第六节 裁判

第七节 执行各刑及开释

第三章 民事规则(共十一节,从略)

第四章 刑事民事通用规则

第一节 律师

第二节 陪审员

第三节 证人

第四节 上控

第五章 中外交涉案件

附设行例

《大清刑事民事诉讼法》的问世,标志着中国近代法制体系的基本构造已经成型。作为中国第一部专述诉讼程序的独立法典,虽然不能改变千年以来“重实体,轻程序”的传统观念,但这部独立于实体的程序性法典从诸法合体中分离出来,让人们初步感受到“法律即程序”的近代法制的要义。当然改革变法不会一帆风顺,在晚清,保守势力甚至包括一些主张变法的开明人士都对这部“诉讼法”持反对态度。

(二)《大清刑事民事诉讼法》的特点

第一,律师制度的设立。

这也是中国历史上第一次用法律形式正式承认律师,在此之前的讼师,虽然可以捉刀弄笔,为人承写诉状辩词,但也只能通过与衙门的师爷打点而在幕后行事,不能公然在衙门公堂上行代理之职或对呈堂证供予以质证并为当事人辩护。

律师的公然出现,并合法在公堂上进行辩护,对礼教派人士来说很难接受。他们对于这些在野身份的人在公堂上振振有词,认为是对公堂上的老爷官人不恭。在官本位体制下,很难接受律师与检察官的"平起平坐"。现在回想起来,感到《大清刑事民事诉讼法》能够设立律师制度,其制订者的勇气实在可嘉。

对于设制律师制度,沈家本在奏折中说:"盖人因讼,对簿公庭,惶悚之下,言词每多失措,故用律师代理一切质问、对诘、复问各事。""若遇重大案件,则由国家拨予律师,贫民或救助会派律师代行权利,不取报酬,补助于公私之交,实非浅鲜。"而参与主持修律的伍廷芳,因在英国获得律师资格,在香港等地有过执业经历,故也在"给朝廷的折子中建议各省法律学堂培养律师人才,择其优者考试合格,颁发证书,分拨各省,以备办案之用"。[6]

律师制度的创立,无疑让人感受到近代法制之光,虽然微弱,却也是从古老国家的海平面上升起的一点希望之光……

1904 年的"苏报案"就为律师的出场涂上了浓墨重彩的一笔。这是章太炎和邹容因言获罪而被起诉的一案,当时以清廷为原告,被告章太炎、邹容分别聘请外国律师辩护。双方在法庭上,就言论有罪还是无罪的问题,展开了一场又一场唇枪舌剑的较量,每一次的公开审理及法庭辩论,《申报》等新式报纸都有连载报道。结果,在舆论的强大影响下,在律师有力的辩护下,不可一世的朝廷居然未能如愿以偿。律师的出

〔6〕 傅国涌编:《追寻律师的本土传统》,北京联合出版公司 2012 年版,第 2 页。

场，给世人留下深刻的影响，人们惊叹，原来还有讲理的地方，言论自由可以不必为罪？虽然这一震惊世人的"苏报案"已载入历史，"但这一幕还是深埋于这个古老民族的记忆深处"。[7]

由于"苏报案"的影响，在尔后制订的《大清刑事民事诉讼法》中，清廷基于当时的通商各埠特别是上海、天津等地"已准外国律师辩案"，因此，外国律师的代理、辩护及其在中国租界内的执业行为，对满清末年的近代诉讼制度的形成与推动是显而易见的。

《大清刑事民事诉讼法》规定律师的资格与条件：

(一)须在法律学堂考取入格，给有堪为律师文凭；

(二)该律师须亲自持往该省之高等公堂，呈请核验并自行立誓；

(三)须有该律师相识的殷实人二名，立誓具保该律师品行端正，人凭相符。

以上具备，方准请律师在高等公堂或各属公堂辩案。

辩案律师的矢誓保证：

(一)不在公堂作伪或许人作伪；

(二)不故意唆讼或助人诬控；

(三)不因私利私怨倾陷他人；

(四)尽份内之责务代受托之人辩护，仍应恪守法律。

《大清刑事民事诉讼法》规定的律师职责与法律服务：

甲：律师作原告代理人：

(一)代原告缮具控词及其他须呈文件，呈公堂阅览；

(二)随同原告上堂办理所控事件；

(三)公堂上将原告所控之事代为上陈，然后质问被告及其证人，如被告对诘该原告及其证人，则该律师随后亦可复问；

---

[7] 傅国涌语。

(四)被告或其律师向公堂申辩后，原告律师可将被告或其律师所申辩之理由，详细向公堂解释辩驳。

乙：律师作被告辩护人：

(一)代为被告人缮具讼词，详细诉辩所控事件，并检齐有利于被告的各种证据，以备呈交公堂；

(二)代被告一起上堂辩护其案，并留心料理，务使公堂审讯该案，悉合证据，依律裁判；

(三)代被告人对诘原告人及其证人；

(四)原告及其证人陈述诉词已毕，该律师须将被告辩护词扼要陈述，然后请传被告之证人上堂作证；

(五)供证已毕，该律师即将被告辩词，尽情援据案例申述说明，毋须屈抑。

《大清刑事民事诉讼法》关于律师的规定，仅从上述条文管中窥豹，即可比当下诉讼法于情入理。律师能够"尽情援据案情申述说明"及"详细向公堂解释辩驳"，这些"尽情"与"详细"的规定，足以使当今律师羡慕不已。

第二，陪审员制度的设立。

《大清刑事民事诉讼法》的另一大特点就是设立陪审员制度。当时，对陪审员的设立，反对者较多，甚至连张之洞这样位高权重的大臣也对设陪审员持有异议。有鉴于此，沈家本在上奏时引用"周礼"，沈氏在奏折中称："宜设陪审员也，考周礼秋官司刺，掌三刺之法。三刺曰讯万民，万民必皆以为可杀，然后施上服、下服之刑。此法与孟子国人杀之之旨，隐相吻合，实为陪审员之权舆。秦汉以来，不闻斯制。今东西各国行之，实与中国古法相近。诚以国家设立刑法，原欲保良善而惩凶顽，然人情诪张(诈伪)为幻。司法者一人知识有限，未易周知，宜赖众人，为之听察，斯真伪易明。若不肖刑官或有贿纵曲庇，任情判断及舞文诬陷等弊，尤易纠察是非。"为此，公堂审讯"应延访绅富商民人等"，进行陪审。可见，"晚清设立的陪审制度，上承古代三刺之法，下袭现世各国之制”。[8] 这也是修律者为应付反对者的左遮右挡之术。沈氏引经据典，据理力争，使陪审员制度列入诉讼法内。陪审员制度的设立，具有显著的诉讼民主倾向，对防止法官擅断与“贿纵曲庇”应有裨益。

其一，《大清刑事民事诉讼法》关于陪审员的条件。

按照《大清刑事民事诉讼法》第213条之规定，“堪为及应为陪审员”条件的：(1)男人；(2)休退之文武大小官员、商人或公司行商之经理人、士人、教习学堂率业人、地主及房主。

其二，《大清刑事民事诉讼法》关于陪审员的选择。

按照《大清刑事民事诉讼法》第218条的规定，陪审员“必须经两造均无异辞，方能陪审”。如更换陪审员，以补其遗时又“总以两造均无异辞为定”。[9]

以上陪审员的选任，借鉴西方法律中对陪审团成员挑选的规则，即双方律师对陪审团成员可以提出“有因选择”和“无因选择”。这是指双方律师在挑选陪审团成员时，应提出理由使之回避。如理由不成立，律师还有动用“无因选择”的名额及权利，进行无理由更换与挑选。当然，在英美法系中，动用“无因更换”陪审员有名额限制。按沈氏诉讼法，通过挑选或更换以期达到“两造均无异辞为定”。可见，沈氏诉讼新律在设定陪审员的选任上，借鉴的力度之大！

其三，《大清刑事民事诉讼法》关于陪审员的判案。

根据《大清刑事民事诉讼法》的陪审员制度，“陪审员均就座于承审官旁，静听审讯，如供证有不明之处，该员可随时请承审官代问证人”。“两造证词及律师诉辩均已听毕，承审官即向陪审员将该案所有证据再诵一周并加评论。如有律例问题务须逐一详解，使陪审员所议决词与例相符。”然后陪审员“退堂至静室密议”决定，如有分歧，则“从多数而定”。“关于死罪，必须众议佥同，方能决定。”复庭后由“陪审员之代表

[8] 周密：《中国刑法史》，群众出版社1985年版，第377页。
[9] 周密：《中国刑法史》，群众出版社1985年版，第377页。

当众将决词复答”。“决词曰有罪，承审官即将被告按律定拟。”如“陪审员退堂议久不决，或意见各执者，承审官可将该陪审员全行辞去，依法另选陪审员复行审讯。”[10]

以上陪审员的断案方式与英美法系何其相似，由此看出，在陪审员的选任、更换及断案的问题方面，沈氏新法已超越大陆法系即《德国刑事诉讼法》、《法国刑事诉讼法》与《日本刑事诉讼法》之范畴，直接借鉴的是美国的刑事诉讼规程。可惜，沈氏之诉讼法虽获通过，但清廷迅即灭亡，该法未能施行。但见诸法律文本的这些文字，赫然醒目，字里行间透射出的诉讼民主化的光彩在尘封的历史中不会完全黯淡失色。法律人与律师们期待的陪审团制度早晚会被司法改革的导火索点燃，在未来法治的平台上复魅它早已显露的神奇！

此外，晚清于宣统元年（1909 年）颁布的《法院组织法》也是《大清刑事民事诉讼法》的配套法律。该法原称《法院编制法》，设审判衙门共四级，即初级审判厅、地方审判厅、高等审判厅和大理院，实行四级三审制。独立审判全国刑事案件。

从以上《法院组织法》及沈氏的奏折可以看出，以审判为专业的司法官员的形成，且与行政官员相分立。司法官员与审判机构的西方构造的嫁接，是中国司法现代化的第一步。

五

综上，沈氏变法，研习古律旧礼，借镜西方法律，引经据典，旁征博引，其变法修律的内容之多可谓庞大的法律工程。沈氏之法，无论是属于刑法部门法的《大清新刑律》，还是属于民法部门法的《大清民律草案》；无论是实体法如刑律、民律，还是程序法如《大清刑事民事诉讼法》、《法院组织法》；无论是已经通过正式生效之法律，抑或是已经完成的法律草案，都有无数个中国第一！

---

〔10〕 周密：《中国刑法史》，群众出版社 1985 年版，第 378 页。

且来看,第一部专述刑律实体法的部门法典;第一部专门规定民事规范的独立的民法典(草案);第一部涉及独立程序的诉讼法典;第一次正式用法律形式确认并承认的律师制度;第一次在法律中正式设立的陪审员制度;第一次在法律中规定有别于行政部门的审判机构。这些无数多的中国第一,均出自于这位旧体制的官员及其领导的团队。虽然我们对这个团队的黄金档搭之一的伍廷芳先生也充满敬意,但在这个创建并修订的法律系统工程中,伍廷芳的作用还是低于沈家本。沈家本博采众家,虚心听取包括伍廷芳在内的海归人士意见,大胆移植西法;他知识广博,对儒学礼制了然于胸,钻研旧律并不拘泥旧学,他能够去除糟粕,取其精华,对社会实情亦深入了解,并非只停留在故纸堆上。当然,最重要的是他的勇气和担当。沈家本借鉴欧美、日本之法之大胆,确有极大的政治风险。而他无所顾忌,力排众议,一往无前。他的勇气与胆量,只有现在的同道中人及广大的律师才能深切体会。沈家本变法的内容及精华,让改革开放之后订立的《刑法》、《刑事诉讼法》、《民法通则》与《民事诉讼法》不能企及。其轻刑思想、诉讼中律师论辩权利与陪审员独立断案的决定,以及民律草案中的私权至上原则,都是当今诸法望尘莫及的。

因此,沈氏之法,尽管未能及时履践,但它的出现,不仅标志着从先秦李悝到清末一脉相承的中华法系戛然中止,也宣告以《唐律》(仿照《隋律》)为代表的中国古代法律成为历史。沈氏之法作为中国法律古代与近现代的分水岭,它呈现于世的新法之精神、程序与原则,以及那些用精当文字精确表达的法言法语及其所承载的法律内容,不会随清廷的灭亡而灰飞烟灭。沈氏的变法显然已背离了他所忠实的清廷的专制政体,沈氏的大胆借鉴托举的已是普世的法律价值,因而,沈氏之法亦会再生,法律人及律师们的期盼,端在于此。

附 录

附录1:现代法视野下的商鞅变法

也许,用现代法审视商鞅之法有些苛求古人,但将商鞅之法视为“法治”的人不在少数,迷信严刑峻法的人更多,因此,还法家的法、术、势本来面目,有助于将部分国人从古代法家倡行的“法治”愿景中拽出,以免误入法律工具主义之泥淖。

其实,所谓现代法并不现代,它源于亚里士多德的自然法理念,而亚里士多德几乎是与商鞅同时期的历史人物。在亚里士多德看来,这世界的法律,应分为自然法与人定法,自然法是自然存在的法则,具有神圣性,应普遍适用。亚氏关于自然法高于人定法的观念,无疑是制约君主独裁的一剂良药。亚里士多德认为,最好的政体应由议事、行政、审判三要素构成。他的三要素分权制衡理论应视为孟德斯鸠三权分立学说之渊源。

亚里士多德的这些经典论述,与同时期的商鞅所倡行的严刑峻法大相径庭。可以说,亚里士多德在古希腊法律路径上的一段助跑,且将庇护后辈的普世之法相携而入当下。他的分权制衡的法治理念通过孟德斯鸠、卢梭等人的承袭乃至发挥,在亚当斯、杰弗逊、林肯等政治家那里得到更为完善的诠释。良法善治被现代法奉之为圭臬,依宪治国、分权制衡的现代法治已为普世价值!

反观商鞅,他以"好刑之名",由魏入秦。他千里奔波,怀藏满腹的经纬韬略,一头扎进八百里秦川,他要在大秦帝国的功利怀抱施展他的勃勃抱负与变法谋略。

作为法家的商鞅,他颁布的第一道法令——《垦草令》就是重农抑商的经典法令。此外,商鞅废井田、开阡陌,吸引三晋之民入秦,使秦国兵粮充足。从功利性视角看,商鞅变法使秦国在六国竞争中脱颖而出。为一遂秦孝公雄霸天下的心愿,商鞅变法朝着军事化国家的目标迈进。实际上军事化国家的形成关键在于专制集权。于专制集权而言,法家比儒家安近怀远的仁政之策,效果更加直接。为此,商鞅特别警惕儒家思想的影响,他曾令秦地官吏焚烧儒家经典如《诗》、《书》等竹简。可以说,商鞅虽然没有直接坑儒,但焚书,他是秦始皇的先辈。谁敢说焚书禁言的秦始皇乃至后世的统治者们,不是商鞅的徒子徒孙呢?

非但如此,商鞅变法中就有取缔农人们一切娱乐活动的法令,他要使农人们"意一而气不淫",一心一意、一门心思地将全部身心投入农业生产之上。商鞅是重农抑商的先驱,他对商人的打击和对商业的抑制无以复加。在他主政期间,秦国"商无得籴,农无得粜",粮食的统购统销完全由官府把持。

平心而论,商鞅颁布《垦草令》乃至采取"废井田、开阡陌"的措施,还是部分满足了大秦帝国的耕战之需,似乎也圆了秦孝公的"富国强兵"之梦。站在专制政权的立场上看,商鞅对秦国有功。但话得说回来,农人们耕地垦荒,本不需要国王操劳。而地处黄河流域的关中平原,农耕文明在此滋生、繁衍,在这里,只须埋头耕作,开垦荒地,自给自足,这就够了。由此看,善良而十分勤劳的农人们并不需要国王,他们有自己的氏族、村社的宗法制度维系自己的生活秩序。但是,他们追求稳定的心态却成了国王要求一统与维稳的借口;他们对和平的热爱却成了国王能够保卫他们的理由。本来,韩赵魏秦齐楚燕诸国的诸侯们的争霸角力,与农人们无关,因为国王的城墙并不是农人们的院墙,国强并不等于民富。但国王们以种种借口,绑架民众,扩充国土,高调与民同生死、共享福,于是,收税征兵遂成子民们的义务与必须。

本来,农人们辛勤耕作,开荒种地,此乃天经地义。可商鞅竟将农人们自行开荒的土地作为一种赏赐,甚至将农人们捆绑于土地之上,不准迁徙,不准经商,不准旅行,不准娱乐。这也罢了,还要禁锢农人们的思想,使农人们除了吃饭必须闭嘴。上天赋予人类之口的两项基本权利——吃饭与说话,即自然法、神定法保护人的基本不可剥夺的权利,就这样在禁言封口令下失去了“半壁河山”,可怜的人们只能劳作吃饭并上交赋税。同时国王还需要农人们的儿子去保卫并不需要保卫的庄稼。实际上,即使换了国王,也需要农民耕作,新的国王也仍然要为自己的赋税而保卫农民们的庄稼。

有人说,商鞅废井田后,给开垦荒地的农民土地所有权,确认了土地的私有制。从现代法层面看,没有法律程序,由国王和大臣随意赏赐的土地也必然可以随意剥夺,其所有权的收益、占有与处分是不完整的,不具有现代法意义的土地所有权性质。在商鞅看来,法律就在自己的股掌之间,于农民的土地而言,既可以赏赐也可以剥夺,农民作为战士,打仗立功,可以赏赐;如果犯法,也可以剥夺。而被剥夺了言论自由的小民们不明就里,误认为“两亩地一头牛,老婆孩子热炕头”的温饱是国王的赏赐,因此感恩戴德的草民们只有乖乖地干农活的份了。用易中天先生的话说:“国家只需两种人,农民和战士。农民为君主种田,战士为君主打仗。”商鞅更厉害,他让农人们忙时种田,闲时打仗,此为耕战。

如果说《垦草令》与“废井田”还有开荒拓土、劝课农桑之功效。那么,为了实行绝对的专制,户籍法与连坐法的配套实施就属于典型的恶法范式了。

所谓户籍法,这是在秦献公时就制定的户籍制度,这种全国性的户籍编制,经商鞅的发挥,成为一种株连邻里亲族的法律制度。商鞅以连坐法为户籍法的配套法,换言之,即一人犯法,全家同罪,邻里受牵连。对罪行知情不报者,或藏匿罪犯者,处以腰斩之刑,全家财产充公。

连坐法公布后,人人自危,该法株连之广,造成邻里乡亲,相互猜疑,彼此告发,使人人都处在紧张的恐惧之中,甚至相互为敌,这,大大有利于专制的统治。

更有甚者,商鞅喜好刑罚之名,他在推行严酷刑罚方面可谓登峰造极。他主张轻罪重刑。他认为,轻罪重刑可以杀一儆百。如偷牛盗马者处死刑,又如对在街巷倒垃圾者施以黥刑等。他将魏国李悝《法经》改为《秦律》,即以法为律,以刑代法,诸法合体,实行严刑峻法。商鞅为强化君王的统治权力,他剥夺了民众的言论自由,让百姓噤若寒蝉,变成了只会吃饭干活而不具有话语权的奴仆。商鞅律法之严厉,不仅农人、商贾,就是大臣、将军,只要不从法令,轻辄鞭挞、抽筋、割鼻、黥面;重辄砍头、腰斩、剥皮、车裂。“死罪不赦,刑及三族,”刑法之酷烈,古今罕见。

有人说,乱世须用重典,商鞅变法改变了原有的“人治”,实行了“法治”。

其实,现代法意义的“法治”与商鞅之“法治”是两个完全不同的概念。所谓“法治”,是指国家以宪法和法律为治国之根本,国家即政府的一切均依法而为。正是民主(议会)立法,政府依法行政,法院独立司法,才是“法治”的要义。而不是只许小民老老实实,不许乱说乱动之法。人治与法治的最大区别,就在于国王重臣,或一家一姓,或某一派别可以超越法律决定一切,并享有最终决定权。因此,在人治社会,无论商鞅制定多少法律法令,也是由他决定如何施行。太子犯法,他割掉太子师傅的鼻子,既不让太子犯法与庶民同罪,又可震慑其他公子王孙。因此,商鞅变法,仍然是选择性执法。故称商鞅之法是“法治”大谬不然。

透彻一点说，以商鞅为突出代表的法家，是无视一切个体意志与个体生命的，法家讲究法、术、势，即为追求结果而不择手段，法家重视运用手段的法、术、势具有法律工具主义的意义。法家的制民、胜民、辱民、弱民的思想，使历代统治者防民甚于防敌，防民之口甚于防川。在专制统治者看来，应在民众之中设立“敌人”的概念，然后将其与民众对立起来。而这个“敌人”又是一个统治者可以任意决定的对象，于是，统治者降低犯罪门槛，甚至以言治罪，使全国的每一位民众成为“潜在的敌人”，这就形成了“敌人”无处不在，使本国百姓人人惊恐，相互为敌，便于统治。可见这是统治者热衷于“人治”的法、术、势的功利所在。

从现代法的视角看，法律没有“敌人”，法律只设定“犯罪人”。犯罪人也只能是因其行为的危害性才能确定，而不能以思想的越轨和以言论的不恭而治罪。在当下，特别要警惕的是，当最高层端出一桌依宪治国的“法治”大餐时，有人偏偏要咀嚼“人治”的冷盘，甚而举起“人治”的刀叉，准备手刃或割裂依宪治国的普世价值。饶有意味的是，有人竟赞誉以商鞅为表征的法家治国思想，盛赞“专制为体，法制为用”。

总之，商鞅之法绝不是什么“法治”，商鞅殚精竭虑所追逐的无非是帝制的威权与杀鸡儆猴管治小民的工具性律法！

附录2:大秦帝国法家权谋之反思

战国七雄中大秦帝国的崛起影响深远,彼时各国的角力,特别是谋士、权臣之间的交集,那些精当的言词,高妙的盘算,狠毒的阴招,犀利的机锋以及机敏的应对,堪称中国古代一流的智慧。让人感到古人在政治军事外交方面的能力并不比当下的精英逊色。读先秦史籍,空前绝后的谋略牵引着我们一头扎进历史的迷宫,让我们感到阴谋远胜武力,权术与功利超越法律。丝丝入扣的交集对应使我们忘记了自己是活在当下,还是沉淀于历史?战国七雄的心智角力似乎让人智慧了许多,确切地说,让人多了几分狡诈!尽管大秦帝国在铁马冰河的崛起中充满着喋血情怀,但除了沾染血腥的功利之外,我很难看到母胎记忆中存有多少英雄主义的留痕。

饶有意味的是,几乎在秦惠文王称王道寡的同时,西方也有一大国崛起,这便是雄霸天下的亚历山大帝国。公元前338年,秦惠文王即位,他在车裂商鞅并占有其变法成果的基础上励精图治，以张仪的连横之术使大秦帝国剑吼西风。几乎与此同时，在公元前334年春，雄踞希腊城邦的马其顿大王亚历山大率军渡过博斯普鲁斯海峡，挺进小亚细亚。出发前，有人将只有智慧之神才能解开的绳索疙瘩抛给亚历山大，并说："只有具备解开这绳索疙瘩死结的智慧，方能以少胜多，打败东方强敌。"马背之上健硕英武的亚历山大哈哈大笑，这位亚里士多德的学生没有丝毫的犹豫拔剑斩断绳索。他跃马横枪："我将用欧罗巴人的果敢打败东方人的优柔寡断！"继而，亚历山大统率的马其顿方阵所向披靡，大败波斯，占领埃及，横扫印度。几年时间，建立了一个横跨欧亚非三大洲的世界帝国。[1]

大秦帝国与亚历山大帝国的发展是两种截然不同的路径，亚历山大征战杀伐，创立大帝国只花了约十年时间；大秦帝国，从秦孝公奠定霸业基石，到秦惠文王开疆拓土称王道孤直至秦始皇横扫六合则用了一个多世纪。

这是东西方民族性格不同的结果？还是农耕民族与海洋渔业民族秉性迥异使然？抑或爱琴海的风浪扑面而来容不得亚历山大有丝毫的犹豫；或许关中盆地连缀燕赵大地犹如一盘棋局，秦惠文王和他的儿孙们需要在棋局的迷宫里绕来绕去……虽然，亚历山大凭借强悍的武力可以在短期内建立横跨欧亚非三大洲的帝国，但没有文化的支撑，来得快也去得快！随着亚历山大大帝的辞世，帝国很快一分为三；而秦始皇建立的大秦皇朝虽二世而亡，但因各国之间有语言文字的相通，大帝国不姓秦也能姓汉！中华帝国的凝聚力不在于秦始皇的武力，华夏文字的共通共识才是秦汉帝国版图最为牢固的基石。

可惜的是，长于内斗的国人，崇文的极致，精于权术，热衷谋略，趋向功利，自然走火入魔。

于是乎，尚武与崇文遂成东西方两大帝国的子孙们不同的趋向与

---

〔1〕 以版图的辽阔而言，可能只有尔后的成吉思汗能与他相提并论。

喜好。

但是,崇尚权谋也要为之付出代价。虽然秦始皇一统江山完成大秦霸业,但宫廷阴谋病沉疴已久,有恃无恐的横征暴敛达到极致之后,在宫廷阴谋的“给力”下,大秦帝国伴随着孟姜女的哭声与长城一起坍塌。只不过,文化已经一统,不姓秦而姓汉的权谋者仍能通过谋略打败尚武的项羽建立大汉帝国。

鲁迅在看中国历史时,发现满篇都是“吃人”二字,而我在大秦帝国的纵横捭阖中看到的“权谋”二字更为精彩、诡异!有人说文化是柔弱的,武力是强硬的。可我却认为,文化无比强大,与其说枪杆子在打天下,毋宁说笔杆子(含嘴壳子)打天下!否则古人不会说,上人杀人用笔,下人杀人才用刀。从中国的历史看,统率三军、出奇制胜、屡建战功的多为文人秀士。如孙膑、韩信、诸葛亮、司马懿、陆逊、谢安、王猛、刘伯温、袁崇焕、曾国藩等,因而“将不在勇而在谋”成为中国古代军事史上的至理名言。

君不见,战国豪杰:吴起杀妻,商鞅变法,苏秦合纵,张仪连横。而那秦惠文王,野心勃勃,长袖善舞,两面通吃,狡黠诡诈,一杯酒能醉天下!

在我看来,大秦帝国的铁血辉煌,的确值得后人惊叹。但此种勾心斗角、阴谋诡计层层包裹的统治意识,其价值取向不可能从善如流。

遥想当年,秦惠文王即位后便在霸权与功利之间寻觅阴谋路径,他怎不知商鞅的变法给秦国带来繁荣,然而,这位双面君王,他车裂功臣商鞅,既能去除商鞅功高震主的隐性威慑,且能独享变法成果并杀一儆百确立霸道威权!他是一条变色龙,当你看到他在微笑时,他可能已经起了杀机。

秦惠文王的两面性还在于凄楚哀婉与阴毒决绝的交替轮换,其爱妃芈八子万万没有想到,大秦帝国在得胜之际,秦惠文王居然将她与其子稷公子送往他国为人质,毫不顾忌爱妃与亲子的生命和人伦亲情。

如果说秦惠文王完全孤情寡义,似乎有失偏颇。当有人来报燕国内乱爱妃与爱子稷公子死亡之时，秦惠文王喷出一口鲜血昏厥倒地。可见，在家与国之间，巨大的统治利益促使秦王咬牙吞血也毫不犹豫地选择后者。

从春秋到战国，诸侯王公多有送子为质的例证。因而在家与国的利益平衡中，舍家为国遂为文臣武将竞相追逐的爱国情怀！可怜的是，小民们在不明就里的情势下被裹挟进家与国合二为一的漩涡。小民们在追随君王浴血奋战时，误以为开疆拓土获取的利益与己有关，把君王的土地视为自己的泥巴，把君王的国视为自己的家！他们只知外族入侵后生灵涂炭，殊不知同族相残的血腥并不比外族逊色。事实上，小民们的爱国情怀在利益层面是不能与君王甚至文臣武将相提并论的。因为小民们并不知表面光鲜标榜爱民的君王在关键时刻，为了统治利益是不惜抛弃一切的，甚至统治者自己的妻儿，更遑论小民们的身家性命！

从先秦的历史可看出，一个计谋，就可将魏国的封地（当然包括小民）奉送给大秦；一出阴招，便可将秦国的城池献给楚国。在大秦帝国的阴谋权术中，一切为了统治的需要，土地、城池均可作为工具；爱妃、亲子亦可作为礼物，更不用说小民百姓的一亩三分地了。

秦惠文王的爱妃芈八子，这位娇艳美貌的楚女入宫后，在倾轧、嫉恨与猜疑的濡染下，性格日渐变异。其子稷公子即位后，她成为宣太后荣登垂帘听政的宝座，但是宣太后不会因自己曾经颠沛流离饱受民间疾苦而慈悲为怀，她也不会因继承秦惠文王大位的秦武王传位稷公子而对武王的后宫们手下留情，她急功近利而毫不含糊的宫廷阴谋及其制造的血腥后果，将使后人永远效法获胜者。于是，同样的阴谋血杀在中国历史上屡屡出现，绵延千年的历史斜阳如血，唯一轮明月穿过八百里秦川发出阴冷的寒光，秦时明月投射出的杯光剑影似乎在嘲笑着秦武王托举周鼎的尚武蛮力是那样的大谬粗愚。当然，被嘲笑的尚武者还有尔后“力拔山兮气盖世”的西楚霸王项羽。

大秦帝国的历史在权谋的算计当中徐徐推进，传统的权术文化是那样的强大，以致战国的历史成为豪杰们纵横捭阖的历史。在政治文化适当宽松之际，空前绝后的各类人物井喷式地涌现。一时，智者、隐士、游人、侠客、学者、师爷、巫师、术士、纵横家、阴谋家、兵家、法家、刺客、儒生纷纷客串登场，政治军事外交的角力争斗变幻无常，权力嬗代、门庭变换如走马灯笼让人眼花缭乱。正是各国招揽人才大开方便之门，刺激了布衣人士的志存高远。而雄主辈出也为上自文臣武将，下至士人智者提供了登台献技的广阔舞台。

这一时期，张仪的出场，可以说把权术谋略演绎得淋漓尽致。张仪——这位据说是隐世奇才鬼谷子的门徒，凭三寸不烂之舌名动天下。

张仪入秦，没有商鞅那样几经挫折。他口吐莲花，让秦王为之一振。他提出连横之策破六国合纵之计的外交方略使秦惠文王言听计从。

张仪在韩赵魏燕齐楚之间来回穿梭，四方游说，他出相入相，变换门庭，游刃有余。他是纵横家的天纵之才。他以远胜百万铁甲雄兵的口才摆平诸侯列国的合纵之谋。他是阴谋大师，他的厚黑谎言、挑拨离间与阴谋暗算不仅超过了他的老师鬼谷子，甚而成为中国统治术最为经典的范例。此种只追求成功的结果而不问卑劣的手段正是后世统治者最为孜孜以求的效法杰作。

战国七雄之间的勾心斗角，构建了兵荒马乱年代急中生智的应变机谋和兵不厌诈的精妙盘算，形成了国人急功近利的思维框架。在这术变机敏的语境架构中，流淌出的智慧言说，成为当下人们思维方式的源头。人们津津乐道的历史故事，并非战争史上冲锋陷阵的赳赳武夫和尸山血海中的士兵平民。春秋战国乃至中国的历史显露；权谋远胜武力！遗憾的是，秦武王、楚霸王这些崇尚武力的雄主的确没有像亚历山大、凯撒那样获得战神般的成功。同样，窃取帝位的统治者，在兵不厌诈、厚黑谎言的阴谋中屡屡获胜，获胜之后的他们怎能放弃权术与阴谋的惯常做法，而将法律供奉为圭臬呢？因此，只看重胜利结果的国人以及统治者便只倾向于权谋成功的“伟大后果”。但是，权谋者的计谋羞见历史之光，毕竟谎言不能公之于众，阴谋哪能直面阳光？故中国晚近的历史，便将人们引入争夺天下而酷烈厮杀的战场表相，让人们忘记了春秋战国的合纵连横，误以为马背上得天下是不变的真理（蒙古铁骑、满清八骑因是游牧民族而例外），忽略了隐藏在马背之后的阴谋权术才是克敌制胜的法宝。

吊诡的是，有时历史事件向度的背反含藏着真实的意蕴。亚历山大在打下埃及之后建造了当时世界上最大的亚历山大图书馆，这并非是他放弃对武力的迷恋，实际上他通过希腊化的文化扩张与展示，正好是崇尚武力、好大喜功的刚性外露；反之，秦始皇焚书坑儒才是真正"重视"文化。只不过，走向极端，"重视"文化深知权谋的厉害反而"害怕"文化，而要"埋藏"文化。可见，表相上宣扬刀把子出政权，实际掩饰真正拿捏帝国命门的是封喉的笔杆子！一旦滥情称颂的"丛林真理"被战国七雄的阴谋揭穿，充盈谎言的帝国将岌岌可危。这或许正是先秦历史及玩弄权、术、势的法家给予我们的历史启示。

附录3：法律与宗教：穿越千年的神圣性命题

法律来自宗教

它将复归神圣

一、远古的宗教是孕育神明裁判的合法性渊薮

在远古（以华夏为例），混沌初开的大地上，玄奥山水已呈现出一派天地开合、烟霞闭散的大千景象，在缥缈着玄象昆仑的生气当中，也埋伏着、潜藏着、沉隐着、奔逸着、挣扎着、纠缠着天意与人心的搅扰躁动！

无论是躬耕的神农还是治水的大禹，抑或是生聚人气的炎黄，这些华夏九州的先祖，都有动用敬神保民法器的先例，并以此挖山治水、定分止争。

在波诡云谲而浩瀚阔远的长江侧畔，在雄险湍激且奔流不复的黄河伟岸，大地神州上声名远扬的首领们在处理人与土地、人与山水、人与自然、人与胞族、人与部族、人与血亲、人与财富之间的你争我

夺、追东逐西的纠纷是那样的得心应手。

首领们之所以无所顾忌地裁断部族与胞族之间、部落与部落联盟之间、人世与天国之间、今生与来世之间的多方纠葛,就在于首领们动用了令人信服的上天法器和敬天神具。

于是,兼职的巫师从族人中脱颖而出,成为了专职的神职人员,摇身一变而为合法的释法主体。这一时期,巫师与酋长的结合应作为原始法中释法主体与执法主体在宗教角色上的双重担当。因而在左右逢源的相机处置中,巫师们、酋长们或合二为一的首领们将原始法与原始宗教结合得天衣无缝。

据此,占卜、抽签、算卦、观天、占星、测相的裁断应运而生。特别是独角兽断案使原始法披上宗教的神圣化外衣就是这一时期最为典型的范例。

为此,金木水火土五行的相克相生,春夏秋冬四季的冷暖寒热,日月星辰的黑白变幻以及风雨雷电,太阳、少阳、太阴、少阴四象太极的表征特征,都作为巫师们、酋长们释法与执法的讲究。

因而这一时期,我们可作这样的归纳与评估:

第一,开天辟地的华夏始祖以及据此所流布的远古神话是原始法产生的初始理论冲动;

第二,始祖、族长、酋长和巫师是原始法的释法主体与执法主体,其主体及身份的人神竞合使原始法具有浓厚的原始宗教色彩;

第三,占卜、抽签、算卦、占星、测相、观天和动用独角兽断案是这一时期原始法宗教化的始初形态和最初萌动的原始方式。

由此知悉,远古的始祖可以证明,法律源于宗教!

二、早期宗教与法律的融合及法律神圣化的提升

(一)犹太教中“摩西十诫”是人神之约——即原始法与早期宗教的无缝连接

在犹太教中,“摩西十诫”是人类历史上最为典型的人与上帝的

契约。

摩西是公元前13世纪时犹太人的先知，是《圣经·旧约》前五部的作者。公元前1290年，他带领居住在埃及勤劳、聪慧、勇敢而蒙受苦难的犹太人民返回以色列故土，这就是著名的“出埃及记”，在到达神所预备的“流着奶和蜜之地”迦南（巴勒斯坦古称），摩西遵从上帝的指令登上西奈山，让先民们等在山脚。摩西请求耶和华神——上帝为他的族人指出一条路。一只看不见的上帝之手在西奈山的峭壁上刻划出十条戒律，这便是上帝赋予以色列民众的“摩西十诫”。

今日的西奈山，目及所至，一派荒凉，并没有发现这里“流着奶和蜜”。放眼望去，黄色沙石铺满山岗，在烈日炎炎下闪烁着刺目的亮光，这里寸草不生，黄色沙山合围着死海，深蓝而墨黑的死海水阴森恐怖。平心而论，这无与伦比的荒凉、寂寥与苍茫，展示着英雄末路的死神气息。在我看来，以色列的先民们之所以要选中这不毛之地，并非人文意义的真正抉择，而是上帝子民接受神的安排之后的无奈与挣扎。因而千百年来，日月星辰的光合作用，使雷神之电、死海之水，在这不毛之地冶炼和锻造出犹太民族天字第一号的勇敢与智慧，这绝非人为始祖的俗世安排，而是宗教磨难中的英勇献身精神与灵魂的空前洗礼。

以色列的博物馆内能看到了镌刻的“摩西十诫”，从中文译本中可了解到“摩西十诫”的主要内容：

第一条　除了耶和华神——上帝外，不可有别的神；

第二条　不可为自己雕刻偶像；

第三条　不可妄称耶和华神——上帝的名；

第四条　六日劳碌，第七日为安息日，定为圣日；

第五条　孝敬父母；

第六条　不可杀人；

第七条　不可奸淫；

第八条　不可偷盗；

第九条　不可见证陷害人；

第十条　不可贪恋他人房屋、妻子、仆婢、牲畜与财富。

第九条中“不可见证陷害人”的法律意义颇具特色，对后世西亚法典与欧洲法庭的“证人出庭”都有影响。

面对“摩西十诫”，我在想，为何佛教中的“八戒”、“五戒”与之如此相似，摩西与佛陀远隔千山万水，相互之间，年代不同，地貌殊异，不可能互通信息。然而冥冥之中似有上天的旨意与安排，在古代中国、古代印度与古代西亚都有类似的信条和戒律，相似之处简直不可思议！

“摩西十诫”被人们称为人类历史上的第二部成文法，在此之前人类历史上出现的第一部《汉谟拉比法典》也有类似的戒示。可见，原始宗教的神灵告诫，折射出人类早期法律的宗教之光。可以这样说，缺失了宗教，早期法的权威性与合法性荡然无存，这一点各国都具有共通的朴素原理认知。

当然，“摩西十诫”的人神之约，还昭示另一大特点，就是在人与神的约定中，谁要毁约，谁将受到神的惩罚。从这一点上看，以色列人作为上帝之约寂寥无悔的守望者，确有遵循契约义务之精神。他们因与上帝有约，秉性执着。

因而，对“摩西十诫”，我们可作这样的理解：

> “摩西十诫”给犹太民族带来原始法与犹太教的“合二为一”，它使犹太民族与上帝之约的契约精神与信守诺言成为不可改变的千年遵守！

（二）印度婆罗门教的种姓等级提升了神职人员的法律性威权，《摩奴法典》即为显证

如果说远古的巫师通过释法宣教获得了神职人员的崇高地位，值得些许夸耀。那么，与印度婆罗门祭司的威权相比，远古的巫师就真的属于“小巫见大巫”了。

早在佛教诞生之前，婆罗门教中的四大种姓制度已经成形，分为四个等级，即祭司婆罗门属第一等级，有解释宗教与法律的权威，有发布指令的特权；武士刹帝利则为第二等级，享受贵族的待遇并执行婆罗门僧侣的指令；吠舍属于第三等级，过着平民的生活；奴隶首陀罗为第四等级，处于社会最下层。

在第一等级中，婆罗门祭司是神职人员，他们的地位是神圣的，他们不仅是至高无上的释法主体，也是具有擅断权利的施政主体和拥有裁判权力的司法主体。因而他们可以说是人类社会最突出的“政教合一”的“法官”，我们从《摩奴法典》中可看到这一点。可见，古代印度的法律是建立在婆罗门教义之中的，从程序到实体内容都在不平等的种姓等级中体现出浓郁的婆罗门神祇与印度教种姓等级制度！

三、基督教在法律路径上的历史性扭曲与颠覆

（一）经典神学的高扬使天主教在法的路径上走向极端

如果说古罗马五大法学家（盖尤斯、帕比尼安、乌尔比安、保罗、莫迪斯蒂努斯）在阐释《罗马法》的学理大道上创造了早期法学理论与实践相结合的初始辉煌。那么，罗马皇帝对基督徒的追逐迫害，却使帝国的光辉蒙上难以自圆其说的阴霾。诸如盖尤斯的《法学阶梯》这样的经典名著也因太过于世俗而陷入“市民法”的泥淖，其哲理部分中“自然法”的光芒却被“市民法”内容的繁琐遮蔽，使其少有宗教意义。

但是，从古罗马继承而来，实际上也是犹太教、希腊神学中的自然法思想并未随着历史的演进而消亡，自然法学仍然得到了宗教的大力支持与护佑弘扬，甚而在此基础上演绎派生出神定之法。

需要注意的是，将神学与法律熔为一炉的集大成者非中世纪的神学家托马斯·阿奎那（公元1225—1274年）莫属。作为神权政治家、神学家的阿奎那通过他的《神学大全》使宗教与法律在中世纪的欧洲教会中获得了支配地位。

阿奎那对神学的痴迷执着与一往情深，使他认为在人法之外，还必须有神法来指导人类的生活。在阿奎那看来，第一，人追求幸福要受神法的指导；第二，人应知道该做什么和不该做什么，就必须让他的行为受神法指导；第三，人法不足以指挥人的内心，应有神法指导；第四，必

须有防止各样罪恶的法。

虽然阿奎那倡导神法高于人法过于极端，他也因为对异教徒及异端的排斥过于偏见，而发出“烧死异教徒”的倡议，使天主教因宗教裁判所每每动用“火刑”而蒙羞。这是宗教在法律路径上的一种扭曲，但从历史上看，它仅仅只是一定时期内的另一过度反应，不足于全面否定天主教在漫长的历史长河中的应有辉煌！

毋庸置疑，阿奎那提出神法的至高无上，不仅在于指导人类的生活，而且可以抵御和抗衡君主帝王的威权，他使法律成为圣经，或者与圣经结伴而行，不再孤军奋战。一旦遭遇世俗王权与政治力量的阻击，法律会因神圣性的支撑拔地而起。阿奎那的神法思想也启迪孟德斯鸠，在孟氏看来，宗教拥有操控人心的神奇力量，它比法律更易对人约束。因此，他相信上帝的存在，相信宗教对人心的影响。

在我看来，天赋人权的思想虽源于自然法理论，成为人权斗士的理性武器，但在一定意义上也应与神定法有关。人权和父与子、母与女之间的亲情关系，是不可能因法律即人定法的存在而产生，人定法只能维系，不能创制。如果人定法能够产生或创制人权、亲权，那么，因罪恶而产生而创制的人定法就有可能变成恶法肆意改变这一切。手握重权，对朝廷权力与世俗功利呼风唤雨的君王，就有可能对管理普通人的人定法不屑一顾，因为超越法律之上的君王，不会对匍匐在自己脚下的法律——人定法应有的尊重！而只有人不能随意改变，君主也不能随意改变，符合天意的神定法才是捆绑王权与人治的有力锁链。

由此，可以获得以下最简洁的明示：

> 经典神学与神定法的提出，虽在法的路径上走向极端，但法律借助于宗教神圣性的力量使自己变得强大起来，这是我们最不应当被忽略的借鉴。

（二）马丁·路德一案使“新教”脱胎成器，英王亨利的离婚案成为天主教进一步分裂的导火索

这里采摘两个经典案例，试图通过案例的形式讲解评述“新教”的

诞生,这是基督教在法律路径上的重大事件,它们见证了法与宗教的缠绵纠葛,并颠覆了天主教的原有秩序。

我们知道基督教脱胎于犹太教,罗素说它有三个渊源:即“历史是犹太的,神学是希腊的,政权与教会法案至少是罗马的。”

发源于犹太社会的基督教,在耶稣蒙难之后,基督徒们历经坎坷,遭受多方苦难。可当罗马皇帝在用尽杀伐手段之后,也逐渐知道,无论帝国战车怎样所向披靡,刀剑枪戟怎样锐利无比,都不可能泯灭基督教徒矢志不渝的决心与信仰,于是甚感杀戮无望。在无济于事之后,君士坦丁大帝的降临给基督教送来黎明的曙光,大帝说:“轻视这种宗教,会给我们极大的威胁,如果承认其合法性,会给罗马带来最大的繁荣。”

公元313年,大帝颁布“米兰敕令”,基督教在当局一百八十度大转弯之后获得合法性的承认,基督教一跃而为罗马帝国的国教。在基督教传播地区,因教区的空间部署不同和族别语言之间的差异,逐渐形成以“拉丁语系”为主的罗马天主教和以“希腊语系”为主的“希腊正教”之别。

以后蛮族入侵,罗马帝国风雨飘摇,希腊正教因帝国首都迁往土耳其君士坦丁堡发展为东正教(最后在俄罗斯发扬光大)。从此,东正教与天主教分裂。

在这里,需要强调的是,天主教的势力虽因东正教的分裂而受到影响,但却没有销声匿迹,天主教在原罗马帝国广袤的疆域内仍然风光无限。

由于在原罗马帝国的疆域内,德国的经济极为发达,天主教会在德国广大地区采用花钱赎罪方式,逐渐使赎罪券成为教廷的一种长期筹款措施。长此以往,诸侯各国十分不满,城邦民众也怨声载道。一时天怒人怨,在诸侯与市民们敢怒不敢言之际,传教士马丁·路德横空而出。路德的反抗集中在他批判教廷的《九十五条论纲》之中,他把批判教廷的檄文钉在教堂的大门上。路德的挑战激怒了罗马教廷,他被逮捕。在对路德的审判中，教皇的特使与路德在法庭上进行了争锋相对的辩论。路德引经据典，慷慨激昂，将教廷的特使驳得哑口无言。无奈之下，教廷只有判决将路德驱逐出德国的萨克森。

温和判决的结果是与德国大众和各诸侯支持路德分不开的。继而路德撰写了三篇文章《致基督教贵族的公开信》、《教会的巴比伦之囚》和《论基督徒的自由》，这三篇文章为“新教”路德宗的创立奠定了基础。此后，路德的“因信守义”神学理论成为新教的核心教义，自此“新教”形成。

需要解释的是，因“新教”的形成，使基督教分为三大教派，即天主教、东正教与新教，在新教中主要有三大宗系，即路德宗、加尔文宗和英格兰圣公会也称安立甘宗。

下面叙述的一个经典案例就是英王亨利八世的离婚促成了英格兰的宗教改革运动，通过亨利八世点燃的婚姻法制导火索，使宗教法律观念发生变更，也使英国“新教”安立甘宗的形成并与罗马教廷决裂，从而使天主教旧有的秩序被打破。

我们知道，英王亨利八世的原配凯瑟琳是西班牙公主，比亨利大五岁，亨利与宫廷女侍官安妮有了婚外情后，便以凯瑟琳没有生男孩为借口，要求教皇批准他的离婚请求。此时罗马教皇虽然拥有对欧洲各国王室的婚姻行使终局司法裁判权。但是，罗马教廷不可能推翻前任教皇批准的婚约。因此，亨利的离婚诉讼旷日持久，遥遥无期。这时，亨利被美丽的情人安妮逼得急不可耐，亨利八世在情急之下利用国会强行通过禁止向罗马教廷上诉的法案，切断了英国与罗马教廷的一切法律联系，并通过坎特伯雷大主教宣布亨利与凯瑟琳的婚姻无效，与安妮的婚姻成立。至此，天主教在英国的势力大受影响，虽然亨利八世之后其女儿玛丽一世为报母仇，极力恢复天主教，但因其即位时间很短，她的同父异母的妹妹伊丽莎白一世即位后，又取缔了天主教，使“新教”在英国的发展渐成气候。这一案件促成“新教”在英格兰最终独领风骚，其意义重大在于“新教”据此成为世界上最强大的国家——美国最大的教派。也有人将“新教”拔到很高的地位,说无“新教”即无英美的资本主义。据此有学者提出了“新教伦理与资本主义精神”!

现在我们看到美利坚合众国的法官们将《圣经》供奉在法庭之上,法官们摸着《圣经》起誓出庭的仪式应该说与“新教伦理”的历史是有密切关系的。

(三)“风可以进,雨可以进,德国皇帝不能进”的法治宣言获得神的庇护

“风可以进,雨可以进,德国皇帝不能进”的法治宣言是法制史上最为津津乐道的话题,之所以将这一案例列入宗教与法律的关系中,乃是因为法律用“神”的力量可以抵御来自世俗的王权侵袭。

在德国波茨坦郊外,有一座掩映在密林之中的行宫,这座行宫,曾经迎来了德国历史上显赫一时的威廉大帝,威廉在登上行宫的顶楼后,当他看到风光如画的景象之中,有一座残破陈旧的风车老磨坊,他大为恼怒!此时连战三捷,开疆拓土拥有辉煌战绩的威廉大帝踌躇满志,哪里容得下行宫前的破旧老磨坊。但是,威廉大帝下达“拆掉老磨坊”的命令却遭到磨坊主人的拒绝,无论出多少钱也不肯出卖。于是,一往无前的威廉大帝铁蹄下踏之处,风车老磨坊被夷为平地。

然而,倔强的磨坊主人却将皇帝告上法庭,而普鲁士的三位大法官在“神”的庇护和支持下,竟判皇帝败诉。不可一世的威廉大帝,面对法庭门前的正义女神雕像,终于接受判决,遵循“神”与“法”的旨意,恢复了老磨坊。

这就是“风可以进,雨可以进,德国皇帝不能进”的至理名言,它使“私有财产神圣不可侵犯”的原则成为天经地义,这也是世界法制史上空前绝后的“王事案件”。它使我们在旅行到德国时对风光如画的波茨坦小镇趋之若骛。当我看到秋天的枫丹落叶金黄一片,托举着的老磨坊依然倔强地伫立在密林深处时,我感到它并不孤单,它在重复着“法律神圣化”的法治宣言。可以毫不夸张地说,它是法律至高无上的宗教性意义的巅峰之作!

四、我国宗教与法律关系中精气神的张力与气场

儒教的"春秋决狱"使法律除严酷的面孔之外，还具有人伦礼制的款款温情与政治权力的功利性，中国古代法的伦理化功利性倾向使法律宗教化张力不够、气场不足。

我国法律与宗教的关系不像西方那样大起大落、大开大合，二者的结合也没有达到炉火纯青、登峰造极的地步。在儒释道三教中，儒教与法的关系相对紧密。

所谓西周《吕刑》中的"明德慎罚"是以礼入刑的发端。孔子主张以"仁"的精神来"克己复礼"，实际上"礼"已经作为孔子时代具有法律意义的行为规范，这是早期儒家思想形成的德政基础，进而成为"德主刑辅"的古代法制原则。

孔子之后儒家思想的主要代表人物孟子系统地推出"仁政"学说，为"以礼入刑"推波助澜。孟子说："恻隐之心，仁之端也；羞恶之心，义之端也；辞让之心，礼之端也；是非之心，智之端也。"孟子"四端说"从人的先天内在本质和主体自身的视角，提出了"行不忍人之政"的古代法律伦理思想，为保民言德、治民用刑、以礼入刑奠定了立法、释法和司法的理论基石。

此外，汉代大儒董仲舒的出现亦十分精彩，在他提出"天人三策"的儒家思想后，"罢黜百家，独尊儒术"获得官方确认，据此儒家学说正式成为中国古代刑法的正统指导思想。所谓"经义决狱"是以"《春秋》之义，稽合于律"。换言之，即董仲舒以《春秋》为据，引经据典，解析案例，判明是非。至此，援礼入律、以礼入刑的刑法指导思想正式成为我国古代刑律中的判案规则。

宗教与法律的关系源远流长、缠绵纠葛，在历史上运用教义指导判案，最为典型的是中国汉代的董仲舒和欧洲中世纪的托马斯·阿奎那。

以下将董仲舒倡导的以《春秋》经义判案和欧洲托马斯·阿奎那

倡导的用《圣经》乃至《神学大全》判案进行比较，是一件十分有趣的事！

这里，我们不妨作出如下的判断：

第一，阿奎那用《神学大全》指导教会法，使中世纪的欧洲法律充满了浓郁的宗教化神圣性色彩。

而董仲舒倡导以《春秋》经义决狱，虽有独尊儒教的宗教情结，但实用理性与伦理色彩过于浓烈使宗教神圣化明显不足。

这是因为在皇权至上的中国古代社会，“经义决狱”也好，尊崇儒教也罢。儒生士大夫们不可能提出儒教的教主高于皇帝的倡议，因而矮于皇权的儒教，宗教性与神圣性不能像欧洲那样登峰造极。故中国古代社会“以礼入刑”，“经义决狱”更加使中国古代法伦理化与功利化。如怜老恤幼制度，宽恕孕妇制度，秋冬行刑制度，亲亲相隐制度，死刑三复奏制度，这些都是典型的儒家法律伦理化的表现。由此形成的古代刑法思想绵延千年，没有像欧洲的教会法那样走向极端。

反之，欧洲中世纪存在着教权与皇权此消彼长的因素，很多时候，教权与皇权分庭抗礼，甚至高于皇权。因此，阿奎那敢于在《神学大全》中提出教皇高于国王，神法高于人法。同样采用“经义决狱”，同样以“经教判案”，但因指导思想的不同，引述的经典有别，中世纪的欧洲法律与中国的古代法律路径不一，欧洲的法律在神学的指导下伦理部分逐渐脱离法体，形成较为独立的结构，而法律却与神权相结合，走向极端，趋向神圣。

第二，同样是“经义决狱”，同样是“经教判案”，二者之间虽有法律严酷性相同的一面。但中国古代刑法在“经义决狱”之后，却有礼教的款款温情的一面显现，这乃是孔孟之道依附在至高皇权之下而产生的“中庸”。换句话说，在皇权的挤压下，为弥补法律的缺憾，儒家的智慧选项就是打出一张“伦理、血缘、亲情”的道德牌。除此之外，儒家的仁、义、礼、智之性，以及恻隐、善恶、是非、辞让之情，使人成为宇宙天地间一切存在最有灵性的生命，而为浩然大气的活泼生命存在。可见儒家教义中是蕴含有“天理天道”的，只不过，这一切都与伦理道德相关联，其宗教意义的神圣性因伦理性色彩浓烈而被遮蔽了。

也正是因为皇权的至高无上，使中国古代的宗教文化中缺少一位有着无所不能的像希腊神话中的宙斯一样的主神。中国人在宗教文化中对主神的存在态度是不明朗的，即使借鉴了从印度引入的释迦牟尼佛，也在古典小说中强调佛祖应接受玉皇大帝的安排。

因此，施行仁政、德刑并举、引经决狱虽使中国古代法有法律宗教性的内容，但神圣性不足也使呈现礼制温情的古代法给后世乃至当下人定法的施行提供了若干世俗化功利性融通的借口。

同样是“引经决狱”，同样是“经教判案”，古代欧洲的法律却因教权——乃至神权的存在与强化，使神学在理论和观念上占据了上风。故其在神权的统治下，法律宗教化、神圣化达到无以复加的巅峰地位！虽然在道德层面上没有我国古代法即德刑并举所倡导的等级制的礼教温情，但极端性神圣化却迫使王权在神权面前甘拜下风，王权低于神权的历史成为欧洲民众普遍认知的习惯。

据此，也可以得出这样的结论：

1. 欧洲中世纪法律的“经教判案”，其神圣性过于浓烈，正因如此，法律宗教化在历史上剑走偏锋的极端使其成为近代乃至当下欧美法的神圣性渊源，反而使今天的欧美民众享受到至高无上的具有神圣性的法治阳光的普照，这一切不能说与历史上的宗教因子无关。

2. 中国古代法虽有儒教“以礼入刑”的款款温情的一面，但因依附于皇权，使我们感到宗教化与神圣性张力不够，气场不足。因而世俗权力因政权的需要时常对法律及其指导原则屡屡变通，至高无上皇权的随意性，也使法律的工具化倾向十分明显。因而，“德主刑辅”多为“挂羊头卖狗肉”。重刑主义实质在历史上占据了主导。这些，也可说是中国古代法律功利性倾向的后遗症！

3. 王权一旦在神权面前俯首称臣，那么，与神权交融交汇的宗教性法律自然超越人定法，成为神圣性的法律，王权与世俗政权的权力便不敢轻视纸上的法律而随意“变通”。而通过宗教的拐杖撑起法律的脊梁,可使“法治国家”、“法治社会”在法律神圣化的庇护下大功告成!(当然,宗教对法律的支撑,不是形成“法治国家”的唯一因素,但宗教特别是基督教对欧美法治国家的作用不容低估)。

附录4：变法大事年表

本书变法大事年表

时间	内容	简述
公元前536年	郑国子产“铸刑书于鼎”。	中国最早公布的成文法，视为“成文法”之雏形。
公元前407年	魏国李悝制定《法经》。	中国第一部较为系统的“成文法”。
公元前356年至公元前338年	秦国商鞅制定《秦律》； 制定《垦草令》； 制定《户籍法》、《连坐法》。	《秦律》是在《法经》基础上制定的严刑峻法。 《垦草令》是重农抑商的法令。 管治百姓株连亲邻的律法。
公元前134年至公元前110年	汉武帝变法改制：以张汤订《越宫律》27篇；赵禹订《朝律》6篇；汇同萧何《九章律》与叔孙通《傍章》18篇，共60篇。 颁布实行告缗、平准、均输等法令。	改变文景之治的轻刑无为政策，实行严酷律法。 在经济领域推行变法改制。

续表

时间	内容	简述
公元9年 至公元23年	王莽变法,实施新政: 颁布《王田令》; 推行“币制改革”; 实行“五均六筦”。	土地改革,不切实际。 币制改革花样翻新,名目繁多、扰乱了经济。 “五均六筦”管制了市场,抑制了商业的发展。
公元581年 至公元601年	隋文帝杨坚立法改制: 首推文官制度改革,设立三省六部制; 制定《开皇律》; 初设“科举制”。	文官制度的设立影响后世千年。 《开皇律》是《唐·贞观律》的模本。 为中国古代通过考试选拔官吏首开先河。
公元1069年 至公元1076年	王安石变法: 推行“农田水利法”、“均输法”、“青苗法”、“免役法”、“市易法”、“方田法”。强兵二法:“保甲法”、“保马法”。	新法的实施目的在“理财”,发展经济,劝课农桑,富国强军。
公元1573年 至1582年	张居正变法: 推行“考成法”; 实行“一条鞭法”。	对官员的程序性考勤与履职的规范管理。 增加了国家的税收,使明王朝财力大增。
公元1889年 至公元1909年	张之洞新政: 操办洋务,演练新军; 发表《劝学篇》,通电“变法三折”。	通过办实务,实施变法新政。 实为“变法宣言”,影响后世百年。
公元1895年 至公元1898年	康有为公车上书; 策动戊戌变法。	学习西方,提倡科技,提出改革政治、教育制度的变法要求。 策动光绪皇帝实行百日维新。
公元1895年 至公元1929年	梁启超参与公车上书,戊戌变法; 梁启超著书立说,宣传变法。	通过社会实践与理论研究,梁启超成为维新变法的精神领袖。

续表

时间	内容	简述
公元1902年至公元1911年	沈家本作为修律大臣，主持制定《大清新刑律》、《大清刑事民事诉讼法》、《大清民律草案》等新法。	沈氏制定的新法，从体例到内容，均改变了古代传统的法律，具有划时代意义！

关于变法大事年表的说明：

1. 郑国子产“铸刑书于鼎”和魏国李悝制定《法经》是中国法制史上的大事，因而必列于表内。

2. 商鞅变法时间，有几种说法。商鞅制定《秦律》(约)为公元前359年。因史书多认定变法时间为公元前356年，故提前一些可涵盖。商鞅变法何时为止亦有争论。故采用商鞅去世年代可靠一些。

3. 汉武变法改制的时间不能从他登帝位的年代算起，应在窦太后死后他掌实权推行改制变法的年代计算。

4. 王莽变法的内容繁杂，只能从他即位之后至他失败的年代计算。

5. 隋文帝杨坚的改革繁重，他登帝位至逝世一以贯之，故以他在位年代计算。

6. 王安石变法从宋神宗熙宁二年始，史书有一种说法宋神宗去世结束。本书采用王安石第二次罢相的时间为止，因变法已随王安石辞职而结束。

7. 张居正变法应从万历登帝位他掌实权开始计算，至他去世结束。

8. 张之洞的变法是从地方开始，影响全国，故从他任湖广总督时在武汉大办洋务开始计算。以后他一直立主变法，直至去世。故以他去世之年为止。

9. 康有为的变法实际上可以提前到他第一次上书，但考虑影响历史的时期则应从“公车上书”时起计，至戊戌变法失败时止。

10. 梁启超追随康有为变法，时间大致相同。但梁启超作为近代中国变法维新的领袖，其变法维新的思想影响很大，因此年表以他去世的时间为止。

11. 沈家本变法是通过新法彻底改变旧法，应以他被任命为修律大臣的时间计算，直至大清灭亡前一年完成《大清民律草案》时止。

图书在版编目(CIP)数据

中国变法历史风云录/陈世和著.—北京:法律出版社,2016.2
ISBN 978-7-5118-8987-4

Ⅰ.①中… Ⅱ.①陈… Ⅲ.①政治改革—中国—古代 Ⅳ.①D691

中国版本图书馆CIP数据核字(2016)第007180号

中国变法历史风云录 | 陈世和 著 | 责任编辑 韩满春 装帧设计 马 帅

开本 710毫米×1000毫米 1/16
印张 21 **字数** 267千
版本 2016年2月第1版
印次 2016年2月第1次印刷
出版 法律出版社
编辑统筹 学术·对外出版分社
总发行 中国法律图书有限公司
经销 新华书店
印刷 三河市龙大印装有限公司
责任印制 陶 松

法律出版社/北京市丰台区莲花池西里7号(100073)
电子邮件/info@lawpress.com.cn
销售热线/010-63939792/9779
网址/www.lawpress.com.cn
咨询电话/010-63939796

中国法律图书有限公司/北京市丰台区莲花池西里7号(100073)
全国各地中法图分、子公司电话:
第一法律书店/010-63939781/9782
西安分公司/029-85388843
重庆公司/023-65382816/2908
上海公司/021-62071010/1636
北京分公司/010-62534456
深圳公司/0755-83072995

书号:ISBN 978-7-5118-8987-4
定价:55.00元
(如有缺页或倒装,中国法律图书有限公司负责退换)